청소년을 위한 정치학 에세이

POLITICS

청소년을 위한
정치학
에세이

설규주 교수와 함께 보고 듣고 참여하는 정치 이야기

설규주 지음
경인교육대학교 사회교육과 교수

해냄

시민사회의 진정한 주인을 꿈꾸다

이 책을 집필한 2016~2017년에 나는 미국 플로리다 주립대학교에서 1년간 머물렀다. 당시는 미국과 한국 모두 정치적으로 큰 변화를 겪고 있을 때였다. 미국에서는 대다수의 예상을 깨고 기업가 출신인 도널드 트럼프가 대통령에 당선되었다. 그의 당선 자체도 이변이었지만, 대통령 취임 후에는 파격적이고 때로는 위험하기까지 한 발언과 정책으로 세상을 놀라게 했다.

한국의 정치 상황은 미국보다 더욱 긴박했다. 사상 처음으로 헌법재판소의 판결로 대통령이 파면되었고 그로부터 두 달 후 대통령을 새로 뽑았다. 그 과정에서 많은 시민들이 거리에 나서서 민주주의를 외쳤다. 헌법, 민주정치, 시민의 역할 등과 관련한 치열한 논쟁도 펼쳐졌다.

한국과 미국에서 일어난 이 같은 정치적 변화는 이 책의 집필 과정에서 중요한 배경이 되었다. 이 책에 한국과 미국 관련 이야기가 많이 등 장하게 된 이유이기도 하다.

이 책은 정치학 개론서보다는 '정치를 소재로 한 시민교육 교과서'를 지향한다. 시민교육을 공부하는 사람으로서, 가급적 정치에 학문적으로 접근하기보다는 정치를 매개로 펼쳐지는 시민 생활의 다양한 현실 과 전망을 담아보고자 노력했다. 여기에 더해 과거에 교사를 하면서, 그 리고 현재 대학교에서 강의와 연구를 하면서 축적해 온 개인적 사유와 경험이 이 책의 바탕에 깔려 있다. 틈틈이 비유나 사례 등을 활용한 것 은 그와 관련이 있을 것이다.

무엇보다도 이 책은 내가 태어나고 자란 대한민국의 청소년들이 좋 은 시민으로 자라나기를 바라는 마음으로 썼다. 청소년으로서, 그리고 시민으로서 갖추면 좋겠다고 생각하는 정치적 지식, 가치, 태도 등을 담아보려고 노력했다.

우리 청소년들은 때로는 너무 쉽게 정치를 혐오하기도 하고 아예 관 심 자체를 꺼버리기도 한다. 문제는 정치가 무엇인지 잘 모르면서 그저 습관적으로, 혹은 어른들한테서 얼핏 들은 이야기로 그런 태도를 취하 는 것이다. 정치에 대해 좋다 나쁘다를 판단하기 이전에 우선 정치가 무 엇인지, 어떤 상황인지 좀 알아봐야 하지 않을까? 이 책을 통해 우리 삶 속 깊은 곳에 스며들어 있는 정치를 맛볼 수 있기를 바란다.

부족한 것투성이인 책이지만, 그래도 마음만은 부모의 그것이었다고 변명해 본다. 아이들에게 좋은 음식을 깨끗하고 맛있게 요리해서 배불 리 먹이고 싶은 부모의 마음으로 연구실에 앉아 키보드를 두드렸다. 맛 도 영양가도 만점이면 좋겠지만, 그것은 글쓴이의 희망 사항이고 최소 한 소화불량, 배탈은 나지 않았으면 한다. 좀 더 욕심을 내어본다면, 우

6

리 청소년들이 건강한 시민으로서 자라나고 활동하는 데 필요한 작은 에너지원이라도 되었으면 하는 바람이다.

이 책을 집필할 기회를 주신 해냄출판사 송영석 사장님과 꼼꼼한 피드백으로 책을 빛나게 해주신 기획편집부 김단비 선생님께 감사드린다. 그리고 '청소년을 위한 에세이 시리즈'와 인연을 맺을 수 있도록 도와주신 경인교대 구정화 교수님께도 감사함을 전하고 싶다. 집필 작업을 위한 지원과 도움말을 아끼지 않은 플로리다주립대학교의 제인 로(Jane Lo) 교수에게도 커다란 고마움을 전한다.

아빠가 더 많이 놀아주지 않는다고, 더 일찍 집에 오지 않는다고 투정하며 집필 작업을 재촉했던 두 아이에게, 그리고 그런 두 아이의 불만을 고스란히 받아내야 했던 아내에게 미안함과 고마움을 전한다. 아이들이 좀 더 자라면 함께 읽을 책을 쓰느라 그랬다는 말로 변명해 본다. 지금은 내가 아이들과 '놀아주지만', 앞으로 시간이 흐를수록 내가 아이들에게 '놀아달라고' 애원할 것이 분명하니까……

2017년 12월
두 대학의 연구실을 오가며
설규주

차례

2장 우리가 몰랐던 민주정치의 겉과 속

3장 건강한 민주정치를 이루기 위한 시스템들

4장 민주정치의 주인이 되는 길

1장
알고 보면
재미있는 정치

'정치' 하면 무엇이 떠오르는가? 흔히 어른이 하는 것, 정치인이 하는 것, 복잡하고 어려운 것이라는 생각을 떠올리기 쉽다. 그만큼 청소년이 정치에 대해 느끼는 거리도 멀기만 하다. 그런데 실제로도 그럴까?

사실 정치는 생각보다 훨씬 가까이, 우리 삶 깊은 곳까지 파고들어 있다. 정치를 알거나 정치를 하려면 어른이 될 때까지 기다려야 하는 것도 아니다. 청소년 시기는 물론이고 그보다 더 어렸을 때부터 우리는 이미 정치 속에서 자라고, 살아간다.

정치는
생활 구석구석에
살아 있다!

우리 집 아이들이 쓰는 베개가 두 개 있는데 하나는 파란색, 하나는 하얀색이다. 크기와 모양은 비슷하고 색깔만 다르다. 그런데 바로 이 색깔 때문에 아이들 사이에서 싸움이 벌어진다. 동생은 늘 언니 물건에 욕심이 많아서, 파란색 베개를 베고 있다가도 언니가 하얀색 베개를 베겠다고 하면 갑자기 자신이 그걸 베고 자겠다고 나선다. 그런다고 언니가 순순히 양보할 리 없다.

그때부터 싸움 시작이다. 잘 준비를 다 해놓고도 누가 어느 베개를 벨지를 두고 5분이고 10분이고 다툰다. 당연한 이야기지만, 그 과정에 논리라고는 전혀 없다. 보다 못한 아빠가 한마디 한다.

"자, 이렇게 하자. 침대 색깔이랑 베개 색깔을 맞추는 거야. 하얀색 침대에서 자는 사람이 하얀색 베개를 베는 거지. 오늘 하얀색 침대에서 잔 사람은 내일은 파란색 침대에서 파란색 베개를 베고. 그러면 되겠지?"

사실 말에 논리가 없기는 5살, 7살 아이들이나 40대 아빠나 마찬가지다. 침대 색깔이 하얀색이니까 베개도 하얀색으로 하자는 건 무슨 논리인가? 하루씩 교대한다는 것도 얼핏 균형을 맞추는 것 같지만, 취향이나 그날그날의 기분은 전혀 고려하지 않은 투박한 제안일 뿐이다.

어쨌든 이렇게 정해놓으면 내일부터는 평화가 찾아오겠지 싶지만 과연 그럴까?

다음 날 밤은 베개가 아니라 이불 색깔이 문제다. 한 아이가 하늘색 대신 분홍색 이불을 덮겠다고 하면 다른 아이가 똑같은 요구를 한다. 어젯밤 겨우겨우 중재를 했다 싶었는데 새로운 갈등이 생긴다. 이건 또 어떻게 풀어야 하나……. 오늘밤도 일찍 자기는 글렀다.

이런 문제는 아이들을 키우는 집에서는 흔하다. 미국의 제16대 대통령인 링컨도 젊은 시절에 비슷한 일을 겪었다. 어느 날 링컨의 어린 두 아들이 집에서 크게 싸웠다. 어찌나 시끄러웠는지 이웃 사람이 달려와서 괜찮냐고 물었다. 링컨은 이렇게 답했다. "걱정 마세요. 제가 도넛을 세 개 사왔더니 두 아들이 서로 자기가 두 개를 먹겠다고 싸운 겁니다."

이웃은 아이들이 계속 싸울 것 같은데 어떻게 할 거냐고 물었다. 링컨은 답했다. "간단합니다. 제가 하나를 먹고 남은 두 개를 하나씩 아이들에게 주면 되지요." 아마도 그날 저녁은 그럭저럭 넘어갔을 것이다. 하지만 다음 날이면 링컨은 또 다른 싸움을 말려야 하지 않았을까.

아이들이 자기 몫을 인식하고 주장하며 목소리를 높이는 모습은 가정에서만 나타나는 것이 아니다. 학교에서도 마찬가지다. 집에서 가족을 상대로 고집 부리고 떼쓰는 것에 비해 조금은 더 점잖을지도 모르지만 말이다.

16

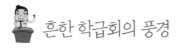 흔한 학급회의 풍경

학급회의에서는 이런 대화가 흔히 오간다.

학급회장 : 이번 학기에 교실 청소 분담을 어떻게 하면 좋을까요?

혜원 : 번호대로 매주 5명씩 돌아가면서 청소 당번을 맡도록 합시다.

재동 : 그렇게 하면 청소 시간이 오래 걸립니다. 모두 다 함께 조금씩이라
　　　도 청소를 하면 빨리 끝날 겁니다. 청소 구역은 제비뽑기로 정합시다.

정인 : 청소를 다 할 게 아니라 교칙을 어긴 학생들한테 벌칙으로 청소
　　　를 맡기면 어떨까요.

학급회장 : 이번 학기 자리 배치는 어떻게 하면 좋을까요?

재원 : 한 달에 한 번씩 제비뽑기해서 바꿉시다. 그게 편하고 공정해요.

태희 : 그렇게 하면 어떤 사람은 계속 뒷자리나 구석 자리만 뽑을 수도
　　　있어요. 정기적으로 옆 분단, 뒷자리로 이동하면서 교대로 앉는
　　　게 좋겠습니다.

채봉 : 매일 등교한 순서에 따라 앉고 싶은 자리에 앉읍시다. 원하는 자
　　　리에 앉고 싶으면 빨리 오면 되잖아요.

청소면 청소, 자리면 자리, 각각의 문제를 놓고 학생들은 자신에게 유
리한 방향으로 결정되도록 각자 주장을 펼친다. 최종 결정이 어떻게 되
든 우선 자기 입장에서 이야기를 하는 것 자체는 자연스럽다.

꼭 학급회의가 아니더라도 학교생활을 하다 보면 반 친구들과 함께
의논하고 결정해야 하는 일이 생긴다. 점심시간에 급식 먹는 순서를 어

떻게 정할지, 체육대회에 입을 반 티셔츠는 어떤 디자인으로 할지, 체험
학습을 어디로 갈지, 교실 내 휴대폰 사용과 보관 규칙을 어떻게 정할
지 등등……. 저마다 나름의 이해관계와 선호가 있기 때문에 필연적으
로 의견이 대립한다.

　어떤 학생은 머리 아프게 저런 걸 일일이 우리가 의논해서 정하느니
차라리 선생님이 정해 주면 좋겠다고 생각할 수도 있다. 반대로 다른 학
생은 선생님의 개입 없이 전적으로 학생들이 결정해야 한다고 생각할
수도 있다. 학생들끼리 정해야 한다고 생각하는 경우에도 학급회 임원
들이 결정할지, 아니면 학생들이 전부 참여해서 다수결로 결정할지 등
결정 방식을 정해야 한다.

지금까지 살펴본 사례들에는 한 가지 공통점이 있다. 무언가를 얻고자 하는 사람들 사이에는 의견 대립이나 다툼이 있고, 이를 해결하기 위한 '결정'이 있다는 것이다.

바로 이러한 부분에서 정치 현상의 단면을 엿볼 수 있다. 흔히 '정치' 하면 아주 거창한 것, 삶으로부터 멀리 떨어져 있는 것으로 여긴다. 그리고 우리의 일상, 특히 청소년의 일상과는 직접 관련이 없을 것이라고 생각하는 경우도 많다. 하지만 사실은 그렇지 않다. 앞의 모든 사례가 정치라고 할 수는 없지만 그 안에는 정치적으로 행동하는 모습이 담겨 있다.

한 걸음 더 나아가기

"정치는 ○○이다" vs "정치는 △△이 아니다"

독일의 정치가 구스타프 프라이타크(Gustav Freytag)는 "정치는 타협이다"라고 했다. 정치는 주먹이 아니라 말로 하는 것이다. 각기 다른 이해관계를 가진 사람들이 말, 즉 대화를 통해 접점을 찾아가는 것이기 때문이다.

한편 독일의 정치가 오토 폰 비스마르크(Otto Eduard Leopold von Bismarck)는 "정치는 과학이 아니다"라고 했다. 왜냐하면 정치는 과학처럼 체계적이거나 예측 가능하지 않고, 변화무쌍하기 때문이다.

이런 식으로 "정치는 ○○이다" 혹은 "정치는 △△이 아니다"라는 문장을 자유롭게 만들어보고 그 이유를 제시해 보자.

예) 정치는 게임이다. 왜냐하면 누가 이길지 모르니까.

예) 정치는 종교가 아니다. 왜냐하면 상대방을 믿으면 안 되니까.

정치가 뭘길래?

       정치의 얼굴은 여러 가지다. 먼저 '정치' 하면 떠오르는 모습을 찾아보자. 혹시 어젯밤 텔레비전 뉴스의 첫 번째 소식이 무엇이었는지 기억하는가? 오늘 거리를 걷다가 가판대에서 얼핏 본 신문의 1면 머리기사가 무엇이었을까? 떠오르는 게 없다면 지금 포털사이트 첫 화면 맨 위에 있는 기사가 무엇인지 확인해 보자.

  새로 개봉한 영화나 좋아하는 가수의 새 앨범 소식이 궁금해서 관련 기사가 제일 먼저 나오길 기대할 수는 있겠다. 그러나 그런 경우는 흔치 않다. 때로는 큰 사고나 국제 스포츠 대회 소식이 대중매체의 첫머리를 장식하기도 하지만, 대부분의 경우에는 정치 기사가 그 자리를 차지한다.

그렇다면 정치 관련 기사는 무엇을 다루는가? 정치 기사에서는 이런 제목들을 자주 볼 수 있다.

"A의원, B당 대통령 후보로 선출"

"C당 지지율 40%대로 1위 탈환"

"D당 붕괴 조짐, E의원도 탈당 선언"

"○○○○법 마침내 국회 통과"

제목에도 나타나듯이 정치 기사의 대부분은 선거, 대통령, 국회의원, 정당, 법 등에 관한 것이다. 이런 기사들은 드라마나 영화, 연예인 소식, 스포츠 뉴스보다 재미도 없고 지루한데 왜 뉴스로서는 맨 먼저 다루어질까?

그것은 새로운 영화나 새로운 앨범에 비해 정치의 영향력이 훨씬 강하고 크기 때문이다. 선거 결과에 따라, 누가 대통령에 당선되느냐에 따라, 어떤 법이 통과되었느냐에 따라 우리 생활에는 적지 않은 변화가 생긴다. 누군가는 "정치하는 사람들이 뭘 하든 그냥 내가 하고 싶은 대로 하면서 살 거야"라고 생각할 수도 있지만, 그게 말처럼 쉬운 일이 아니다.

잠시 1990년대 중반으로 시간 여행을 떠나 퀴즈를 풀어보자.

퀴즈 우리나라에서 1994년 12월 31일까지는 허용했지만, 1995년 1월 1일부터는 금지한 것은?

① 운전 중에 휴대폰으로 통화를 하는 것

② 음식점에서 회식을 하다가 흡연을 하는 것

③ 자동차 뒷좌석에 앉아 안전띠를 하지 않은 것

④ 쓰레기봉투가 아닌 일반봉투에 쓰레기를 넣어 버리는 것

정답은 ④이다. 1995년, 돈을 내고 산 종량제 쓰레기봉투에 쓰레기를 넣어서 버리는 '종량제'가 전국에서 일제히 실시되었다. 이 제도가 시행된 것은 일부 다른 나라들에 비해 다소 늦었지만, 빠르게 전국에 정착되어 다른 나라의 부러움을 사기도 했다.

그런데 모든 사람들이 이 제도를 좋아할까? 꼭 그렇지는 않을 것이다. 그렇다고 이 제도가 마음에 안 든다며 쓰레기를 그냥 버릴 수는 없다. 그러면 그 쓰레기를 수거해 가지도 않을 뿐더러 20만 원 정도의 과태료(2017년 기준)를 내야 한다. 돈이 아주 많아서 '그 정도 과태료쯤이야' 하는 게 아니라면 종량제에 찬성하든 아니든 따를 수밖에 없다.

정치권에서 오랜 논의를 거쳐 결정한 쓰레기 종량제 같은 법안은 사람들이 개인적 차원에서 하는 '올해의 결심', '올해의 목표'와는 차원이 다르다. 개인적인 결심이야 중간에 어긴다고 해서 제재가 가해지지 않는다. 그러나 쓰레기 종량제는 꼭 지켜야 하는 공적인 사항이다.

이렇듯 정치를 통해 결정된 일은 사람들의 일상생활에 많은 영향을 미친다. 단지 어제오늘 이야기가 아니다. 먼 과거에도 그랬고 앞으로도 그럴 것이다. 우리나라뿐 아니라 대부분의 다른 나라에서도 마찬가지이다. 이는 정치가 시대나 장소와 상관없이 사회에서 중요한 역할을 하고 있음을 의미한다.

 ## "인간은 정치적 동물이다"

정치가 대체 뭐길래 그렇게 중요하다는 걸까? 말의 뿌리부터 살펴보자. '정치'라는 말은 그리스어 폴리티카(Politiká)에서 유래했다. 이 말은

'폴리스(polis)*의 일', 즉 도시 혹은 나라의 일이라는 뜻을 가지고 있다. 고대 그리스의 폴리스는 도시 국가, 공동체 국가로 번역한다. 당시의 폴리스는 싱가포르 같은 수백 만 인구의 대규모 도시 국가가 아니었고, 수만 명 정도의 작은 공동체였다. 이 폴리스 안에서 일어나는 일이나 활동을 폴리티카라고 했다.

폴리스
기원전 8세기 무렵에 나타나 수백 년간 이어진 소규모 공동체 국가다. 당시 그리스 지역에는 폴리스가 수백 개 있었는데 규모가 작은 폴리스의 인구는 수천 명 정도였고 큰 폴리스는 20만 명이 넘기도 했다.

　그럼 폴리스에서의 일이나 활동이란 무얼까? 그것은 폴리스가 하나의 공동체로서 유지되고 발전하기 위해 필요한 일을 말한다. 폴리스에 필요한 규칙을 만들거나 폴리스를 위해 일할 사람을 정하는 일, 중요한 시설 건축, 다른 나라와의 전쟁이나 외교 등이 그렇

다. 고대 그리스인들이 폴리스를 얼마나 중요하게 여겼는지는 아리스토텔레스가 남긴 "인간은 정치적 동물이다"라는 말로도 알 수 있다.

아리스토텔레스는 저서 『정치학』에서 인간을 '정치적 동물'이라고 표현했다. 여기서 '정치적(political)'이라는 말은 '폴리스적인', 즉 폴리스와 관계된다는 뜻이다.

그는 폴리스(정치 공동체)와 더불어 사는 것이 인간의 본성이므로, 폴리스 없이 살 수 있는 존재는 사람이 아니라 초인(超人)이거나 인간 이하의 존재라고 했다. 인간이 인간답게 살자면, 혼자서는 안 되고 폴리스 안의 다른 사람과 상호작용을 해야 하며, 한 사람이 정상적인 인간으로서 존재하기 위해서는 폴리스라는 정치 공동체가 필요하다는 것이다.

한편, 이 말은 인간이 '폴리스의 공적인 일'에 관계한다는 뜻을 담고 있기도 하다. 폴리스에서는 집안일(요리, 빨래 등 가사노동)과 같은 일상적인 일을 하지 않아도 되는 사람들, 즉 자유로운 성인 남자들이 모여 폴리스 구성원과 관계되는 일(선거, 건축, 무역, 외교, 전쟁 등)을 함께 의논하고 결정했다.

 어디부터 어디까지가 정치일까?

정치의 범위를 어떻게 설정하느냐는 폴리스를 어떻게 이해하느냐와 밀접한 관계가 있다. 정치, 어디부터 어디까지일까?

첫째, 정치는 국가적인 일을 결정하고 처리하는 것이라고 보는 입장이 있다. 이러한 입장에서 정치란 정부, 국회 등과 같은 권력 기관이나 통치 기구를 중심으로 이루어지는 국가의 활동이다. 이를 '국가 현상설'이라고 한다. 이에 따르면 정치는 국가(혹은 국가 기관)의 활동으로 한정되고 대통령, 국회의원과 같은 정치인 등 소수 엘리트를 중심으로 이루어진다. 그리고 정치권력은 곧 국가의 권력과 동일시된다.

이렇게 정치 공동체의 범위를 국가로 설정하면 정치의 범위와 경계가 명확해진다는 장점이 있다. 하지만 한편으로 정치 현상을 너무 좁게 바라본다는 한계도 있다. 국가가 만들어지기 전에는 정치라는 것이 없었는지, 국가 이외의 집단에는 정치라고 할 만한 것이 전혀 없는지, 또한 국가의 크고 작은 모든 활동을 다 정치라고 할 수 있는지 등과 같은 의문이 생긴다.

둘째, 정치는 다양한 사회 집단에서 나타나는 상호작용과 조정이라고 보는 입장이 있다. 이를 '집단 현상설' 또는 '사회 현상설'이라고 한다. 이에 따르면 정치는 국가는 물론, 권력 관계(지배-피지배)가 존재하는 모든 사회 집단에서 나타난다. 여기서는 정치 공동체를 국가로만 한정하지 않고 사회의 다양한 집단 전체로 확장한다.

현대 사회의 시민은 국가 외에도 여러 집단에 속해 있고 그 구성원들과 상호작용을 한다. 그 과정에서 이해관계나 가치관이 충돌할 수밖에 없는데, 그것을 조정하고 해결하는 것이 정치라고 본다. 이러한 관점에서는 정치인들끼리 벌이는 협상뿐 아니라, 회사의 노사협의, 학교의 학생회 활동도 정치에 해당한다.

하지만 이 관점은 국가와 다른 사회 집단의 차별성을 소홀히 한다는 점에서 비판을 받는다. 이해관계를 조정하여 결정을 내리는 과정은 국가뿐 아니라 어디에서든 나타날 수 있긴 하지만, 국가는 다른 사회 집단을 통제할 수 있는 권력을 가지고 있다는 점에서 근본적으로 다르다는 것이다.

또한 회사, 동창회 등과 같은 집단에서 나타나는 다양한 정치 현상도 결국은 국가가 정한 법과 제도의 테두리 안에서 이루어짐을 고려할 때, 정치라는 것이 궁극적으로 국가와 관계된다는 점을 부인하기 어렵다는 측면도 있다.

 ## 공적 영역과 사적 영역 사이에서

위의 두 가지 입장을 종합해서, 폴리스를 그저 과거의 유적 같은 것, 경계가 정해져 있는 고정적인 것으로 보는 대신 '지금 여기'에 존재하는 실재적인 것, 그리고 살아 움직이는 유동적인 것으로 이해해 보자.

폴리스는 분명 역사 속 특정한 정치 공동체를 가리키는 말이다. 그것을 우리 현실에 적용해 보면, 사람들의 삶에 영향을 미치는 다양한 공동체를 폴리스라고 이해해도 좋을 것이다. 이런 공동체로는 국가, 회사, 학교, 동아리, 시민단체, 종교 집단 등을 꼽을 수 있다.

그리고 이 공동체 속에서 구성원들이 마주하는 문제를 공적으로 논의하고 결정하는 과정을 정치라고 할 수 있다. 논의와 결정이 늘 쉽게 이루어지지는 않는다. 때로는 진통이 심하고, 결정에 이르기까지 과정이 더뎌서 지루하기까지 하다.

친구들끼리 점심 메뉴를 결정하는 건 정치일까, 아닐까? 보통 짜장면을 먹을까, 탕수육을 먹을까 결정하는 것을 정치라고 부르지는 않는다. 물론 메뉴를 정하기까지 의견을 나누고 조정하기는 한다. 그러나 그건 공적 영역(public sphere)◆이 아니라 사적 영역(private sphere)◆에서 일어나는 일이다. 또한 그 결정이 친구들 사이에서 특별한 구속력을 갖는 것도 아니라는 점에서 정치라고 보기 어렵다.

26

그러나 똑같이 점심 메뉴를 결정하는 문제라 하더라도 학교 급식 식단을 짜는 거라면 이야기가 달라진다. 그것은 공적 영역의 일이다. 급식 메뉴에 짜장면을 넣느냐, 탕수육을 넣느냐, 어느 메뉴를 얼마나 자주 넣느냐에 따라 예산, 재료 보관 방식, 위생, 영양, 학생들의 만족도 등에 다양한 변화가 생길 수 있다. 따라서 이런 결정은 한두 사람의 기호나 취향에 맞춰 쉽게 해서는 안 되고 여러 사람의 의견과 객관적인 정보를 충분히 고려하고 반영해야 한다. 바로 이 지점에서 정치가 할 일이 생기는 것이다.

다시 한 번 정리하면 정치는 한 집단의 구성원 모두에게 적용되는, 공적인 결정을 내리는 과정이다. 좁은 의미의 정치는 국민에게 영향을 미치는 국가 혹은 정부의 행위에 주목하지만, 넓은 의미의 정치는 국가뿐 아니라 공동체 내, 혹은 공동체 간에 권력과 자원을 어떻게 분배할 것인가를 다룬다. 선거로 대통령을 뽑는 것이나 국회의원들의 입법 활동 등은 좁은 의미의 정치다.

공적 영역

개인이나 집단이 참여하여 자유로운 논의와 공동의 의사 결정을 만들어내는 사회생활 영역을 가리킨다. '공적'이라는 말은 '누구에게나 열려 있고 누구에게나 해당된다'는 의미다. 예컨대 대학 입시 제도 변경 같은 결정은 수험생은 물론 고등학교, 대학교, 학원가 등에도 커다란 영향을 미친다. 그래서 관련 당사자가 모여 공적 영역에서 결정한다.

사적 영역

어떤 사람이 타인이나 집단의 간섭 없이 자유롭게 의사 결정을 내리는 사회생활 영역을 가리킨다. 예를 들어 어느 수험생이 재수하기로 결정한다면, 그것은 수험생 자신과 그 가족에게는 큰 영향을 미치지만, 사회 전체에는 그렇지 않으므로 사적 영역에서의 결정이다.

아파트 단지에서 쓰레기 분리수거일을 주말로 할지 주중으로 할지 정하는 일은 넓은 의미의 정치에 해당한다. 학교에서 체험학습을 놀이공원으로 갈지, 박물관으로 갈지 정하는 것도 마찬가지다. 쓰레기 분리수거를 주중에 하기로, 체험학습 장소를 놀이공원으로 정했다고 해도 끝은 아니다. 주중이라면 어느 요일로 할지, 만약 수요일이라면 몇 시부터 몇 시까지 할지, 수거 장소는 어디로 할지 등을 정하는 일이 남는다.

체험학습도 마찬가지다. 많은 놀이공원 중에 어디로 갈지, 가격대는 어느 정도로 할지, 몇 시에 모일지 등을 정해야 한다. 더 작은 단위인 학급에서도 정치 현상이 나타난다. 체육대회 때 입을 반 티셔츠는 무슨 색으로 할지, 어떤 문구를 넣을지 정하는 것도 넓게 보면 정치다.

한 걸음 더 나아가기

영화 등급 결정도 정치일까?

새로 개봉하는 영화가 있는데 마침 좋아하는 배우가 나와서 잔뜩 기대를 했다. 그런데 '청소년 관람불가' 등급이라 볼 수 없어서 실망한 적이 있는가? 아니면 영화 등급이 이상하게 매겨졌다고 생각한 적은? 이런 영화 등급은 누가 결정하는 것일까? 그 결정도 정치라고 볼 수 있을까?

우리나라에서 만든 모든 영화는 상영 전에 등급을 받아야 한다. 영상물등급위원회라는 기관에서 위원들끼리 내부 토론을 거쳐 ① 전체관람가, ② 12세 관람가, ③ 15세 관람가, ④ 청소년 관람불가, ⑤ 제한상영가 중 하나로 정한다. 선정 기준은 주제, 폭력성, 선정성, 공포, 언어, 약물, 모방성 등 7가지다. 청소년은 ①②③ 등급의 영화만 볼 수 있다.

이 결정은 해당 기관이 공적인 권위를 가지고 결정한 정치 행위이기 때문에 영화 제작사, 영화관, 관객 모두가 따라야 한다. 영상물등급위원회의 결정은 어떤 영화를 볼 것인가, 어떤 영화를 만들 것인가 같은 시민의 선택에 큰 영향을 미친다.

3 학자들은 정치를 어떻게 보았을까?

동양과 서양에서 정치사상은 대체로 기원전 6세기 무렵에 생겨났다. 동양에서는 중국의 제자백가(諸子百家)◆를 중심으로 서양에서는 그리스 지역의 폴리스에서 주로 논의가 시작되었다.

 고대 사상가에게 정치란
: 국가(세상)에서 정의와 선을 실현하기

고대 중국의 여러 사상가 중에서 유교적 관점에 있는 공자와 맹자의 생각은 이러했다.

제자백가
기원전 8세기부터 3세기 무렵의 중국 춘추전국시대에 활약했던 다양한 학파와 사상가들을 가리킨다.

공자는 정치가 무엇이냐는 질문에 '정자정야(政者正也)'라고 답했다. 정치는 정(正), 즉 천하를 바르게 하는 것, 세상을 바르게 만드는 것이라는 뜻이다. '바르게 한다', '바로잡는다'는 것은 정의를 가리킨다. 즉, 공자는 정치라는 것을 세상에 정의를 세우는 일로 이해했다고 할 수 있다.

맹자는 왕도정치를 설명하면서 백성(국민)에 대한 사랑을 강조했다. 군주는 백성에 대한 사랑을 바탕으로 정치를 해야 한다는 것이다. 맹자의 왕도정치에는 인자하지 않은 군주는 쫓아내야 한다는 주장도 포함되어 있다. 이러한 정치관에서는 '의리지별(義利之別)', 즉 정의와 이익이 분리되어야 한다고 본다. 정치는 이익을 좇는 일에 오염되지 않고 정의로움을 지향해야 한다는 것이다.

고대 그리스의 플라톤은 폴리스 안에서 인간의 영혼이 도달할 수 있는 최고의 선을 실현하는 것이 정치라고 보았다. 플라톤은 정치의 본질은 정의 실현이라고 생각했고, 정의란 자신의 이익을 추구하는 것이 아니라 공동체 사람들이 각자 올바른 역할을 다하는 것이라고 했다. 정의 실현을 위해서는 정치에 대한 충분한 지식과 덕을 갖춘 철학자가 폴리스를 다스리는 것이 바람직하다고 보았다.

인간은 정치적 동물이라고 한 아리스토텔레스 역시 좋은 정치는 폴리스 전체의 선을 증진하는 것이라고 보았다. 그에게 폴리스란 단순히 생활 공간이 아니라, 행복한 삶에 필수적인 정치 공동체였다. 아리스토텔레스는 정치와 도덕을 연결하면서 폴리스 발전에 기여하는 정치적인 행동이 윤리적이라고 보았다.

중세 사상가에게 정치란 : 신의 뜻을 실현하는 것

중세 유럽에서는 유일신 사상과 기독교가 발전하여 신학이 정치와 밀접한 관계를 맺었다. 그래서 대개 정치학은 교회에서 신학자들이 연구하는 분야였다.

아우구스티누스는 당대의 정치철학 및 전통과 신학을 종합한 저서『신국론』을 펴내어 신학적 세계관을 정치학으로까지 확장했다. 더 나아가 아퀴나스는 신의 뜻으로 통치되는 우주의 일부가 곧 국가라고 보았다. 그리고 그러한 국가 속에서만 인간이 행복을 누릴 수 있다고 생각했다.

중세 유럽의 정치학은 대체로 기독교를 매개로 한 범세계적인 종교 공동체를 전제로 한다. 그래서 학문적이기보다는 종교적이고 도덕적인 성격이 강한 편이었다.

 ## 근대 사상가에게 정치란
 : 시민과 군주, 시민과 정부 사이의 관계 찾기

오늘날과 비슷한 의미의 정치학은 근대 국가의 등장과 함께 성립된 것으로 본다. 근대 국가는 대체로 뚜렷한 경계와 주권을 가졌으며 국가로서의 체계도 갖추고 있었다. 근대적 의미의 정치학은 중세에 막강했던 신학의 영향력에서 벗어나게 되었다.

근대 정치학의 기틀을 세운 사람으로 알려진 16세기 이탈리아의 마키아벨리부터 살펴보자. 그는 정치를 순수하고 고상하게 보던 고대 사상가들과 달리 현실 속의 치열한 권력 투쟁의 장으로 보았다. 그렇기 때

문에 추상적이고 고상한 도덕을 강조하기보다는 군주가 가져야 할 통치 기술을 중시했으며, 정치적으로 좋은 목적을 달성하기 위해서는 불가피한 경우 비도덕적인 수단을 쓸 수도 있다고 했다. 바로 이 부분 때문에 그가 쓴 『군주론』이라는 책이 독재를 옹호한다는 오해를 받기도 한다.

그러나 마키아벨리는 현실 정치에서 좋은 목적을 위해 상대적으로 가벼운 도덕을 일부 포기할 수도 있다고 한 것이지 부도덕한 수단을 남용해도 된다고 본 것은 아니었다.

정치가 하나의 학문으로 체계화된 것은 17세기 홉스 이후로 알려져 있다. 영국의 홉스와 로크, 프랑스의 루소는 모두 사회계약설을 중심으로 정치 현상을 이해한 학자들이다. 이들이 주장한 권력분립론, 국민주권론, 입헌군주제, 대의 민주주의 같은 개념은 현대 정치 제도와 관련된 논의와 실천으로도 계속 이어져 정치사상사에 큰 발전을 가져왔다.

홉스는 "만인에 대한 만인의 투쟁"이라 불리는 자연 상태에서는 일종의 약육강식 법칙이 지배한다고 보았다. 그러한 상황에서는 개인의 안전과 사회의 평화를 보장할 수 없다. 그러므로 개인이 자연권(自然權, natural rights)◆을 군주에게 양도하고 그에게 복종하는 군주정치를 실현함으로써 사회 질서가 유지되고 개인의 재산과 생명도 지킬 수 있다고 보았다. 홉스는 군주정치를 주장하긴 했지만, 군주의 권력은 신이 부여한 추상적인 것이 아니라 개인들로부터 위임받은 것이라고 했다.

로크는 자연 상태를 약육강식이 아니라 자연법(自然法, natural law)◆이 지배하는 평화로운 상태로 인식했다. 다만 일부 사람들이 욕심 때문에 다른 사람의 권리를 침해할 가능성은 늘 있다고 보았다. 그래서 시민들이 자연권의 일부를 정부에 위임함으로써 인간의 탐욕이 공동체를 망가뜨릴 위험을 막아야 한다고 생각했다. 그리고 정부는 군주처럼 절대적인 권력을 행사할 수 없고 만약 정부가 개인의 자유를 침해할 경우 개인은 저항권(抵抗權, rights of resistance)◆을 행사할 수 있다고 주장했다.

홉스와 로크의 차이점은 이러하다. 홉스는 "만인에 대한 만인의 투쟁" 상태인 자연 상태에서 벗어나려면 개인은 계약을 통해 자신의 힘을 군주(주권자)

자연권
모든 사람이 태어나면서부터 가지는 권리를 가리킨다. 국가가 만들어진 후에 법으로 보장되는 것이 아니라, 인간이라면 누구나 자연적으로 당연하게 부여받는 권리이다.

자연법
사회나 국가가 성립되기 이전부터 인간의 자연적인 본성에 의해 도출되는 법을 가리킨다. 이것은 필요에 따라 인위적으로 만든 법이 아니라, 언제 어디서나 보편적으로 존재하는 법이다. 이에 대응되는 개념은 실정법(實定法)이다.

저항권
국가 권력이 국민의 기본권을 침해했을 때 법이 규정하는 모든 수단을 활용했는데도 구제받지 못할 경우, 국가 권력에 대해 시민이 저항할 수 있는 권리이다.

에게 넘기는 대가로, 군주로부터 평화와 안전을 보장받는다고 보았다. 여기서 군주에 대한 시민의 저항권은 인정하지 않았다.

이에 비해 로크는 권력을 위임받은 정부 기관이 법을 따르지 않고 시민의 자유와 권리를 침해할 경우 시민은 권력을 되찾을 권리를 가진다고 보았다. 즉, '군주의 지배'가 아니라 시민의 합의에 근거한 '법의 지배'를 통해 사회 계약이 실현된다고 주장한 것이다.

루소는 자연 상태를 자유롭고 평등하며 평화로운 상태로 보았다. 그렇지만 그대로 두면 누군가의 무분별한 자유와 권리 행사로 훼손될 수 있기 때문에 이를 막기 위해 국가라는 기구가 필요하다고 했다. 로크와는 달리 시민의 주권은 전부든 일부든 국가에 맡길 수 있는 것이 아니기 때문에, 시민 합의에 해당하는 '일반의지'에 의해 정부가 구성되고 작동해야 한다고 보았다. 이는 완전한 국민주권을 주장한 것으로 볼 수 있다.

 ## 현대 사상가들에게 정치란
: 사회 속의 가치를 나누는 방법 찾기

정치학자 해럴드 라스웰(Harold Lasswell)은 정치를 "누가, 무엇을, 언제, 어떻게 얻는가"에 관한 답을 찾는 것이라고 보았다. 즉, 사회 속의 가치를 어떻게 배분하느냐에 관한 문제라고 이해한 것이다. 여기서 가치란 사람들이 목표로 하는 것, 추구하는 것인데 그러한 가치를 분배하는 과정에서 권력이 핵심적인 영향을 끼친다고 보았다.

시카고대학의 정치학 교수였던 데이비드 이스턴(David Easton)은 정치를 "사회적 희소가치의 권위적 배분"이라고 정의했다. 많은 개인과 집단이 원하는 것은 각기 다른데 사회는 그 모든 요구를 다 반영할 수 없다. 그래서 사람들의 다양한 요구를 모으고 반영하여 사회적으로 희소한 가치를 적절히 배분하는 정책을 만드는 것이 정치라는 것이다.

여기서 말하는 정책은 몇 사람이 마음대로 내놓는 것이 아니라, 민주적 절차를 거쳐 만든다. 그럼으로써 일정한 권위를 갖는다. 또한 권위적 배분이란 무조건적으로 배분하는 게 아니라, 사람들이 납득하고 인정할 수 있는 방식으로 나눈다는 뜻이다.

예를 들어 대학 입시 제도를 살펴보자. 대학 입시는 '(좋은) 대학'이라는 사회적 희소가치에 도달하는 수단이다. 사람들은 여기에 많은 관심을 가지고 어떤 입시 제도가 자기에게 유리한지 늘 따진다. 그래서 입시 제도를 바꾼다 하더라도 교육부 장관이나 실무자가 임의로 실행하지 않고, 먼저 학생, 교사, 학부모, 시민단체, 대학의 의견을 조사하고 토론회 등을 거친다.

이런 과정을 통해 결정된 사항은 법적 권위와 구속력을 갖는다. 마음에 안 드는 부분이 있더라도 따라야 하는 것이다. 이렇게 결정된 새로운 입시 제도에 따라 학생, 교사, 대학 등이 각자 준비해야 할 몫이 새로 생긴다. 그리고 그것을 수행한 결과, 각 학생이 다닐 대학이 결정된다. 사회적 희소가치가 권위적으로 배분된다는 것은 이런 의미이다.

 정치학은 어떤 분야와 이어져 있을까?

19세기 정치학은 국가와 정부 제도를 주로 연구했다. 당시에는 국가, 정부 제도와 법 등이 이상적으로 구축되어 있으면 정치도 이상적으로 이루어질 거라고 가정했다. 그래서 인간이 자율적으로 제도에 영향을 미치기보다는 제도의 영향을 받으면서 거기에 자연스럽게 적응한다고 보았다.

20세기에 들어서는 국가보다는 사회를, 제도보다는 과정을 중시하는 경향이 나타났다. 국가, 법률, 제도 같은 어느 정도 정형화된 것을 연구하기보다는 개인과 집단의 다양한 행위와 자율적인 활동을 강조하게 되었다. 또한 정치와 행정, 정치와 정책의 긴밀한 관계에 대한 연구도 활발해졌다. 미디어의 발달과 함께 미디어와 정치의 상호작용에 대한 관심도 높아졌다.

정치학이 그동안 걸어온 길을 살펴보면, 기본적으로 권력, 정부, 공공 정책, 정치사상, 시민 행동, 국제기구 등을 다루는 사회과학의 한 분야임을 알 수 있다. 정치학은 정치적 사건과 상황 속에 숨어 있는 관계를 드러내고, 정치가 작동하는 일반적인 원리를 탐색한다. 그 과정에서 법학, 경제학, 사회학, 역사학, 철학, 지리학, 심리학, 인류학 등과 광범위하게 연결된다. 그중에서도 특히 사회적 자원을 어떻게 배분할 것인가, 사회질서를 어떻게 유지할 것인가라는 주제가 중시되면서 경제학 및 법학과 밀접하게 관련된다.

정치학과 경제학은 둘 다 사회적 자원(재화와 서비스)의 분배 문제에 관심을 갖는다. 경제학은 자원을 분배하는 장치로 시장을 강조한다. 이상적인 시장에서는 재화나 서비스를 자발적으로 거래한다. 거래 당사자 중 한쪽이라도 원하지 않으면 거래는 이루어지지 않는다. 그런데 정치학에서는 권력이나 명예 같은 사회적 가치가 법이나 명령 등에 의해 권위적이고 강제적인 방식으로 분배된다고 본다. 어떤 사람은 원하지 않을 수도 있지만, 그래도 따라야 하기 때문에 갈등이 생긴다. 정치학은 그러한 갈등의 원인, 양상, 해결 방안 등을 연구한다.

한편, 민주주의 사회에서는 다양한 갈등과 분쟁을 조정하기 위해 의견을 수렴하고 반영해야 한다. 그것은 곧 정책으로 나타난다. 정책은 즉흥적으로 혹은 임의로 결정되지 않고, 헌법의 가치와 법적 규정에 따라 결정된다. 이러한 측면에서 정치학과 법학은 뗄 수 없는 관계이다.

토론으로 생각 넓히기

제도를 강조하는 서양 VS 사람을 강조하는 동양

동서양의 정치를 살펴보면 서양은 제도, 법, 계약 등을 중시하는 반면, 동양은 사람, 관계, 의리 등을 강조하는 경향이 있다. 시민이 안정적인 삶을 보장받기 위해 권리 일부를 정부에 위임한다고 보는 서양의 사회계약설은 정부를 하나의 유용한 제도로써 활용하겠다는 관점이다. 반면, 좋은 왕을 만나면 정치가 바로 서고 백성의 삶이 편안해진다고 보는 동양적 사고방식에서는 제도보다 사람의 성품과 역량을 중시한다.

제도와 사람 중 어느 쪽에 비중을 두어야 효과적인 정치를 누릴 수 있을까? 그리고 동서양의 서로 다른 사고방식은 오늘날의 정치 현실에 각각 어떻게 적용할 수 있을까?

정치에는 두 얼굴이 있다고들 한다. 미국의 정치 사상가 셸던 월린(Sheldon Wolin)은 "정치는 갈등의 원인이자 갈등의 해결책"이라고 했다. 정치로 인해 갈등이 생기는데 그 갈등이 정치로 해결된다니, 얼핏 모순 같다. 정치가 대체 뭘 어떻게 하길래 그럴까?

갈등을 일으키는 정치

정치가 갈등을 일으키는 이유는 힘의 불균형 때문이다. 누군가는 어떤 결정을 주도하고, 결정된 정책을 지키도록 강제하거나 지배할 힘을 가지고 있다. 하지만 다른 누군가는 그 결정을 따라야 하는 위치에 있다. 지배하는 쪽은 더 많은 힘을 행사하고 싶어 하고, 따라야 하는 쪽은 상대방의 과도한 권력 행사를 거부하고 싶어 한다.

체험학습 장소를 결정하려는데 후보지만 10군데가 나왔다고 해보자. 의견이 너무 분분해 도무지 좁혀지지 않으니 학급회장이 그중 2군데만 후보지로 하여 하나를 선택하자고 제안했다. 후보지가 아닌 다른 곳을 원했던 학생들은 학급회장이 왜 개입하냐며 불만을 품을 수 있다. 이때문에 또 다른 갈등이 시작될 수도 있다. 체험학습 장소를 결국 결정했는데도 학급 활동에 협조하지 않는다거나 나중에 다른 의사 결정을 할 때 학급회장 의견에 트집을 잡는 식으로 말이다.

 갈등을 해결하는 정치

그렇다면 정치는 갈등을 어떻게 해결할까? 의사 결정이 이루어지기까지는 갈등과 대립이 거듭될 수 있지만, 일단 결정이 끝나면 거기엔 일정한 구속력이 생긴다. 결정이 마음에 들지 않아도 따라야 하는 것이다. 그러지 않으면 공동체에 피해를 주는 것은 물론이고 자신에게도 불리한 결과를 가져오기 때문에 대개는 결정을 따른다. 체험학습 장소가 마음에 들지 않는다고 해서 아예 가지 않는 학생이 드문 것처럼 말이다.

선거를 예로 들어보자. 선거철이 되면 후보나 정당 간에 치열한 경쟁이 벌어진다. 그런데 때로는 도를 넘어 인신공격에 이르기도 한다. 다시는 같은 하늘 아래 살지 않을 사람들처럼 처절하게 싸우기도 한다. 하지

토사구팽

사마천의 『사기』에 나오는 말. 토끼를 사냥하러 갔다가 토끼를 잡으면 사냥에 이용했던 개를 잡아먹는다는 뜻이다. 필요할 때는 실컷 이용하고 필요가 없어지면 버린다는 의미로, 정치 현상을 설명할 때 많이 쓰는 고사성어다. 원문은 "교활한 토끼가 죽으면 좋은 사냥개도 삶고, 높이 나는 새가 잡히면 좋은 활도 창고에 들어가고, 적국을 이기고 나면 좋은 신하도 망한다"라고 되어 있다.

만 선거가 끝나고 나면 달라진다. 대개 당선자는 축하를 받고 낙선자에게 위로의 말을 건넨다. 낙선한 사람은 마음이 아프지만 일단은 결과에 승복하며, 협력과 통합을 위해 노력하겠다는 말까지 한다. 완전한 해소라고 하긴 어렵지만, 어느 정도 갈등이 마무리되는 것이다.

물론 그런 평화도 오래가지는 않는다. 선거 직후에는 조화와 상생을 위해 노력하겠다고 하지만, 머지않아 새로운 갈등이 생긴다. 그리고 그것을 치유해야 하는 과제를 떠안게 된다. 이것이 흔한 정치의 모습이다.

이런 경우도 있다. 대통령 선거를 앞두고 자기 당 후보의 당선을 위해 당원들이 힘을 모은다. 그런데 원하는 후보가 당선됐는데도 같은 당원들끼리 싸우는 일이 있다. 당선에 누구의 공이 더 큰지, 공의 대가로 누가 더 좋은 자리를 차지해야 하는지 등을 가지고 다투는 것이다. 그 과정에서 누군가는 토사구팽(兎死狗烹)◆ 당했다며 당을 떠나기도 한다.

이렇듯 정치는 경쟁·갈등과 협력·조화의 측면을 모두 가지고 있다. 경쟁과 갈등이 있는 것은 정치가 근본적으로 권력을 차지하기 위한 싸움이기 때문이다. 협력과 조화가 있는 것은 정치가 의사 결정을 통해 갈등을 조정하는 과정이기 때문이다. 이 두 가지 측면은 시작과 끝을 알 수 없을 정도로 서로 얽히고설켜 있다.

'정치적'이라는 말의 여러 가지 의미

사람들은 일상에서 '정치적'이라는 말을 자주 쓰는데, 어떤 의미로 사용될까?

"너는 정치적 쟁점에 관심이 많구나."

여기서 '정치'는 방송이나 신문 기사에서 많이 다루는 소재로서 정치를 의미
한다. 예컨대 선거 결과, 대통령이나 국회 소식, 정부 정책 등이다.

"저 사람은 너무 정치적이야."

여기서는 그 사람이 권력 지향적이라는 의미다. 권력을 행사할 수 있는 자리
를 원한다거나, 이를 위해 전략적으로 인간관계를 맺으려는 사람에게 쓴다.

"문제를 법적으로만 풀려고 하지 말고 정치적으로 풀어라."

법적 해결이란 말 그대로, '법에 따라' 해결하는 것을 말한다. A가 B에게 무
언가 잘못을 저질렀다면, 법에 정해진 대로 잘못에 상응하는 처벌을 받으면
된다. 반면 정치적 해결은 명확한 규정을 따르지 않는다. 그래서 잘못한 쪽
이 법적으로 부담해야 하는 몫보다 더 많거나 적게 감당할 수도 있다.

예컨대 B가 A의 잘못을 다 따져 물을 경우 앞으로 A와의 관계가 단절되리
라 예상할 수 있다. 그걸 피하기 위해 조금 관대하게 처리해서 자신의 아량
도 보여주고 A와의 관계도 유지하기를 선택한다면, 일종의 정치적 해결이
라고 할 수 있다.

"정치는 생물이다"

이 말은 정치를 긍정적으로 표현한 말일까, 아니면 부정적으로 평가하는
말일까?

'정치는 생물'이라는 말은 어제와 오늘의 정치적 상황이 다르고 끊임없이 변
화하는 특성을 담았다. 그 자체로는 중립적인 의미이지만, 어떤 맥락에서 쓰

이느냐에 따라 긍정적 의미가 될 수도 있고, 부정적 의미가 될 수도 있다.

정치는 갈등과 대립, 대화와 협력이 반복되고 그것을 정확하게 예측하기가 어렵다. 그렇기 때문에 대화를 하든 대립을 하든 모든 가능성을 열어놓을 필요가 있다. 이런 경우에 '정치는 생물'이라는 말은 유연하고 융통성 있는 정치적 대응을 설명하는 말로서 긍정적인 의미다.

반면 이런 경우도 있다. 어제까지 A정당에 속해 있던 정치인이 갑자기 A정당을 탈당하고 B정당에 입당하면서 "정치는 생물"이라는 말을 했다 치자. 그동안 B정당과는 적이었으나, 이제는 B정당을 동지로 삼기로 했다는 것이다. 이때 '정치는 생물'이라는 말은 자신의 탈당과 입당을 변호하기 위한 것이겠지만, 사람들은 그런 정치인을 '철새'라고 부르며 비판한다.

5 핵심은 권력이다

　　다음은 『80일간의 세계 일주』, 『해저 2만 리』라는 작품으로도 유명한 소설가 쥘 베른의 『15소년 표류기』라는 소설의 줄거리이다.

　　항구에 있던 배의 밧줄이 풀리는 바람에 부모와 선원들 없이 15명의 소년들만 태운 채 배가 떠내려가 버렸다. 배는 어느 무인도에 멈추어 섰다. 소년들은 그곳에서 살아남기 위해 동굴을 거처로 정하고 함께 생활하기로 한다. 그중 브리앙과 드니팬은 섬에서 살아가는 방식이나 생활에 필요한 규칙 등을 놓고 매번 마찰을 빚는다. 다행히 브리앙의 양보로 싸움이 일어나지는 않았지만 언제 갈등이 폭발할지 모르는 긴장 속에 살아간

다. 그들은 섬 생활을 이끌어갈 지도자가 필요하다는 것을 깨닫고 1년 동안 고든에게 대표자 역할을 맡긴다. 드니팬은 브리앙과 친한 고든의 말을 듣지 않고 일부러 규칙을 어기는 일이 많았다.

　어느덧 1년이 지나고 브리앙이 두 번째 대표자가 되었다. 라이벌이 대표자가 되자 드니팬은 친한 소년들 몇 명을 데리고 동굴을 떠나 결국 공동체는 둘로 나뉜다. 어느 날 드니팬 일행이 맹수에게 공격당할 위기에 처하자 브리앙은 위험을 무릅쓰고 드니팬을 구해낸다. 이를 계기로 드니팬 일행은 다시 동굴로 돌아온다. 이후 소년들은 목숨을 건 모험과 노력 끝에 배를 고쳐서 섬을 빠져 나와 2년 만에 집으로 돌아간다.

소설에서 무인도에 도착한 소년 15명은 몇 가지 중요한 의사 결정을 한다. 잠은 어디서 잘지, 누구를 대표자로 정할지, 섬 생활 중 무엇은 해도 되고 무엇은 하면 안 되는지 등이 그것이다. 배에서는 선장이 지도자 역할을 하기 때문에 지도자를 따로 정할 필요가 없었다. 지켜야 할 규칙도 이미 정해져 있고 어른들이 그것을 알려주었을 것이다.

그런데 무인도에서는 사정이 다르다. 어른도, 정해진 규칙도 없다. 그러자 소년들은 누가 시키지 않았는데도 스스로 틀을 정하려고 한다. 그 틀에서 벗어난 사람은 위험에 빠질 수도 있고 다른 소년들에게 징계를 받을 수도 있다. 그렇게 되는 걸 원하지는 않을 테니 다들 규칙을 지키려고 할 것이다.

이것이 바로 삶에 정치가 필요한 이유다. 정치는 공동체가 크든 작든 일정한 틀과 규칙을 만들고, 그것을 통해 공동체를 안정적으로 보존하는 역할을 한다.

공동체 안에서 끊임없이 결정하는 과정

소설이라 실감이 잘 안 난다면 일상에서 일어나는 일을 예로 들어보자. 급식 시간에 반찬이나 밥은 어떻게 배식하면 좋을까? 어느 날 반찬으로 불고기가 나왔다 치자. 그럼 불고기를 좋아하는 사람에게 더 많이 주어야 하나, 아니면 누구에게나 똑같이 줘야 하나? 몸집이 큰 사람에게 밥을 더 많이 줘야 하나, 아니면 몸집이 작은 학생에게 많이 줘야 하나? 급식 먹는 순서는? 번호대로 할까, 도착한 순서대로 할까, 아니면 배고픈 순서대로 할까? 아침식사를 거른 사람이 있다면 먼저 먹게 할까?

규칙을 정하지 않으면 이런 문제들 때문에 급식 시간마다 혼란과 다툼이 일어나기 쉽다. 이럴 때 정치가 나타난다. 학생들마다 원하는 방식이 다를 테니 가능한 한 모두 반영하는 방법도 있다. 예컨대 급식 먹는 순서를 한 가지로만 고정하지 않고 주기적으로 바꾸어가면서 누구나 한 번은 먼저 먹을 수 있는 기회를 갖게 할 수도 있다. 이 결정에 모든 학생이 만족하지는 않더라도 일정한 규칙에 따라 급식이 원활하게 진행되도록 하는 것이다.

한 번 결정을 내렸다고 해서 영원히 지켜야 하는 것은 아니다. 상황이 바뀌면 추가로 더 규칙을 만들거나 아예 새로운 결정을 내릴 수도 있다. 이런 일은 정치에서 늘 반복된다.

 ## 결정은 아무나 하나?

정치는 무언가를 끊임없이 결정하는 과정이라고 했다. 그렇다면 결정은 누가 할까? 교장 선생님은 급식 메뉴를 자신이 좋아하는 것으로 정할 수 있을까? 회사원이 자기가 일하고 싶은 시간이나 임금을 마음대로 정할 수 있을까? 아니다. 결정을 하려면, 적어도 결정에 영향을 미치려면 권력이 있어야 한다.

사원은 사장 등 간부의 지시를 받는다. 사병은 장교나 하사관 등 계급이 높은 군인의 명령을 받는다. 사원이나 사병의 수가 훨씬 많은데 어째서 소수인 간부나 장교의 지시에 복종할까? 그것은 권력이라는 개념으로 설명할 수 있다.

플라톤은 권력이란 어딘가에 영향을 미치거나 변화를 줄 수 있는 것이라고 보았다. 홉스도 비슷하다. 그는 권력이란 자신에게 유리하도록 상황을 이끌어가는 능력이라고 보았으며 미국의 사회학자 로버트 모리슨 맥키버(Robert Morrison Maciver)는 직접적인 명령이나 간접적인 수단을 통해 다른 사람의 행동을 통제할 수 있는 능력이라고 보았다.

쉽게 말해서 권력이란 다른 사람을 내 뜻대로 움직이게 하는 힘이다. 그래서 권력 관계는 대체로 지배와 복종의 관계, 즉 이끄는 쪽과 따르는 쪽으로 나뉜다.

버트런드 러셀(Bertrand Russell)은 에너지가 물리학의 근본 개념이듯이 권력이 사회과학의 근본 개념이라고 했다. 정치 현상에서 권력이란, 한글의 '가나다'라고 해도 될 만큼 기본적인 개념이다. 그만큼 권력은 정치에서 의사 결정을 할 때 필수적이다.

 ## 베버가 본 권력의 세 가지 속성

막스 베버(Max Weber)는 권력을 "한 행위자가 '사회적 관계' 속에서 '다른 행위자의 저항'에 맞서 자신의 '의사를 관철'시킬 수 있는 힘"이라고 정의했다. 여기에서 크게 세 가지 문제를 생각해 볼 수 있다.

첫째, 권력은 특정한 사회적 관계 속에서 형성되고 행사된다. 이때 어떤 사회적 관계인지가 중요하다. 예를 들어, 부모님이 나에게 가정 내 규칙을 지키라고 하실 수는 있지만, 이웃에 사는 내 친구에게까지 지키라고 강요할 수는 없다. 한국의 국회의원은 한국에서 권력을 행사할 수 있지만 외국에서까지 국회의원으로서 권력을 갖는 것은 아니다. 다른 나라를 공식적으로 방문할 때 일반 시민보다는 더 예우를 받을지 모르지만, 그렇다고 그 나라의 의사 결정에 큰 영향을 주기는 어렵다. 한편, 무인도에서 혼자 행사하는 권력은 사실상 의미가 없다. 무인도에는 사회적 관계가 없기 때문에 어떠한 강제나 복종도 발생하지 않는다.

둘째, 권력을 행사할 때 다른 행위자의 저항이 뒤따른다. 권력을 행사하는 쪽은 좋지만, 아닌 쪽은 일정 부분 제약을 받게 되고 때로는 무언가를 잃을 수도 있다. 그러므로 특히 권력을 갖지 못한 쪽이 반발하는 경우가 많다. 베버는 갈등 없이 어느 한쪽이 다른 쪽에 순응하면 그건 권력 행사가 아니라 권위가 발휘된 것으로 보았다. 이렇듯 권력 행사에서 갈등은 사실상 필연적이다.

셋째, 권력을 행사하는 쪽은 결국 자신의 의사를 관철한다. 권력을 갖지 못한 이들의 불만과 저항이 있더라도 최종적으로는 권력을 가진 쪽의 의도가 더 많이 반영되어 결정이 이루어진다. 그 과정에서 권력을 가진 쪽이 그렇지 못한 이들의 불만과 저항을 다독일 수도 있고 무시할 수도 있다. 그것은 권력이 어떤 방식으로 행사되느냐에 따라 다르다.

 보이는 권력, 보이지 않는 은밀한 권력

정치학자 스티븐 루크스(Steven Lukes)는 권력을 다음과 같이 구분했다.

첫째, 의사 결정 권력(decision making power)이다. 우리가 흔히 말하는 권력이 바로 이것으로, 어떤 결정을 내림으로써 다른 사람에게 직접 영향을 미치는 것이다. 예를 들어 어떤 회사의 사장이 출근 시각을 아침 8시로 정하고 지각하는 직원에게는 이유를 막론하고 만 원씩 벌금을 물리기로 결정했다고 하자. 직원은 사장의 결정을 따라야 한다.

둘째, 비의사 결정 권력(non-decision making power)이다. 이것은 결정을 직접 하지는 않지만, 논의의 주제나 범위를 한정함으로써 의사 결정에 영향을 미치는 권력이다. 예를 들어 회사 사장이 직원들에게 한턱을 내겠다며 퇴근 후 회식을 제안했다고 하

자. 그런데 사장이 분식집에 가서 김밥을 먹을지, 짜장면을 배달시켜 먹을지 정하라고 했다면? 분명히 결정 자체는 직원들에게 맡겼지만 완전히 자유롭게 한 건 아니고, 사장이 원하는 선택지만 제한적으로 준 것이다. 그러므로 실질적인 결정은 사장이 의도한 범위 내에서 내려진다.

셋째, 이데올로기 권력(ideological power)이다. 이것은 의사 결정에 직간접적으로 관여하지 않으면서도, 지배 계층이 피지배 계층에게 자신의 의도를 주입하여 거기에 따라 움직이게 만드는 권력이다. 예를 들어 "젊어서 고생은 사서도 한다"는 말이 있는데 과거에는 이 말이 젊은이의 패기를 격려하고 다양한 경험을 권장하는 말로 쓰였다.

좋은 뜻이 없지는 않으나, 그런 생각이 젊은 세대에게 계속 주입되면 적은 돈을 받으면서도 많은 일을 하는 상황에 대해 문제 제기를 못 하고 그저 '젊었을 때 한번 해보는 고생' 정도로 여기게 할 가능성도 있다. 요즘 유행하는 '열정 페이*'라는 말도 이러한 관점에서 해석할 수 있다.

 ## 권위와 폭력은 권력과 어떻게 다른가

권력은 법이나 규정 등을 통해 공식적으로 부여되는 강제적 힘이다. 그래서 정해진 범위 내에서 일정한 방식에 따라 행사할 수 있다. 군대

에서 장교는 사병에게 훈련을 성실하게 받으라고 명령하고 전쟁 시에는 전투를 지휘한다. 그것이 장교에게 주어진 권력이며 사병은 그 명령에 따라야 한다. 권력은 공식적이기 때문에 행사할 수 있는 범위도 법이나 규정으로 정해져 있다.

그에 비해 권위는 법적으로 부여된 것 이상의 힘, 혹은 그와는 별개의 힘이다. 공식적인 규정으로 강제하지 않아도 다른 사람에게 영향을 주고 움직일 수 있다. 권위는 풍부한 지혜, 강직한 인품, 특정 분야에서의 오랜 경험 등에서도 발생할 수 있다. 예를 들어 영국 여왕은 현재 실질적인 권력을 행사하지 않는다. 하지만 왕실의 오랜 전통에 국민들이 존경심을 갖고 있기 때문에 여왕의 말이나 행동은 상당한 권위를 갖는다.

권력은 있는데 권위가 낮은 경우도 있다. 미국의 빌 클린턴 전 대통령은 1998년 임기 도중 발생한 부동산 문제, 여성 문제 등으로 인해 권위가 크게 떨어졌다. 임기가 정해져 있기 때문에 대통령에게 부여되는 권력은 유지했지만, 대통령의 한마디 한마디에서 힘이 떨어진 것은 사실이다.

한편, 폭력은 다른 사람의 의사와 상관없이 무언가를 강요한다는 점에서, 즉 강제성을 띤다는 점에서는 권력과 유사한 면이 있다. 그러나 권력과 달리 공식적으로 보장되는 것이 아니므로 둘은 근본적으로 다르다. 정치에서 폭력을 용인하지 않는 이유는 그것이 비공식적, 즉 임의로 행사하는 힘이기 때문에 통제할 수 없는 데다가 공동체에 막대한 피해를 줄 수 있기 때문이다.

사람들은 왜 그렇게 정치권력을 원할까?

앞서 언급했듯이 정치란 개인이나 집단이 가지고 있는 다양한 이해관계를 조정하여 가치를 배분하는 것이다. 그런데 특정 개인이나 집단이 다수의 의사를 무시하고 자신의 이익만을 극대화하기 위해 이해관계를 조정한다면 갈등과 혼란을 피하기 어렵다.

이러한 상황을 막으려면 사회가 인정한 개인이나 집단이 공식적으로 이해관계를 조정하는 편이 바람직하다. 그러한 권위체가 행사하는 권력을 정치권력이라고 한다.

학자들은 정치권력을 정치 현상의 핵심으로 본다. 마키아벨리는 정치의 목적은 정치권력을 유지하고 확대하는 것이라고 보았다. 한나 아렌

트 역시 모든 정치 제도는 권력의 표현이라고 하면서 권력을 유지하지 못하는 정치 제도는 사라지고 말 것이라고 했다.

흥미로운 것은 권력에 대한 인간의 태도가 이중적이라는 점이다. 사람들은 권력을 탐내는 사람을 좋게 보지 않는 경향이 있다. 그런 사람을 보면 권력욕이 강하다고 비판하면서도 누구나 권력을 탐낸다. 꼭 국가 기관을 움직이는 정치권력이 아니더라도 그렇다.

예를 들어 동창회에서 회장이 되어 권력을 행사하고 싶어 하는 사람이 있을 것이다. 가족 내에서도 부부 간에, 부모와 자녀 간에, 형제자매 간에 권력 다툼이 나타난다. 친구들 사이에서도 마찬가지다. 영역을 막론하고 사람들이 있는 곳에는 필연적으로 권력 다툼이 생긴다.

왜들 그렇게 권력을 갖고 싶어 할까?

첫째, 권력은 어떤 목적을 달성하는 데 유용하기 때문이다. 권력이 있으면 다른 사람을 지배할 수 있고 강제적으로 움직일 수 있다. 궁극적으로 자신의 목적을 이룰 수 있는 것이다.

둘째, 인간은 본능적으로 권력을 향한 욕망을 가지고 있고 끊임없이 추구하는 존재이기 때문이다. 가족과 친구 사이에서도 상대방을 자기가 원하는 대로 움직이게 하고 싶은 것이 인간이다. 권력을 지향하는 성향은 정치인에게만 있는 게 아니라 인간 자체에 내재되어 있다.

선도부가 행사한 것은 권력인가, 권위인가?

학생 선도부는 주로 등교 시간, 점심시간에 학생 생활지도를 지원하는 역할을 한다. 2017년 일부 지역 교육청에서는 학생 선도부(혹은 그와 유사한 명칭의 학생 조직)를 폐지하겠다는 방침을 발표했다. 학생이 학생을 지도하는 것이 옳지 않다는 이유였다. 그러나 한편으로는 선도부 학생들이 복장, 등교 등 각종 교칙을 준수하며 솔선수범하므로 유지해야 한다는 주장도 있다.

자신의 경험 속에서 학생 선도부가 과도한 권력을 행사했는지, 학교나 교사로부터 부여받은 권위를 정당하게 행사했는지 생각해 보자. 이를 토대로 학생 선도부를 폐지하는 것이 나을지, 유지하는 것이 나을지 이야기해 보자.

민주주의의 기반을 마련하다

시민을 위한 정치를 펼치다
페리클레스
Perikles, B.C.495?~B.C.429

페리클레스는 민주주의의 발상지인 고대 그리스 아테네의 정치가이자 군인이다. 그는 델로스 동맹을 통해 아테네 제국을 확립하고, 펠로폰네소스 전쟁 발발 후 2년 동안 아테네를 이끌었으며, 그리스-페르시아 전쟁과 펠로폰네소스 전쟁 사이에 아테네의 황금시대를 열었다. 이 시대에 아테네는 민주정치는 물론, 철학, 문학, 예술, 건축 등이 크게 발달했다. 소크라테스, 플라톤, 소포클레스 같은 철학자와 문학가들이 활동했으며, 지금도 남아 있는 유명한 유적지인 파르테논 신전도 만들어졌다.

페리클레스는 명문 귀족 집안에서 태어났다. 아버지 크산티포스는 낡은 귀족정치에 익숙한 사람이었지만 페리클레스는 아버지와 달리 민주정치를 지지하는 정파에 속했다. 그는 기원전 461년경 그동안 귀족들이 통제하던 정치 조직을 약화시키는 개혁안을 민회(民會, ecclesia)에서 통과시켰다. 그리고 강력한 경쟁자인 키몬을 추방함으로써 민주정치의 기반을 확립했다.

그는 시민들에게 많은 지지를 받은 정책을 실시한 것으로도 유명하다. 예를 들어 공직자가 되고 싶어도 재산이 부족해서 뜻을 접는 사람이 생기지 않도록, 공직자의 재산 보유 조건을 완화했다. 그리고 아테네가 맹주로 있는 델로스 동맹에서 들어오는 돈의 일부를 일종의 복지비로 활용하기도 했다. 가난한 사람도 극장에서 공연을 볼 수 있도록 지원했고, 최고 법정에서 배심원으로 봉사하는 시민들에게 수당을 제공했다. 페리클레스는 일부 귀족들끼리 권력을 나눠 먹던 낡은 정치에 맞서 시민들의 의사 결정권 강화, 복지 향상 같은 민주적인 활동에 힘썼다.

또한 그는 유명한 연설을 남겼다. 아테네인들은 폴리스를 위해 싸우다가 전사한 사람들을 국립묘지에 묻고 다 함께 장례를 지낸 후 그들을 위해 추도 연설을 하는 전통을 가지고 있었다. 스파르타 동맹군과 아테네 동맹군 사이에서 벌어진 펠로폰네소스 전쟁에서 발생한 전사자들을 위해 페리클레스가 남긴 연설이 역사가 투키디데스의 『펠로폰네소스 전쟁사』에 기록되어 있다. 민주정치에 대한 그의 신념을 엿볼 수 있는 연설이다.

우리는 소수만이 통치에 책임을 지는 방식이 아니라 모든 시민이 통치에 참여하는 방식인 민주정치를 채택하고 있습니다. 개인끼리 다툼이 있을 때는 법으로 해결합니다. 법은 모두에게 평등합니다. 공직자를 뽑을 때는 출신을 따지지 않고 각자 가진 신망과 능력에 따라 판단합니다. 우리는 자유롭게 공직을 수행합니다. 공직을 맡은 사람은 법에 따라 일합니다. 개인의 생활을 감시하거나 검열하지 않습니다. (중략) 아테네는 그리스의 모범입니다. 이 사람들은 이토록 위대한 아테네를 위해 싸우다가 죽은 것입니다. 그러므로 아테네를 위해 우리의 전부를 바쳐 고난을 이겨내는 것이 남은 사람들의 의무입니다.

2장
우리가 몰랐던
민주정치의 겉과 속

민주주의라는 말은 마치 물이나 밥, 심지어 공기처럼 자연스럽고 일상적인 것처럼 느껴진다. 그런데 우리는 정말 물 마시듯이, 밥 먹듯이, 숨 쉬듯이 민주주의와 민주정치를 자연스럽게, 그리고 충분히 누리고 있을까? 만약 아니라면, 거기에는 민주주의에 대한 오해가 있기 때문은 아닐까? 이제부터 제대로 된 민주정치의 의미를 알아보자.

정치
참여!

영국의 주간지 《이코노미스트》 산하 연구기관 '이코노미스트 인텔리전스 유닛(EIU)'은 매년 세계 여러 나라의 민주주의 수준을 비교하여 순위를 발표한다. 2015년 조사에서 노르웨이가 1위, 미국이 20위, 한국이 22위였고, 2019년에는 노르웨이가 1위, 한국이 23위, 미국이 25위로 나타났다. 이런 조사에서 우리나라의 순위가 낮으면 당연히 기분이 안 좋다. 우리는 그저 '민주주의를 하는 나라'가 아니라 '제대로 하는 나라'이고 싶기 때문이다.

그런데 민주주의 수준이 높다, 낮다 따지기 전에 우선 민주주의가 무엇인지, 무엇이 민주주의를 만드는지 아는 것이 먼저다. 그래야 우리나라 민주주의에서 어떤 점이 부족한지, 정말 민주주의를 제대로 하고 있

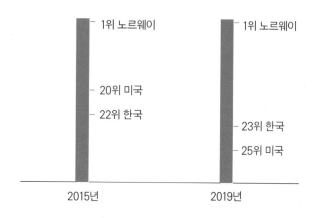

각국의 민주주의 지수(이코노미스트 인텔리전스 유닛, 2020)

는지 파악하고 수준을 높일 수 있을 것이다. 이런 과정이 없으면 국제적 수준의 민주주의를 따라가지 못한 채 그저 '우리는 잘하고 있다'는 자만이나 환상에 빠져 살아갈 수도 있을 테니까 말이다.

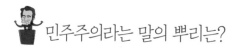 민주주의라는 말의 뿌리는?

민주주의(democracy)는 그리스어에 기원이 있는데 민중(demos)이 지배(kratos)한다는 뜻을 담고 있다. '민중'은 지도자, 지배자가 아닌 보통 시민이다. 그리고 '지배한다'는 것은 자신과 관련된 일을 스스로 결정함을 의미한다. 일반적으로 보통 시민은 피지배층이다. 피지배층은 지배를 받는 사람들인데 어떻게 그들이 지배한다는 것인가? 얼핏 민주주의는 '둥근 삼각형'이나 '작은 거인'처럼 앞뒤가 안 맞는 말 같기도 하다. 그런데 바로 거기에 민주주의라는 말의 매력이 있다.

민주주의에서 민주(民主)는 시민이 주인이라는 뜻이다. 결국 민주주의는 특정 개인이나 소수가 지배하는 대신, 다수의 평범한 시민이 '주인'으로서 권리를 누리고 행사하는 제도를 가리킨다. 주인이란 무엇인가? 어떤 대상을 소유하고 있고 그에 대한 결정을 스스로 할 수 있는 사람을 가리킨다. 즉, 우리 사회를 지배하는 힘의 진짜 원천은 몇몇 지도자에게 있는 것이 아니라 보통 시민들에게 있다.

민주주의는 정치 형태인가, 생활양식인가?

민주주의는 크게 정치 형태로서의 민주주의와 생활양식으로서의 민주주의로 구분되기도 한다.

먼저 정치 형태로서의 민주주의를 살펴보자. 이때 demos를 어떻게 이해하느냐에 따라 의미가 조금 달라진다. '민중', '인민', '국민' 등으로 이해하면 고대 그리스처럼 시민 스스로의 힘으로 의사 결정을 내리는 면을 강조하게 된다. 한편, demos를 (특정 개인이나 소수가 아닌) '다수'로 이해하면 오늘날 대의 민주주의처럼 (대표자가 대리하기는 하지만) 다수 시민의 뜻에 따라 의사 결정을 하는 데에 초점을 둔다.

생활양식으로서의 민주주의는 민주주의의 범위와 의미를 보다 넓게 설정한다. 국가에서 실시하는 선거처럼 공식적이고 제도적인 일뿐 아니라 우리 삶의 모든 영역에서 일어나는 민주적 의사 결정을 민주주의로 이해한다. 그래서 국가는 물론 가정, 학급, 동아리, 동창회 같은 다양한 공동체의 구성원들이 자유롭게 의견을 표현하고 모두의 의사를 최대한 반영하여 문제를 해결하는 것을 강조한다.

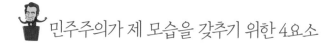# 민주주의가 제 모습을 갖추기 위한 4요소

적어도 이 정도는 갖추어야 민주주의라고 할 만한 것들, 즉 민주주의의 요소가 있다. 정치학자인 래리 다이아몬드(Larry Diamond)는 민주주의는 기본적으로 다음의 네 가지 요소를 포함한다고 했다. ① 자유롭고 공정한 선거를 통해 정부를 구성하고 교체할 수 있는 정치 체제 ② 정치 영역과 시민의 생활 영역에서 시민의 적극적인 참여 ③ 모든 시민의 인권 보호 ④ 법의 지배(모든 시민에게 동등하게 적용되는 법과 절차)가 그것이다.

공정 선거를 통한 정권 교체

자유롭고 공정한 선거를 통해 정부를 구성하고 교체할 수 있는 정치 체제란 무엇일까. 칼 포퍼(Karl Popper)는 어떤 국가가 민주주의인지 전체주의인지 구분하는 기준으로 평화적 정권 교체 여부를 들었다. 그는 민주주의는 혁명이나 쿠데타와 같은 특별한 방식을 거치지 않고서도 정치 지도자를 통제하고 교체할 수 있다는 점을 강조했다. 국민 다수가 현 정권에 문제가 있으니 교체해야 한다고 판단했을 때, 평화적으로 그것을 이룰 수 있다면 그 나라는 민주주의 국가라는 것이다.

평화적 정권 교체를 가능하게 하는 법과 제도(예: 선거)가 없는 사회는 민주적인 사회라고 할 수 없다. 그러나 선거 제도가 있다고 해도 정상적으로 작동하지 않아서 평화적 정권 교체가 사실상 불가능하다면 그 역시 민주주의로 볼 수 없다.

선거 제도를 유명무실하게 만드는 방법은 많다. 특정 후보를 찍도록 강요하거나, 공개 투표를 하거나, 대리 투표를 하게 하는 등 선거의 기본 원칙을 훼손할 수도 있고 아예 부정선거를 하는 경우도 있다. 진정한 민주주의 사회에서는 정상적이고 공정한 선거 제도를 통해 정권을 교체할 수 있는지가 중요하다.

시민의 적극적인 참여

좁은 의미의 정치와 민주주의는 주로 국가와 관련된 일에 초점을 맞춘다. 예를 들어 대통령, 국회의원, 시장 등을 뽑는 선거에 열심히 참여하고 정부 정책이나 정당의 공약 등을 꼼꼼히 살펴보는 것은 좁은 의미의 정치 참여에 해당한다. 이것은 민주주의에서 가장 기본적인 참여라고 할 수 있다.

그런데 시민은 여기에 머물러서는 안 된다. 넓은 의미의 정치에서 전제하는 다양한 사회 집단(가정, 학교, 회사, 동호회 등)도 민주적 가치를 지향하고 민주적으로 운영되도록 나설 필요가 있다. 이는 곧 시민 생활의 모든 영역에 참여하는 것이며, 생활양식으로서 민주주의를 실천하는 것이라고 할 수 있다.

인권 보호

민주주의의 기본 이념은 인간의 존엄성이다. 그래서 인권 존중과 보호를 매우 중시한다. 이때 인권을 주장하고 누릴 수 있는 주체는 모든 시민이어야 한다. 특정 성, 인종, 계층, 국적 등으로 한정하는 것은 인권의 본질에 어긋나며 민주주의의 이념에도 부합하지 않는다.

인권은 모든 인간이 누려야 하는 권리이지만 현실에서는 이를 침해하는 사례가 자주 일어난다. 심지어 민주주의의 이름으로 인권을 침해하는 일도 있다. 민주주의 실현을 공약으로 내세워 당선된 정치 지도자가 공약 실천을 이유로 반대 의견을 내는 사람을 억압하는 경우가 그렇다.

법의 지배

법의 지배, 즉 법치라는 말은 어느 누구도 법 이외의 것에 지배당하지 않음을 의미한다. 최고 권력자는 자신의 기분이나 호불호를 떠나 법으로 통치해야 한다. 정치학자 프랜시스 후쿠야마(Francis Fukuyama)는 일반 시민뿐 아니라 힘 있는 엘리트도 법과 제도를 존중하고 따라야 한다고 주장했다. 이 말은 권력과 부를 가진 사람이라도 일반 시민과 똑같이 법의 적용을 받아야 함을 뜻한다.

현실 속에서는 민주주의 국가라고 하면서도 법의 지배(법치주의)가 약한 나라를 흔히 볼 수 있다. 그런 국가에서는 법을 만들거나 집행하는 고위 공직자들이 뇌물을 받는 등 법 위에 군림하는 경우가 적지 않다. 그러한 나라가 형식적으로는 민주주의를 내세울 수 있을지 몰라도 그것을 실질적인 민주주의 국가라고 보기는 어렵다.

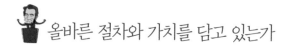 올바른 절차와 가치를 담고 있는가

민주주의는 기본적으로 형식이다. 여기서 형식이란 말은 '형식적인' '체면치레용'이라는 식의 부정적인 의미가 아니라 일종의 '절차'를 가리킨다. 대화와 타협, 토론 같은 민주적 절차, 공정하고 개방적인 선거, 법에 따른 의사 결정 등이 그것이다. 민주주의의 형식은 어떤 결정이 정통성을 갖기 위한 필수적인 요건이다. 형식, 즉 절차를 제대로 갖추지 않은 민주주의는 기반이 약하여 쉽게 흔들린다.

그러나 형식이 전부는 아니다. 형식이라는 그릇에 어떤 내용과 가치를 담느냐에 따라 이름뿐인 민주주의인지, 아니면 진짜 민주주의인지 판가름이 난다. 민주적인 절차를 가지고 있다 하더라도 인간의 존엄성, 자유, 평등 같은 보편적 가치를 지향하지 않는 사회라면, 그것은 진정한 민주주의라고 볼 수 없다. 예를 들어 반듯한 선거 제도를 통해 지도자를 뽑았는데, 인권을 무시하고 독재를 선호하는 지도자를 선택했다면 그 사회에서 민주주의가 꽃피기는 어려울 것이다.

한 걸음 더 나아가기

민주주의에서의 정권 교체, 과거와 어떻게 다를까?

과거에는 부모가 자식에게 왕위를 물려주는 식으로 정치 지도자가 바뀌었지만, 암살이나 혁명을 통한 교체 사례도 어렵지 않게 떠올릴 수 있었다. 권력자를 쫓아내거나 협박해서 자리를 내놓게 만들기도 했다. 『삼국지』에서 조조는 황제와 황제의 가족에게 겁을 주어 황제가 물러나게 하고 결국 그 자리를 빼앗았다. 우리나라에서도 세조가 강압적으로 조카인 단종을 임금 자리에서 쫓아낸 적이 있다.

민주주의에서는 그러한 방식이 허용되지 않는다. 지도자가 마음에 들지 않는다고 암살을 하거나 협박해서 물러나게 할 수는 없다. 임기가 정해져 있으니 일단 그 임기가 끝날 때까지 기다려야 한다. 물론 파면을 할 수도 있지만, 그런 경우에도 정해진 법과 절차를 따라야 한다. 그 과정이 지루하고 힘겨운 일 같아 보이지만, 사실 민주주의의 위대한 힘은 바로 거기에 있다.

민주주의는 최선의 인물이 권력을 잡아 최대의 선을 실현하도록 하는 제도가 아니다. 물론 이상적으로는 그렇게 되기를 바란다. 하지만 현실에서는 최악의 인물이 권력을 잡더라도 마음껏 악행을 저지르지 못하게 막는 제도에 가깝다.

법치가 먼저? 준법이 먼저?

'법치주의가 바로 선 대한민국'이라는 말을 종종 들을 수 있다. 그런 나라를 만들기 위해서는 시민이 법을 잘 지켜야 한다고, 즉 준법을 해야 한다고 말한다. 그러고 보면 법치와 준법은 비슷한 말처럼 보인다. 정말 그럴까?

법치는 법의 지배를 가리킨다. 권력자 개인의 뜻이 아니라 오직 법에 따라 국가가 운영된다는 것을 의미한다. 준법은 정해진 법이나 규칙을 잘 따르는 것을 가리킨다. 그렇다면 시민들이 준법하면 법치주의가 확립될까? 법치가 제대로 되기 위해서는 권력을 가진 사람들부터 법을 잘 지키며, 법 이외에 다른 힘으로 통치하려고 하지 않았는지 먼저 되돌아봐야 하지 않을까?

2

인간의 존엄성과 자유 그리고 평등

2016년 인공지능 알파고와 이세돌 사이의 바둑 대결은 알파고의 4 대 1 승리로 끝났다. 그러자 많은 사람들이 인공지능의 높은 수준에 놀라기도 하고 두려워하기도 했다. 하지만 아무리 알파고가 바둑을 잘 둔다고 해도 인간보다 더 고귀한 존재라고 할 수는 없다.

알파고는 아주 비싸고 빼어난 기능을 가진 기계지만, 기계를 두고 존엄하다는 말은 하지 않는다. 존엄함이란 오직 인간을 위해 남겨진 말이다. 민주주의가 추구하는 이념이 바로 인간의 존엄성이다.

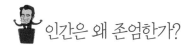 인간은 왜 존엄한가?

민주주의의 가장 기본적인 이념은 인간의 존엄성이다. 존엄하다는 말은 무슨 뜻일까? 누군가가 존귀하고 엄하다면 다른 사람들은 그 사람을 어떻게 대할까? 존귀한 사람에게 막말을 할 수 있나? 엄한 선생님이나 어른을 함부로 대할 수 있을까? 그럴 수 없다. 존귀하고 엄한 사람을 대할 때 우리는 그의 마음이 다치지 않도록 말과 행동에 신중을 기한다.

인간의 존엄성이라는 이념은 특정한 사람만이 존귀하고 엄한 것이 아니라 인간이라면 누구나 그렇다고 강조한다. 모든 인간은 왜 존엄한가? 동어반복 같지만, 모든 인간이 존엄하다는 말의 근거는 '인간'이라는 존재 자체에 있다. 인간이라는 이유 말고 다른 데서 근거를 찾는다면 그것은 일시적이고 부분적인 것밖에 되지 못한다. 다음 문장을 보자.

존은 백인이기 때문에 존엄하다.

토드는 남자이기 때문에 존엄하다.

샬린은 어른이기 때문에 존엄하다.

민지는 부자이기 때문에 존엄하다.

제인은 미국인이기 때문에 존엄하다.

흐엉은 변호사이기 때문에 존엄하다.

로페즈는 잘생겼기 때문에 존엄하다.

크리스틴은 개신교를 믿기 때문에 존엄하다.

타다코는 좋은 대학을 졸업했기 때문에 존엄하다.

위와 같이 누군가는 인종, 연령, 계층, 국적, 직업, 외모, 종교, 학력 등 개인의 특징에서 인간의 존엄성의 근거를 찾으려 할 지도 모른다. 그러나 그러한 근거를 언제 어디서나, 그리고 '모든 인간'에게 적용할 수는 없다.

존엄성의 근거는 특정한 조건이나 상황이 아니라 사람에게 공통적으로 해당되는 것에서 찾아야 한다. 인종, 학력, 종교 등은 우리를 특정한 모습으로 만드는 조건이지 본질이 아니다.

세상에 사는 수십 억 사람들의 공통점은 단 하나뿐이다. 모두 같은 인간이라는 점이다. 인간은 단지 인간이기 때문에 존엄하다. 그래서 위의 문장들은 주어를 바꾸어 다음과 같이 고쳐야 한다.

> 흑인인 톰은 인간으로서 (백인과 똑같이) 존엄하다.
> 여자인 수는 인간으로서 (남자와 똑같이) 존엄하다.
> 아이인 짐은 인간으로서 (어른과 똑같이) 존엄하다.
> 가난한 앤지는 인간으로서 (부자와 똑같이) 존엄하다.
> 이란인 핫산은 인간으로서 (미국인과 똑같이) 존엄하다.
> 무직자 오마르는 인간으로서 (변호사와 똑같이) 존엄하다.
> 못생긴 뤼미에르는 인간으로서 (잘생긴 사람과 똑같이) 존엄하다.
> 이슬람교를 믿는 무스타파는 인간으로서 (개신교도와 똑같이) 존엄하다.
> 초등학교만 나온 조안나는 인간으로서 (명문대 졸업자와 똑같이) 존엄하다.

고학력 전문직 종사자에게 더 많은 월급을 주고 운동을 잘하는 프로 스포츠 선수에게 더 많은 연봉을 줄 수는 있다. 그것은 그들이 발휘하는 능력 혹은 담당하는 역할 수행에 대한 보상이지, 그들이 더 존엄하기 때문이 아니다.

또 다른 예를 살펴보자. 대통령에게는 경호원이 있지만 민간인은 경호를 받지 않는다. 대통령은 존엄하고 일반 시민은 그렇지 않아서인가? 아니다. 사람의 생명과 안전은 똑같이 중요하다. 다만 대통령은 우리나라는 물론 세계 여러 나라에 영향을 미치는 역할을 수행하므로, 이를 안정적으로 보장하기 위해 경호를 하는 것뿐이다.

인간의 존엄성은 단지 '인간이 갖는' 존엄성이라는 의미보다는 '인간으로서 갖는' 혹은 '인간으로서 가져야 하는' 존엄성으로 이해하는 편이 좋다. 고학력자로서의 존엄성, 부자로서의 존엄성, 멋진 외모를 가진 사람으로서의 존엄성이 아니다. 고학력자가 되기 위해, 부자가 되기 위해, 멋진 외모를 갖기 위해 사람들은 노력하지만 인간의 존엄성에는 특별한 노력이 필요하지 않다. 인간이기만 하면 저절로 주어지기 때문이다.

너무 빤하고 허무한가? 뭔가 거창한 걸 기대했는데 그냥 인간이기 때문에 존엄하다니! 그런데 그 외에 다른 무엇을 찾기 어렵다. 찾는다면 그 순간 우리는 '인간으로서' 존엄하기를 멈추고, 존엄함을 갖출 다른 무엇이 되기 위해 노력해야 한다. 게다가 그 누구도 그런 노력을 통해 존엄해질 수는 없다.

 내가 귀하듯 당신도 귀하다

민주주의는 상대방을 나만큼 존귀한 존재로 여기는 데서 시작된다. 사람은 서로를 어떤 존재로 생각하느냐에 따라 상호작용이 달라진다. 만약 누군가를 자기보다 열등하게 본다면 그 위에 군림하거나 그에게서 특별한 대우를 받으려고 할 것이다. 반대로 누군가를 자기보다 우월한 존재로 보면 그에게 복종하는 것을 당연하게 혹은 편안하게 여길 수도 있다. 그것은 민주주의에 부합하지 않는다.

민중이 다스린다는 의미에서 출발한 민주주의는 결국 민중이 스스로 지배한다는 의미를 담고 있다. 자신과 타인에 대한 동등한 존중이 없다면 스스로 지배하는 일은 불가능하고 효과도 없다. 특정인만 존중하고 신뢰한다면 그것은 어느 한 개인에 의한 지배로 이어질 뿐, 민중에 의한 지배는 일어날 수 없다.

민주주의를 이루려면 자신의 존엄성은 물론 타인의 존엄성도 똑같이 인정하고 존중해야 한다. 인간의 존엄성은 어떤 시간이나 공간적 제약, 조건이 있어서는 안 되고, 물질적 이득이나 명예를 얻기 위한 전략으로서 보장해서도 안 된다. 인간의 존엄성은 그 자체가 목적이어야 한다.

이를 위해서는 자유와 평등이 필수적이다. 자유와 평등은 인간의 존엄성과 함께 민주주의의 기본 이념이자 핵심 가치이다. 그런데 여기에 역설이 있다. 자유와 평등이 서로 충돌하기도 한다는 점이다. 자유를 강조하다 보면 불평등이 생길 수도 있고, 평등을 실현하다 보면 자유가 침해될 수도 있다. 이 두 가지를 조화롭게 유지하는 것이 민주주의의 큰 과제이기도 하다.

 자유란 : 나의 주인은 나야 나!

자유는 자기 이외의 다른 무엇으로부터 어떤 압력이나 강제를 받지 않고 스스로 의사와 행동을 결정할 수 있음을 말한다. 자유를 보장하지 않고서 인간의 존엄성을 논할 수는 없다. 자유는 인간의 본성이고, 이를 통해 자아를 실현할 수 있다.

그러나 자유를 방종(放縱)으로 오해해서는 안 된다. 방종은 멋대로 거리낌 없이 행동하는 것뿐이다. 영국 극작가 조지 버나드 쇼(George Bernard Shaw)는 "자유는 책임을 수반한다. 그것이 바로 대부분의 사람들이 자유를 두려워하는 이유다"라고 했다. 책임이 뒤따르지 않는 자유는 방종이다. 방종은 당장 자신에게 이로울지 몰라도, 타인과 사회에는 위협이 되고 궁극적으로 자신에게도 해로운 결과를 가져온다. 타인의 자유도 자신의 것만큼 존중하는 편이 오히려 더 많은 자유를 누릴 수 있는 방법이다.

철학자 이사야 벌린(Isaiah Berlin)은 자유를 소극적 자유와 적극적 자유로 구분했다. 소극적 자유는 다른 사람이나 집단의 간섭을 받지 않고 각자가 원하는 것을 하는 자유를 말한다. 여기서 중요한 것은 '외부의 간섭이 없는 상태'이다. 노예 해방은 소극적 자유로, 더 이상 주인이 노예의 삶에 간섭하지 않는 것이다.

적극적 자유는 각자 자신의 의지에 따라 원하는 것을 하는 자유를 말한다. 여기서는 개인이 '자신의 주인으로서 의사 결정에 참여'할 수 있는가가 중요한 점이다. 투표에 참여하는 것은 적극적 자유다. 투표는 단지 누군가에게 한 표를 주는 행위가 아니라 유권자로서 스스로 의사 결정을 하는 것이기 때문이다.

개인의 측면에서는 독자성과 독립성을 중시하는 소극적 자유가 중요하다. 공동체의 구성원이라는 측면에서는 타인에게 자신의 의사를 표출하고 그것을 관철시키는 적극적 자유가 중요하다. 민주주의 사회에서 우리는 개인인 동시에 공동체의 구성원으로도 존재하므로 이 두 가지 측면의 자유가 모두 필요하다.

자유는 계속 뻗어나가려는 속성이 있다. 그래서 우리나라를 비롯한 대부분의 국가는 헌법 등을 통해서 자유를 일정 부분 제한할 수 있다고 규정한다. 그러나 이 역시 꼭 필요할 때에 한해 법을 통해서만 가능하며 자유와 권리의 본질적인 내용은 침해해서는 안 된다. 우리나라 헌법에서도 헌법에 나와 있지 않은 자유라고 무시해서는 안 되고, 국가 안보나 질서유지, 공공복리 등을 위해서만 자유를 일부 제한할 수 있다는 내용이 담겨 있다.

헌법 37조

제1항 국민의 자유와 권리는 헌법에 열거되지 아니한 이유로 경시되지
아니한다.

제2항 국민의 모든 자유와 권리는 국가안전보장, 질서유지 또는 공공복
리를 위하여 필요한 경우에 한하여 법률로써 제한할 수 있으며, 제
한하는 경우에도 자유와 권리의 본질적인 내용을 침해할 수 없다.

마지막으로 자유의 위대함을 예찬하거나 자유의 올바른 행사를 표
현한 문장들을 몇 가지 소개한다.

자유라는 나무는 때때로 애국자와 압제자의 피를 마시면서 자란다. 그
피는 자유를 위한 거름이 되기도 한다. ―토머스 제퍼슨(미국 제3대 대통령)

자기 자신의 주인이 아닌 사람은 결코 자유인이 아니다.

―에픽테토스(그리스 철학자)

일시적인 안전을 얻기 위해 본질적인 자유를 포기하는 인간은 자유
도 안전도 누릴 자격이 없다. ―벤저민 프랭클린(미국의 정치인)

서로의 자유를 침해하지 않으면서 자신의 자유를 확장하는 것,
이것이 자유의 법칙이다. ―칸트

누군가의 자유가 그의 이웃에게 저주가 된다면 그 자유는 중단되
어야 한다. ―윌리엄 패러(영국의 신학자)

평등이란 : 부당한 차별은 안 돼!

인간은 인종, 성, 계층, 종교, 지위 같은 선천적·후천적 조건으로 인해 차별받아서는 안 된다. 그렇다고 인간이 모든 면에서 똑같은 방식으로, 똑같이 대접받아야 한다는 것은 아니다. 특정한 조건 때문에 우대받거나 혹은 부당한 대우를 받으면 안 된다는 뜻이다.

또한 누구나 균등한 기회를 누릴 수 있어야 하고 동일한 법적 보호와 제재를 받아야 한다. 그런 조건하에서 능력이나 소질을 발휘한 정도가 다를 경우 차등적으로 보상받을 수 있다는 점을 배제하지는 않는다. 다시 말해서 기계적이고 형식적인 평등이 아니라, 비례적이고 실질적인 평등을 추구한다고 할 수 있다.

인간은 태어나면서부터 제각각이다. 생물학적으로 피부색, 성별이 다르고, 사회문화적으로 종교, 가정환경, 소득 수준 등이 다르다. 성장하면서 차이는 더욱 다양해지고 커진다. 평등은 그러한 차이를 부정하거나 모든 사람을 동일한 수준으로 만드는 것이 아니라, 오히려 그러한 차이를 인정하고 보호하려고 한다.

기회·조건·결과의 평등을 기억하라

평등이 제 모습을 가지기 위해서는 기회의 평등, 조건의 평등, 결과의 평등이 고려되어야 한다.

기회의 평등이란 이런 것이다. 예를 들어 어떤 대학에서 특정 종교를 가진 수험생을 우대한다거나 기업에서 취업준비생의 외모가 마음에 들지 않는다는 이유로 입사에 불이익을 준다고 해보자. 이것은 기회 균등이 깨진 사례다. 물론 대학이나 기업이 응시자에게 특정한 요건을 갖추라고 요구할 수는 있다. 그러나 그 요구 사항은 합리적이고 상식적이어야 한다. 부당한 차별의식이 반영되어 있는 요구는 용인해서는 안 된다.

기회만 균등하게 주어진다고 해서 평등이 완전히 실현되지는 않는다. 조건이 평등한지도 살펴야 한다. 회사에서 여성과 남성 모두에게 공평하게 기회를 주고 채용한다고 해도, 회사 내, 더 나아가 사회 전반적으로 여성에게 불리한 구조라면 실질적으로는 평등이 실현되기 어렵다. 예를 들어 여성 직원이 출산 때문에 휴직하는 것을 꺼리는 분위기가 사내에 있거나, 육아는 여성의 몫이라는 인식이 사회에 뿌리 박혀 있다면, 여성과 남성이 비슷한 조건하에서 직장 생활을 하기 어렵다.

이럴 땐 불합리한 구조 자체를 바꾸는 노력이 필요하다. 여성이 눈치 보지 않고 출산 휴가나 육아 휴직을 쓸 수 있게 제도적으로 보장하고 직장 내 탁아 시설 등을 확대하는 방안을 마련하는 식이다. 이처럼 기본적인 경쟁 환경 및 조건을 균등하게 다지는 것을 조건의 평등이라고 한다.

기회와 조건이 평등하더라도 불평등한 상황이 발생할 가능성은 여전히 남는다. 그래서 때로는 결과의 평등을 위해 불평등한 결과 자체를 인위적으로 조정하기도 한다. 그러한 예로는 적극적 조치(affirmative action)가 있다. 공무원 채용 시험에서 국가유공자에게 가산점을 주거나, 기업체나 국가 기관이 일정 비율 이상 장애인을 고용하도록 권장하는 제도가 그렇다. 상대적으로 불리한 위치에 있는 사람들을 우대하는 것이다.

이는 기회나 조건을 균등하게 하는 데서 더 나아가, 불평등한 상황에 적극적으로 개입하여 결과의 불평등을 최소화하고자 하는 방안이다.

마지막으로 평등의 가치를 강조한 문장들을 몇 가지 소개한다.

- 나에게는 꿈이 있습니다. 나의 아이들이 피부색이 아니라 그들이 가진 품성으로 판단을 받는 나라에서 사는 것입니다. ―마틴 루터 킹

- 모든 인간은 단지 한 명의 조상만을 가지고 있다. 그러므로 한 인간이 다른 인간보다 뛰어나다고 할 수 없다. ―『탈무드』

- 독수리와 참새, 벌새와 박쥐 등 어떤 크기의 새도 똑같은 새장 속에 들어가야 하고, 어떤 눈을 가진 새도 똑같은 빛 속에 있어야 하는 평등을 나는 원치 않는다. ―빅토르 위고(프랑스의 작가)

토론으로 생각 넓히기

범죄자나 가해자도 존엄한가?

모든 인간은 인간이라는 이유만으로 존엄성을 가진다는 것이 민주주의의 이념이다. 그렇다면 다른 사람에게 해를 끼치고 범죄를 저지른 사람은 어떤 가? 이들도 똑같이 존엄한 인간으로 대우해야 하는가? 아니면 다른 사람의 자유와 권리를 침해했으니 덜 존엄한 존재로 보아도 되는가?

민주주의 이념을 훼손한 '짐 크로 법'

짐 크로(Jim Crow)는 흑인의 일상생활을 주제로 한 뮤지컬 코미디의 등장인물 이름이다. 이 역을 맡은 배우는 원래 백인인데 흑인으로 분장하여 출연했다. 그런데 그 배우가 얼굴을 검게 칠하고 흑인을 우스꽝스럽게 묘사하니, 짐 크로라는 이름은 곧 흑인을 모욕적으로 부르는 표현이 되어버렸다.

여기에서 이름을 딴 '짐 크로 법'은 1876년부터 1965년까지 미국 남부의 여러 주에서 시행되었던 인종 분리 정책이다. 공공시설에서 흑인과 백인을 분리하는 것이 핵심 내용이다.

1896년 미국 연방대법원에서는 "흑인과 백인을 분리하더라도 평등하면 된다"라고 판결함으로써 짐 크로 법에 문제가 없다고 선언했다. 가령 백인이 타는 버스에 흑인이 타지 못하더라도 흑인에게 또 다른 버스가 주어지기만 한다면 헌법에 위배되지 않는다는 것이다. 이 판결 이후 조지아, 플로리다, 앨라배마, 미시시피, 루이지애나 등 남부에서는 단순한 '인종 분리'가 아니라 '인종차별'에 해당하는 '짐 크로 법'이 더 확대되었다.

몇 가지 예를 살펴보자.

- 흑인과 백인 간의 결혼은 금지한다. 어떤 경우에도 그 결혼은 무효이다.
- 백인 여성이 흑인의 아이를 가지면 최소 1년 6개월에서 3년 동안 감옥에 갈 수 있다.
- 6세부터 18세 사이의 흑인과 백인 학생은 각기 다른 학교에서 교육받는다.
- 흑인 학생이 사용한 책과 백인 학생이 사용한 책은 분리해서 보관해야 한다.
- 흑인은 백인 소유의 건물에서 살 수 없다. 그 반대도 마찬가지다. 이를 어기면 벌금을 내거나 10일에서 60일 동안 감옥에 갈 수 있다.

- 해변, 공원, 놀이터 등을 흑인과 백인이 함께 이용하는 것은 허용하지 않는다.
- 두 개 이상의 인종을 대상으로 공연하는 서커스 극장에는 매표소가 두 개 있어야 하고 그 거리는 최소 7미터 50센티미터 이상 떨어져 있어야 한다.

이 법은 결혼, 교육, 주거, 여가 등 수많은 영역에서 흑인의 자유롭고 평등한 생활을 침해했다. 물론 흑인을 사랑한 백인이나 흑인에게 건물을 임대하여 돈을 벌고자 한 백인의 자유도 일부 훼손되긴 했을 것이다. 하지만 흑인이 받은 고통에는 비할 바가 아니다.

이처럼 사회 구성원 중 누군가의 자유와 평등이 보장받지 못하면 민주주의가 실현되었다고 할 수 없다.

3 민주주의는 완벽한 제도인가

오늘날 '민주적'이라는 말은 긍정적으로, '비민주적'이라는 말은 부정적으로 사용되곤 한다. 민주주의는 정말 완벽한가? 아무 문제도, 아무 흠도 없이 좋기만 한 것일까?

영국의 총리였던 윈스턴 처칠과 인도의 총리였던 자와할랄 네루가 민주주의에 대해 남긴 말을 들어보자.

정말이지 민주주의는 최악의 정부 형태다. 그동안 채택되었던 다른 모든 정부 형태를 제외한다면. ―처칠

민주주의는 좋은 제도다. 다른 제도들은 더 나쁘기 때문이다. ―네루

처칠과 네루에 따르면 민주주의는 단점이 많아 보인다. 그럼에도 불구하고 두 사람 모두 그때까지 존재했던 다른 제도보다는 그나마 민주주의가 낫다고 말한다. 민주주의는 그 자체로 좋은 것이 아니라 상대적으로, 즉 다른 제도에 비해 나은 정도라는 의미다. 심지어 민주주의는 '최악(the worst)'이라고까지 표현했다. 왜일까?

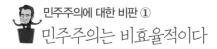

민주주의에 대한 비판 ①
민주주의는 비효율적이다

'효율적'이라는 말은 어떤 일에 들인 시간이나 노력에 비해 결과가 만족스럽다는 것을 뜻한다. 그런데 민주주의는 비효율적이라고들 한다. 민주적 절차를 따라 무언가 결정하려면 시간이 많이 걸리고 복잡하기 때문이다. 민주적 절차는 기본적으로 '누구나' '충분하게' '대화·토론·협의'에 참여하는 것을 보장한다. 물론 의도는 좋으나 말처럼 쉬운 일이 아니다.

친구 대여섯 명이 모여서 저녁에 뭘 먹을지 결정하는 데도 금방 의견이 모이지 않고 시간이 걸린다. 차라리 한 사람이 "됐고! 내가 먹자는 거 먹어!"라고 강력하게 말하면 다른 친구들도 따라갈 텐데, 보통은 "너는 뭐 먹고 싶어?" "응, 너는?" "나? 나는……" 이러다 시간만 보내기 일쑤다.

그렇게 의견을 주고받으면서 결정했다고 해서 다들 만족하느냐 하면 꼭 그렇지도 않다. 결과에는 물론, 과정에서부터 누군가는 불만을 갖게 마련이다. 게다가 결과도 꼭 최선은 아니다. 막상 식당에서 음식을 받아

본 후에야 '아이고, 잘못 골랐네' 하며 후회하기도 한다.

민주주의는 시간뿐 아니라 경제적 측면에서도 비효율적이다. 민주주의 국가에서는 대통령이나 국회의원이 오랫동안 일하게 두지 않고, 대신 몇 년에 한 번씩 선거를 치러 일할 사람을 다시 뽑는다. 선거 규정에 따라 같은 사람이 다시 당선될 수도 있지만, 어쨌든 선거는 거쳐야 한다.

그런데 선거에는 돈이 매우 많이 든다. 정당에서는 자기 정당이나 후보를 알리기 위해 현수막을 걸고, TV나 신문에 광고도 한다. 후보자나 정당이 쓰는 돈도 많지만 국가가 쓰는 돈은 더욱 많다. 국가는 투표용지를 만들고 투표소와 투표 홍보물도 만든다. 투표, 개표 등에 필요한 시설을 확보해야 하고 거기에서 일하는 사람에게 수당도 줘야 한다. 우리나라의 경우 선거를 한 번 치를 때마다 국가와 각 정당 및 후보자들이 쓰는 돈을 합하면 수천억에 달한다.

그런 선거를 평균적으로 1~2년에 한 번씩 치른다. 왜냐하면 우리나라는 4년에 한 번씩 국회의원 선거와 지방선거를, 5년에 한 번씩 대통령선거를 실시하기 때문이다. 다음 표는 2012~2018년까지 우리나라에서 실시된 주요 선거를 나타낸다.

2012년부터는 해외에 있는 한국 국민도해외 선거◆ 라는 이름으로 해외에서 투표할 수 있게 해서 선거에 들어가는 비용이 더 늘어났다. 2017년 5월 대통령선거에서는 대략 3,110억 원(선거 관리 1,800억 원, 정당에 지급하는 보조금 421억 원, 후보자 보전 비용 889억 원 등)이 들었다.

이 돈은 강원도 태백시의 1년 예산 규모와 비

시기	선거
2012년 4월	국회의원 선거
2012년 12월	대통령 선거
2014년 6월	지방 선거
2016년 4월	국회의원 선거
2017년 5월	대통령 선거
2018년 6월	지방 선거

2012~2018년 사이에 실시된
대한민국 주요 선거

숫한 액수이다. 국회의원 선거, 지방선거까지 계산하
면 매우 많은 돈이 든다는 사실을 짐작할 수 있다.

재외선거
2004년 외국에 거주하는 국민(재외국민)들이 한국 선거에 참여할 수 없어서 참정권이 침해되었다고 헌법소원을 제기했다. 2007년에 헌법재판소는 재외국민의 선거권을 제한하는 것은 헌법에 맞지 않다고 판결했다. 이로써 2012년 국회의원 선거부터 재외국민도 해외에서 투표를 할 수 있게 되었다.

민주주의에 대한 비판 ②
다수의 횡포가 일어날 수 있다

민주주의 사회는 대개 다수의 뜻에 따라 의사 결
정을 이룬다. 하지만 이 점만을 내세워 결정을 밀어
붙인다면 소수는 그 자체로 압박을 받을 수밖에 없고 올바른 결정을
내리기도 어렵다. 특히 개인이나 집단의 권리에 대한 법적 보호가 없을
경우에는 더욱 그러하다.

한 예로 1950년대 초중반 미국을 휩쓸었던 매카시즘(McCarthyism)을
들 수 있다. 매카시즘은 미국 공화당의 위스콘신주 상원의원이었던 조지
프 매카시(Joseph Raymond McCarthy)의 이름을 땄다. 그는 1946년
상원의원에 당선되었는데, 잇단 부정부패로 정치적 생명이 끝날 위기에
처하자, 갑자기 "미국에 수많은 공산주의자들이 몰래 활동하고 있다.
나는 그들의 명단을 갖고 있다!"라고 선언했다.

이 발언은 당시 공산주의 진영의 소련과 경쟁하던 미국 정치권과 국
민들로부터 큰 호응을 얻었다. 이로써 매카시는 단숨에 많은 사람들의
주목을 받았다. 미국 의회와 언론은 물론 수많은 시민들이 그의 주장을
따르며 공산주의 혐의자들을 비난하고 체포에 동조했다. 매카시의 발언
이 진실인지를 검증하자는 소수의 목소리는 다수의 여론 속에 묻히고
말았다. 중세 시대의 마녀사냥을 떠올릴 만한 상황이 벌어진 것이다.

몇 년이 지나 매카시의 주장은 모두 근거 없는 것으로 드러났다. 그러나 이미 많은 사람들이 공산주의자로 몰려 직업이나 명예를 잃은 뒤였다.

매카시의 주장은 합리적이지도 객관적이지도 않았지만 선정적인 언론 기사와 결합하여 엄청난 영향력을 발휘했다. 이는 미국 국민 다수의 지지가 없었다면 불가능했을 것이다. 아이러니하게도 매카시즘이 결국 힘을 잃게 된 것도 여론이 그를 더 이상 지지하지 않으면서부터이다. 정작 매카시는 처음 그 문제를 제기할 때부터 마지막까지, 뚜렷한 증거 없이 주장만 했고 진실은 달라진 게 없는데 말이다.

민주주의에 대한 비판 ③
중우정치가 나타날 수 있다

중우정치(衆愚政治, mob rule)란 어리석은 무리에 의한 정치, 즉 올바르고 공정한 판단을 내리지 못하는 변덕스러운 군중에 의해 결정되는 정치를 말한다. 중우정치는 다수의 횡포와도 관련이 깊다.

대표자가 어떤 잘못을 저질러 권위와 통제력을 잃었을 때, 그리고 감정적으로 선동되기 쉬운 대중에게 어떤 정보가 증폭되어 전달되었을 때 중우정치가 나타나기 쉽다.

플라톤과 아리스토텔레스는 소크라테스가 바로 중우정치 때문에 죽었다고 보고 중우정치로 이어질 수 있는 민주주의에 대해 매우 부정적인 입장을 취했다. 고대 아테네에서는 페리클레스가 사망하면서 중우정치가 시작되었고 이후 아테네의 민주주의는 몰락의 길로 접어든 것으로 평가받는다.

존 스튜어트 밀은 『의회개혁론(*Thoughts on Parliamentary Reform*)』이라는 책에서 교육을 많이 받은 사람에게 더 많은 투표권을 줘야 한다고 주장한 바 있다. 학위를 가진 교양 있는 사람에게는 4~5표를, 숙련된 노동자에게는 2~3표를, 일반 노동자에게는 1표를 주고 문맹자에게는 아예 투표권을 주지 말자고 한 것이다. 이런 주장에는 대중의 지식이나 선택을 신뢰할 수 없다는 생각이 깔려 있다.

오늘날에도 중우정치를 비판하는 목소리가 있다. 영국 가수 노엘 갤러거는 2016년 브렉시트(Brexit)◆ 결과를 보고 이렇게 말했다. "우리가 유럽연합(EU)

> **브렉시트**
> 영국(Britain)과 탈퇴(exit)의 합성어다. 2016년 6월 영국에서는 유럽연합에서 탈퇴할지를 결정하는 국민투표가 있었다. 예상과 달리 잔류 48.1%, 탈퇴 51.9%로 투표 결과가 나와, 영국의 유럽연합 탈퇴가 결정되었다.

을 탈퇴해야 하나? 그런 문제는 국민투표를 할 사안이 아니야. 세금으로 월급받는 정치인들이 결정하지 왜 국민들한테 탈퇴할지 말지를 물어봐? 국민 대부분은 어리석기 짝이 없는데……." 대중이 항상 옳은 결정을 하는 것은 아니며, 심지어 최악의 결정을 할 수도 있음을 지적하는 말이다.

시대적 요구와 사회 구성원 다수의 성향은 민주주의 의사 결정에 큰 영향을 끼친다. 그것이 비이성적이거나 잘못된 방향으로 흘러가면 민주주의가 오히려 더 큰 피해를 가져올 수도 있다.

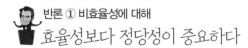

반론 ① 비효율성에 대해
효율성보다 정당성이 중요하다

민주주의에 시간과 돈이 많이 드는 것은 사실이다. 과거 절대군주나 현대사의 독재자가 하듯이, 한두 사람이 지시를 하고 대중이 그에 따르면 신속하고 효율적이기는 할 것이다. 그러나 정당성까지 확보할 수 있는 것은 아니다.

민주주의가 효율성을 무조건 배제하는 것은 아니지만, 정당성도 확보해야 한다. 그 과정이 때로는 복잡하고 지루할 수 있다. 그래서 민주주의는 이른바 '가성비'(비용 대비 성능 혹은 효과)가 그리 높지 않다. 그럼에도 불구하고 정당성은 결코 포기할 수 없기 때문에 비효율적인 상황도 감수한다.

재외선거를 예로 들어보자. 2016년 제20대 총선에 들어간 비용은 약 3,000억 원으로 이를 국내 유권자 수 약 4,200만 명으로 나누면 1인당

선거 비용은 약 7,000원이었다. 같은 선거에서 재외선거에 들어간 비용은 약 330억 원으로 해외 체류 중인 유권자(당시 약 15만 명) 1인당 선거 비용은 약 22만 원이었다. 재외선거의 1인당 비용이 국내 투표 1인당 비용의 30배가 넘는 셈이다.

이렇게 비용이 많이 드는데도 헌법재판소는 재외선거를 보장해야 한다고 판결했다. 왜일까? 판결문은 이러하다. "투표는 국민이 국가의 정치에 직접 참여하는 절차이므로, 대한민국 국민 자격이 있는 사람에게 투표권은 반드시 인정되어야 하는 권리이다." 투표권은 비용을 따져서 부여해도 그만, 안 해도 그만인 권리가 아니라 돈이 들더라도 꼭 부여해야 하는 권리라고 본 것이다. 이러한 점 때문에 우리나라뿐 아니라 독일, 프랑스, 미국, 호주, 일본, 남아프리카공화국, 인도, 사우디아라비아 등 많은 나라에서 재외선거 제도를 실시하고 있다.

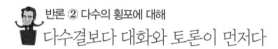

반론 ② 다수의 횡포에 대해
다수결보다 대화와 토론이 먼저다

무언가를 결정하고자 할 때 '다수결로 합시다', '투표로 정합시다'라는 말을 종종 한다. 사실 그 말의 핵심은 여러 사람의 의사를 반영해서 정하자는 데 있지, 다수결이나 투표 자체가 민주적이라는 뜻은 아니다. 누군가는 소수 의견을 취하면 불이익을 당할까 봐 어쩔 수 없이 다수 의견을 따르기도 한다. 이럴 땐 다수결로 결정을 내렸다 하더라도 민주적이라고 볼 수 없다. 민주주의 지수가 낮은 나라들도 투표 제도를 가지고 있는 것을 보면 투표가 곧 민주주의를 보장하는 것은 아님을 알 수 있다.

민주주의의 본질은 다수결이 아니다. 다수결은 의사 결정을 위한 하나의 수단일 뿐이다. 민주주의의 본질은 지배자와 피지배자의 일치를 지향하는 데 있다. 이 말은 지배자의 뜻과 피지배자의 뜻 사이의 거리가 좁혀지도록, 그들의 의사가 같아지도록, 그럼으로써 피지배자가 지배자나 다름없이 됨을 의미한다. 그것이 민중 스스로 지배한다는 민주주의의 정의에도 부합한다.

다수결은 최후의 수단이다. 그 이전에 관련 당사자들의 자유로운 표현, 대화, 타협 등이 충분히 있어야 한다. 여러 노력과 과정을 거쳤는데도 의사 결정이 이루어지지 않을 경우에 (하는 수 없이) 다수결이라는 방법을 사용하는 것이다. 다수결 방법을 사용할 때에도 '다수'의 기준 (예컨대 전체의 50%를 넘어야 하는지, 아니면 3분의 2를 넘어야 하는지 등)과 다수결로 정할 사항의 범위 등을 먼저 협의하고 결정해야 한다.

국회의원 선거를 예로 들어보자. 정당들은 국회의원 선거를 앞두고 서로 의석을 더 많이 차지하기 위해 경쟁한다. 그런데 혹시 정당들끼리 대화와 타협을 해서 전체 300석 가운데 A당은 140석, B당은 100석, C당은 40석, D당은 20석, 이런 식으로 나눠 가질 수는 없을까?

가장 큰 A당이 "현재 우리 의석이 가장 많으니 다음에도 그래야 한다"라고 하면 다른 당이 동의할까? 반대로 가장 작은 D당이 "그동안 큰 정당들이 의석을 많이 가졌는데도 정치가 제대로 되지 않았으니 이번에는 우리가 많이 가져야 한다"라고 하면 다른 정당들이 선뜻 그러라고 할까? 전혀 아니다. 큰 정당이든 작은 정당이든 1석이라도 더 가지려고 할 것이므로 아무리 토론하고 타협해도 만족스럽게 의석을 나눠 가질 수 없다.

대화와 토론, 타협으로 결론이 나지 않을 때 선거를 한다. 선거에서는 일반적으로 가장 많은 표를 얻은 사람이 당선된다. 그런 면에서 선거는 국민의 투표를 통해 결정하는 일종의 다수결이다.

최종적으로 선거, 즉 다수결로 당선자를 결정하기는 하지만, 이런 경우에서조차도 선거 전에 정당과 후보들이 치열한 대화와 토론을 거친다는 점을 기억하자.

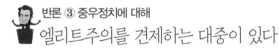

반론 ③ 중우정치에 대해
엘리트주의를 견제하는 대중이 있다

'중우(衆愚)'라는 말처럼 대중은 늘 어리석을까? 개성도 없고 감정에 좌우되기만 할까? 꼭 그렇지는 않다. 대중은 반드시 한꺼번에, 한 방향으로만 움직이지 않는다. 대중을 구성하는 사람들은 생각보다 제각각 다르고 분화되어 있다.

또한 중우정치 자체는 문제지만, 꼭 민주주의가 중우정치를 가져온다고 볼 수도 없다. 민주주의는 특정 집단이나 어느 하나의 의견이 지나치게 비대해져서 다른 집단이나 의견을 압도해 버리는 상황을 결코 원하지 않는다.

여기서 엘리트주의와 대중주의가 적절히 조화를 이루어야 한다는 점이 드러난다. 엘리트주의의 입장에서는, 대중은 정치 지도자들이 이끄는 대로 잘 따라가면 된다고 본다. 대중주의는 이런 엘리트주의에 대한 대안으로서, 대중이 정치 엘리트에게 그저 끌려가서는 안 되고 오히려 의사 결정을 주도해야 한다고 본다.

문제는 이 두 가지 중 어느 한쪽으로만 치우칠 때 생긴다. 엘리트주의가 강조되면 대중이 소수 엘리트에 이용당할 수 있고, 대중주의가 넘쳐나면 중우정치로 이어질 수 있다. 두 가지를 균형 있게 취하면 중우정치가 나타나는 것도 어느 정도 막아낼 수 있다.

토론으로 생각 넓히기

만장일치는 비민주적일까?

만장일치란 모든 사람의 의견이 일치하는 상황이다. 유대인들의 지혜서인 『탈무드』는 만장일치를 부정적으로 보았다. 끔찍한 죄를 저지른 사람을 재판할 때도 최소한 한 사람은 범죄자를 변호해야 한다고 했다. 사람들의 의견은 원래 똑같을 수 없고 치열한 토론 속에서 진리를 찾아간다고 본 것이다.

반면에 과거 신라에서 나라의 중요한 일을 결정했던 화백이라는 귀족회의는 만장일치 방식으로 운영했다. 한 사람이라도 뜻이 다르면 결정을 멈추었다고 한다.

이처럼 의견의 다름을 허용하지 않고 최종적으로 일치된 의견을 만들어내는 만장일치 방식은 낡고 비민주적인 것일까? 어떤 방식으로 만장일치에 도달하느냐에 따라 민주적일 수도 있지 않을까? 그렇다면 그 방식은 무엇일까?

4 다양한 특징과 관점에 따라 민주주의도 나뉜다

○○ 민주주의, △△ 민주주의, ◇◇ 민주주의……. 민주주의 앞에는 많은 단어들이 붙는다. 그러고 보면 민주주의는 이름이 참 많다. 사람마다 이름이 다르고 생김새와 특징이 다르듯이, 민주주의도 특징이나 초점이 조금씩 다르다.

먼저 크게 두 가지로 구분할 수 있다. 첫째, 다수 대중의 의사를 가급적이면 직접, 그리고 많이 반영하고자 하는 민주주의가 있다. 바로 직접 민주주의, 숙의 민주주의, 참여 민주주의, 전자 민주주의다.

두 번째는 다수 대중의 의사를 대신 반영하는 대표자의 역할을 강조하는 민주주의다. 이것의 예로는 대의 민주주의, 자유 민주주의, 사회 민주주의를 들 수 있다. 그럼 지금부터 하나씩 살펴보자.

내 일은 내 손으로 결정, 직접 민주주의

직접 민주주의하에서는 대표자를 통하지 않고 구성원 전체가 직접 참여하여 의사 결정을 내린다. 오늘날 국가 단위로 이런 방식을 따르는 사례는 없고, 일부 국가의 지역 단위에서 부분적으로 적용하고 있다.

스위스가 그 대표적인 예다. 스위스의 일부 주(州)에는 란츠게마인데(Landsgemeinde)라는 직접 민주주의식 최고 의결기구가 있다. 거기에 참정권을 가진 주민이 매년 모여 주(州)의 법안에 대해 표결하거나 주지사, 주정부 장관 등을 선출한다. 참석자들은 자유롭게 질문할 수 있고 의사 결정을 할 때는 손을 들어 의견을 표시한다.

그 외에 오늘날 직접 민주주의의 요소를 가진 제도로 국민투표제, 국민소환제, 국민발안제 등을 꼽을 수 있다. 우리나라는 현재 국민투표만 채택하고 있다. 스위스에서는 공휴일도 국민들의 제안에 따라 결정한 사례가 있다. 우리나라에서 국민발안제가 도입된다면 어떤 법안을 제안할 수 있을까?

제도	내용	사례
국민 투표제	국가의 중요한 문제를 국민의 투표로 결정.	아일랜드에서는 2015년 세계 최초로 국민투표를 통해 동성 결혼 합법화 여부를 결정했다. (찬성 62%)
국민 소환제	선거를 통해 선출된 대표자가 부패하거나 무능한 경우 투표를 통해 파면 여부를 결정.	대통령을 소환할 수 있는 유일한 나라인 베네수엘라에서는 2004년 차베스 대통령에 대한 국민소환 투표를 실시했다. (반대 59%)
국민 발안제	국민이 기존의 법을 고치거나 새로운 법을 만들어야 한다고 제안하고 투표를 통해 가부를 결정.	1993년 스위스에서는 국민의 제안에 따라 8월 1일을 공휴일(독립기념일)로 정하는 투표를 실시했다. (찬성 83%)

직접 민주주의의 요소를 가진 제도들

오래 걸리더라도 대화로, 숙의 민주주의

민주주의 하면 다수결을 떠올리지만 그보다는 충분한 대화, 타협, 토론이 먼저다. 숙의 민주주의는 이러한 민주주의의 본질과 관계가 있다. 숙의 민주주의는 여러 사람이나 집단이 충분한 논의를 거친 후 의사 결정을 하는 방식이다. 이는 '민주주의도 결국 다수결에 따르는 것 아니냐'는 오해에 대한 민주주의의 응답이라고도 할 수 있다.

숙의 민주주의는 어떤 결정이 민주적 정당성을 가지려면 표를 더 많이 얻기 이전에 충분한 숙의가 이루어져야 한다고 본다. 그러기 위해 서로 다른 가치관과 이해관계를 가진 사람이나 집단이 정확한 정보를 공유하고 각각의 주장을 진지하게 듣는다. 주장에 대한 평가는 각자의 주관적 관점이 아닌 객관적 증거로 내린다. 숙의 민주주의는 직접 민주주의가 성공하기 위한 핵심적인 요소라고 할 수 있다.

우리나라에서는 2017년 원자력 발전소 문제, 2018년 대학 입시 제도 문제를 결정할 때 수백 명의 시민과 전문가가 참여한 '공론화위원회'를 만들어 숙의 민주주의를 경험했다.

 누구나, 최대한, 충분히 참여하는, 참여 민주주의

학교에서 학칙을 만드는 데 다양한 의견을 충분히 모으려면 어떻게 해야 할까? 홈페이지 게시판 개설, 설문조사, 토론회, 무기명 제안 같은 다양한 방법으로 교사, 학생, 학부모의 의견을 모을 수 있다. 그러면 보다 많은 구성원이 의사 결정에 동참할 수 있다.

이처럼 가능한 한 많은 구성원이 자발적으로 공동체의 의사 결정에 참여하는 방식을 참여 민주주의라고 한다. 대표자에게 개인의 의사를 위임하는 데 만족하지 않고, 누구나 의사 결정 과정에 접근할 수 있는 기회를 충분히 갖는 것이다. 그럼으로써 시민의 의사를 최대한 반영하는 정책을 기대할 수 있고 시민의 민주적 역량이 발달한다고 본다.

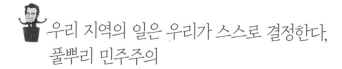

우리 지역의 일은 우리가 스스로 결정한다, 풀뿌리 민주주의

어떤 학교가 학칙을 잘 만들어서 그것이 널리 알려졌다고 해보자. 하지만 그걸 아무 학교나 가져다 쓴다고 해서 같은 효과가 나타나지는 않는다. 물론 어느 학교건 상관없이 좋은 효과를 내는 규칙도 일부 있을 수 있겠다. 하지만 기본적으로 지역, 학교의 규모, 교실과 구성원의 특성 등이 모두 다르기에 각 학교에 맞는 규칙이 따로 있다. 그러므로 특정 학교에 맞춤형인 규칙을 가장 잘 만들 수 있는 사람은 바로 그 학교의 구성원이다.

풀뿌리 민주주의도 마찬가지다. 풀뿌리 민주주의는 지역 단위에서 직접 민주주의가 구현되는 모습을 이르는 말이다. 이 말은 1935년 미국 공화당의 전당대회에서 사용하기 시작했다. 소수의 엘리트가 아니라 다수의 평범한 시민들이 지역 공동체의 중요한 의사 결정에 참여하여 문제를 해결하고 삶의 질을 높이는 민주주의 형태를 가리킨다.

풀뿌리 민주주의는 거대한 권력을 잡는 일보다는 주민이 자발적으로 정치에 참여하여 주민의 이익을 추구하는 데 초점을 맞춘다. 오늘날에는 지방자치의 별명으로 많이 사용하기도 한다.

지방의회가 지방정부의 예산안을 짜는 일에 주민들이 일정 부분 참여하는 지역 참여 예산제는 풀뿌리 민주주의의 좋은 예다.

전자기기로 언제 어디서나 편리하게, 전자 민주주의

스마트폰이나 인터넷을 통해 친구들끼리 간단한 투표를 해본 적이 있을 것이다. SNS로 간단하게 질문을 만들어서 빠른 시간 안에 의견을 모아 통계까지 낼 수 있어서 아주 편리하다. 이런 모습이 전자 민주주의의 한 단면이다.

전자 민주주의는 정보화의 진전에 따라 인터넷 같은 정보통신 기술을 활용하는 민주주의다. 홈페이지 게시판을 통한 의견 수렴, 온라인 선거 홍보, 전자식 투표 등이 여기에 해당한다. 전자 민주주의는 온라인에서 의견 표출이나 토론, 의사 결정이 가능하므로 시간적·공간적 제약이 적다는 장점이 있다. 정보화 사회의 익명성이라는 특징을 이용해서 보다 자유롭고 솔직하게 의견을 표출할 수도 있다.

처음에 전자 민주주의를 위한 프로그램을 만드는 데는 비용이 들지만 투표용지 인쇄, 투개표 관리 등에 특별한 비용이 발생하지 않으므로 이후에는 많은 비용을 절약할 수 있다.

한편 전자 민주주의에도 위험이 있다. 우선 노인, 저소득층 등 정보화 취약 계층의 정치 참여가 상대적으로 낮을 수 있다는 점이 우려된다. 또한 익명성을 악용하여 인신공격이나 유언비어 등이 늘어날 수 있고 가짜 뉴스로 잘못된 여론이 형성될 수 있다. 대리 투표나 개표 조작, 해킹 등의 위험도 있다. 이러한 문제들을 해결할 수만 있다면 국가가 주관하는 공식 선거에도 도입할 수 있을 것이다. 현재까지는 아파트 입주자 대표 선출, 정당의 선거 후보자 선출, 시민단체를 비롯한 일부 민간 단체의 의사 결정 등에 부분적으로 활용되는 정도다.

발트해 연안에 자리 잡고 있는 에스토니아(Estonia)는 전자 민주주의 덕분에 재미있는 별명을 얻었다. 에스토니아는 2005년 세계 최초로 지방 선거에서 인터넷 투표를 실시했는데, 그 이후로 이-스토니아 (E-stonia)라는 애칭을 얻게 되었다.

 정치는 직업 정치인에게, 대의 민주주의

대의 민주주의는 직접 민주주의가 가지고 있는 현실적인 어려움에 대응하기 위해 선거 같은 절차를 통해 대표자를 정하고 대표자를 통해 정치에 참여하는 방식이다. 대의 민주주의는 간접 민주주의(indirect democracy)라고도 불린다. 과거에 비해 정치 공동체의 규모가 크고 인구가 많다는 점, 정치 현상이 더욱 복잡하고 전문화되어 간다는 점 때문에 오늘날 대부분의 국가는 대표자에게 의사 결정을 위임하는 대의 민주주의를 택하고 있다.

국민은 주기적으로 실시하는 선거나 투표를 통해 정치에 참여한다. 따라서 대의 민주주의가 성공하려면 선거가 공정하고 민주적이어야 한다. 대의 민주주의에서는 국민을 대신하여 법을 만들고 정책을 집행하는 '직업 정치인(전문 정치인)'의 역할이 매우 중요하다. 선거를 통해 선출된 대표자는 개인의 이익이 아니라 국민의 복지를 위한 정치를 추구해야 한다.

자유를 침해하지 않는 민주주의, 자유 민주주의

자유 민주주의는 자유주의와 민주주의가 결합된 정치 원리이다. 민주주의 원리에 따라 다수가 스스로를 지배하는 체제를 추구하되, 자유주의의 원리에 따라 개인의 자유를 침해하지 않으려는 사상이 담겨 있다.

존 스튜어트 밀은 자유 민주주의의 핵심 가치로 '표현의 자유'를 꼽았다. 그는 『자유론』에서 표현의 자유가 무제한으로 허용되어야 사회가 발전할 수 있다고 주장했다. 어떤 의견이 옳지 않거나 해롭다고 해도 표현을 막아서는 안 된다고 했다. 왜냐하면 일부라도 표현의 자유를 제한하면 곧 모든 표현의 자유가 제한되기 때문이다. 밀의 주장은 자유롭게 표현된 어떤 의견이 틀렸거나 해롭다 하더라도 다수에 의해 자연히 도태될 것이라는 믿음을 전제로 하고 있다.

한편, 정치학자 노베르토 보비오(Norberto Bobbio)는 자유주의와 민주주의를 동전의 양면처럼 이해했다. 그는 이 두 가지가 일종의 상호보완적 관계로서 서로를 보장해 준다고 보았다. 자유주의 없는 민주주의는 공산주의처럼 망하고, 민주주의 없는 자유주의는 난폭하게 달린다는 것이 그의 생각이었다.

 ## 민주주의를 통해 더 나은 자본주의를! 사회 민주주의

사회 민주주의는 혁명 대신 선거 같은 민주적 절차를 통해 점진적으로 자본주의의 문제점을 개혁해 나가는 방식이다. 참정권이 제대로 보장되지 않았던 시기에는 혁명 같은 급격한 방식을 택하기도 했지만, 민주주의의 발전과 함께 참정권이 확대되었으니 그것을 최대한 활용하자는 것이다.

사회 민주주의는 모든 생산수단을 국가나 사회가 소유할 것이 아니라, 사회 간접자본 같은 기본적인 부분만 공유하자고 주장한다. 또한 정치적 자유는 물론 경제적 측면에서 사회 불평등 해소, 취약 계층의 빈곤 해소, 보편적 공공 서비스의 확대, 노동 운동 지원 등을 중시한다. 자유 민주주의가 정치 영역의 민주주의에 초점을 맞추었다면, 사회 민주주의는 민주적 의사 결정 과정과 그 결과물이 정치 영역을 넘어 경제 영역으로까지 이어지도록 하는 것을 강조한다.

토론으로 생각 넓히기

홈스쿨링 금지 정책은 자유 민주주의를 훼손할까?

홈스쿨링은 학교를 다니지 않거나 학교에 있는 시간을 대폭 줄이고 그 대신 가정에서 공부하는 것을 가리킨다. 그런데 독일은 홈스쿨링이 원칙적으로 금지되어 있어 개인과 국가 사이에 갈등을 겪어왔다. 독일에서는 부모가 자녀를 학교에 보내지 않으면 정부가 자녀를 강제로 학교에 데리고 가거나, 부모를 처벌하기도 한다. 홈스쿨링을 원하는 독일 부모들은 민주주의 국가인 독일이 왜 집에서 공부할 자유를 보장하지 않냐고 반문한다. 이에 정부는 설사 학교 교육이 마음에 들지 않더라도 학교에 다니지 않을 자유는 허용할 수 없다고 한다. 타인과 더불어 생활하면서 사회성, 공공성 등을 배워야 한다는 이유에서다.

독일 정부의 홈스쿨링 금지 정책은 자유 민주주의에 어긋나는 것일까?

5 스스로 다스림으로써 민주정치는 완성된다

　　학교생활에서 규칙을 대하는 태도는 저마다 다를 것이다. 누군가는 복장 규정에 불만이 있지만 스마트폰 사용 규칙에는 관심이 없을 수 있다. 누군가는 그 반대일 수도 있겠다. 학칙에 대한 학생들의 불만이나 무관심을 해소하기 위해 학교에서 모든 규칙을 새로 만들기로 했다고 가정해 보자.

　　학생들에게는 몇 가지 선택지가 있다. 모든 규칙 개정에 적극적으로 참여할까, 아니면 학생회 대의원에게 맡길까? 차라리 경험이 많은 생활지도 담당 선생님이나 교장 선생님에게 맡기는 것은 어떨까? 어느 것이 효율적이고 어느 것이 민주적일까? 각 선택지에는 어떤 장점과 단점이 있을까? 이에 대해 그리스의 정치 체제와 연결해 살펴보자.

# 좋은 정치 체제와 나쁜 정치 체제

민주주의가 정치와 만나 민주정치가 시작된 것은 기원전 5세기 무렵이다. 마키아벨리는 그리스의 역사가 폴리비오스를 인용하여 좋은 정치 체제와 나쁜 정치 체제를 각각 세 가지씩 언급했다. 이를 통해 민주정치 체제의 특징을 다른 정치 체제와 비교해 볼 수 있다.

구분		좋은 정치 체제		나쁜 정치 체제	
체제	지배자	명칭	특징	명칭	특징
군주제	왕	군주정치	탁월한 군주에 의한 효율적인 통치	참주정치	타락한 폭군이나 암군(어리석은 임금)에 의한 통치
공화제	귀족	귀족정치	폭군의 권력 독점 방지	과두정치	귀족 중 일부 극소수에게 권력 집중
	시민	민주정치	다수 시민의 뜻을 모아 불의를 제거	폭도정치	폭도 같은 대중의 어리석은 판단에 의존

폴리비오스가 제시한 좋은 정치 체제와 나쁜 정치 체제

폴리비오스에 따르면 정치 체제는 순환한다. 예컨대 어떤 공동체의 정치 체제가 처음에 군주정에서 시작했다가도, 일정 시간이 지나면 그 군주가 타락하기도 하고 어리석고 무능한 군주가 나타나기도 한다(참주정). 결국 군주 한 사람에게 권력을 맡기는 것은 좋지 않다는 판단하에 귀족정이 시작된다.

그런데 또 시간이 지나면 귀족 중에서도 극히 일부에게 권력이 집중되는 현상이 생긴다(과두정). 그래서 아예 다수의 국민에 의한 지배를 추구하는 민주정이 시작된다. 또 시간이 흐르면 다수의 국민이 어리석은 결정을 내릴 수 있다(폭도정). 그러면 다수를 믿을 수 없다는 판단하에 다시 군주정으로 돌아간다는 것이다.

폴리비오스는 군주정·귀족정·민주정이 혼합된 형태를 이상적으로 보았다. 그리고 그것을 고대 로마에서 찾았다. 최고 명령권과 지휘권을 가진 집정관은 군주정, 귀족 가문의 대표로서 입법을 담당했던 원로원은 귀족정, 시민의 투표를 통해 중요한 의사 결정을 내렸던 민회는 민주정의 요소를 각각 가지고 있다고 보았기 때문이다.

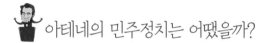 아테네의 민주정치는 어땠을까?

오늘날 민주정치의 뿌리라면 고대 그리스, 그중에서도 아테네를 꼽는다. 아테네의 민주정치를 가장 잘 드러내는 것이 민회다. 민회는 시민들의 총회인데 500명으로 구성된 평의회가 입법과 행정에 관한 안건을 민회에 제출하면 민회는 그 안건을 최종적으로 의결하는 기능을 담당했다.

18세 이상의 성인 남성은 아테네의 시민 목록에 이름을 올리고 2년간 군인으로 복무한 후 민회의 의사 결정에 참여할 수 있었다. 처음에는 한 달에 한 번 있던 모임이 후에는 한 달에 3~4회로 늘었다. 민회에 참석할 수 있는 권리는 시민에게만 주어졌고, 시민권이 없는 사람이 참석하면 벌금형이나 사형 등 처벌을 받았다.

민회에서의 의사 결정은 다음과 같은 과정을 거친다. 먼저 누군가가 어떤 사안에 대해 연설을 하면 그에 대한 반대 의견을 듣고 나서 각자 손을 들어 찬성 혹은 반대 여부를 표시한다. 날이 어두워지면 손을 들었는지 안 들었는지 잘 보이지 않기 때문에 모임이 다음 날로 연기되기도 했다. 중요한 사안이 있으면 돌맹이나 도자기 파편 등을 이용해 비밀

투표를 하기도 했다. 일반적으로는 민회에는 6,000명 정도 모여서 의사 결정에 참여했다.

아테네의 민주정치에 대해서는 반론도 있다. 시민권을 가진 성인 남성들만 폴리스의 의사 결정에 참여했는데 그것이 과연 민주정치인가 하는 것이다. 생계를 잇느라 민회에 참석하지 못하겠다고 하는 사람에게는 하루 임금의 3분의 1 정도를 참석 수당으로 지급하기도 했는데, 바로 그 때문에 순수하게 의사 결정을 하기 위한 모임으로 보기 어렵다는 비판도 있다. 그러나 당시 아테네가 고대 사회라는 점을 고려하면 이런 의사 결정 방식을 고안하고 실천했다는 점만으로도 인정받을 만하다.

 표를 적게 얻어야 좋은 선거가 있다?

고대 아테네에는 도편추방제라는 매우 흥미로운 제도가 있었다. 도편추방제는 도자기 조각을 이용한 투표 제도인데, 앞으로 독재자(참주)가 될 가능성이 있다고 생각되는 사람의 이름을 도자기 파편에 적는 투표였다. 일정한 수를 넘어 득표한 사람이 있으면 그를 아테네에서 추방했다.

아테네에서는 1~2월 즈음에 열리는 민회에서 그 해에 도편추방 투표를 할지 말지를 결정했다. 투표를 하기로 결정하면 그로부터 두 달 정도 후에 실시했다. 곧바로 투표를 하지 않은 이유는 두 달 동안 나름대로 검증 과정을 거치고 토론을 하기 위해서이다.

투표일에 시민들은 '아고라'라고 부르는 광장에서 도자기 파편에 이름을 적었다. 6,000표 이상 득표한 사람은 10일 이내에 아테네를 떠나 10년 간 돌아올 수 없었다. 투표 결과에 대해서는 반론이 허용되지 않았기 때문에 추방 대상자는 이의 없이 따라야 했다.

처음에 이 제도는 본래의 목적에 맞게 독재자의 등장을 미리 막는 제도로 기능했다. 하지만 나중에는 정치적 입장이 다른 사람을 추방하기 위한 수단으로 변질되어서 자연스럽게 폐지되었다.

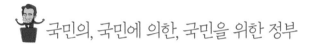 ## 국민의, 국민에 의한, 국민을 위한 정부

미국에서 남북전쟁이 한창 진행 중이던 1863년 11월 19일, 미국 펜실베이니아주 게티즈버그에서 링컨 대통령은 연설을 하나 남겼다. 이는 미국 역사상 가장 유명하고 가장 많이 인용된 연설 중 하나로 민주정치의 핵심을 잘 반영했다고 평가받는다. 연설 내용 중 일부를 살펴보자.

"······government of the people, by the people, for the people shall not perish from the earth." (국민의, 국민에 의한, 국민을 위한 정부는 이 세상에서 사라지지 않을 것입니다.)

특히 유명한 '국민의', '국민에 의한', '국민을 위한'이라는 말의 의미는 다음과 같이 정리할 수 있다.

- **국민의 정부**: 국민이 주인인 정부(국민주권)
- **국민에 의한 정부**: 국민이 스스로 구성한 정부(국민자치)
- **국민을 위한 정부**: 국민의 복지를 위해 존재하는 정부(국민복지)

이 세 가지 모두 민주주의를 완성하는 데 필요하지만, 그중에서도 핵심적인 것을 하나 고른다면 '국민에 의한 정부', 즉 국민자치다.

먼저 차례대로 살펴보자. '국민의', 즉 국민주권은 가장 기본적인 선언이다. 하지만 실제 민주정치에서는 실현되지 않기도 한다. 주권이 국민에게 있다고 하면서도 지키지 않기 때문이다. 1972년에 만들어진 우리나라의 유신헌법과 1987년부터 이어져 오고 있는 현재의 헌법을 비교해 보자.

유신헌법 제1조 2항(1972년)	현행 헌법 제1조 2항(1987년)
대한민국의 주권은 국민에게 있고 국민은 그 대표자나 국민투표에 의하여 주권을 행사한다.	대한민국의 주권은 국민에게 있고, 모든 권력은 국민으로부터 나온다.

국민에게 주권이 있다는 내용은 동일하다. 1987년에 만든 현행 헌법은 국민이 모든 권력의 원천임을 강조하고 있다. 미국의 전 상원의원 마이크 그래블은 2009년 현대 직접 민주주의 글로벌 포럼(Global Forum on Modern Direct Democracy)에서 한국의 현행 헌법 제1조 2항은 권력의 원천을 명확하게 '국민'으로 규정함으로써 세계적으로 유래를 찾

아보기 힘들 정도로 '민주적인' 헌법이라고 칭찬한 바 있다.

그런데 1972년 유신헌법은 국민이 직접 권력을 행사하는 것이 아니라, 특정한 사람(대표자)이나 방법(국민투표)을 통해 행사한다는 점에 비중을 둔다. 실제로 유신헌법을 통해 국민이 대통령을 직접 뽑을 수 있는 선거 제도가 사라졌으니, 국민주권이라는 것은 그저 선언에 그쳤음을 발견할 수 있다.

다음으로 '국민을 위한'이라는 구절을 살펴보자. 지도자나 정부가 국민을 위해 존재하고 일한다는 것 자체는 좋은데, 사실 왕이나 독재자도 부당한 방법으로 정권을 잡고 나서 국민을 위해서였다고 주장할 수 있다. 국민복지는 정치적 행위의 절차나 과정보다는 결과적인 측면에 초점을 맞춘다. 그래서 과정에 문제가 있더라도 결과가 좋으면, 즉 국민복지에 기여했다면 과정까지도 합리화할 여지가 있다는 점에 주의해야 한다.

위의 세 가지 중에서 '국민에 의한', 즉 국민자치가 민주주의의 본래 의미에 가장 잘 어울린다. 앞서 민주주의를 다수에 의한 지배라고 했다. 그렇다면 다수가 누구를 지배한다는 것인가? 민주주의에서는 다수가 스스로를 지배한다. 다시 말해서 지배의 주체와 대상이 같다. 국민주권, 국민복지는 '스스로 다스림'에 의해, 즉 국민자치에 의해 증명하고 실현될 수 있다.

과거처럼 교사 혼자서 학급 규칙을 만들어서 제시하는 경우와, 학생들이 학급회를 통해 스스로 만드는 경우를 비교해 보자. 전자의 경우, 교사가 혼자 정해놓고도 "우리 학급의 주인은 바로 너희들이다. 너희의 안전하고 행복한 생활을 위해 내가 이러이러한 규칙을 만들었다"라고 말할 수 있다. 이 말 속에는 국민주권, 국민복지의 의미가 모두 있다. 그렇지만 교사가 규칙을 만들었으니 국민자치에 부합한다고 보기 어렵다.

학급회를 통해 학생들이 스스로 규칙을 만든다면 그것은 국민자치에 가깝다. 구성원으로서 지켜야 할 규칙을 스스로 만든다는 것 자체가 곧 주권이 자기 자신에게 있음을 보여준다. 또한 다른 사람이 아닌 자기 스스로에게 적용되는 규칙을 만든다면 자신에게 불리한 규칙을 만들 리 없다. 시행착오도 있겠지만, 궁극적으로는 수정에 수정을 거쳐 자신과 공동체를 좀 더 이롭게 하는 규칙에 다가갈 수 있을 것이다.

사회에서도 마찬가지다. 국민자치가 있어야 국민복지도 실현 가능하다.

 민주주의의 반대말은?

민주주의의 반대말은 무엇일까? 딱 하나라고 말하기는 어렵고 맥락이나 강조하는 점에 따라 조금씩 다르다.

우리 사회는 민주주의의 반대말로 공산주의나 사회주의를 제시하는 경우가 많다. 현실적으로 그러한 측면도 있지만, 개념적·이론적으로는 딱 잘라서 반대말이라고 하기 어려운 면도 있다. 민주주의는 대체로 정치적인 측면에, 공산주의나 사회주의는 대체로 경제적인 면에 초점을 맞추기 때문이다.

그런데 공산주의 국가들은 정치적 측면에서 독재라는 방식을 취했고 그로 인해 시민들이 민주주의를 제대로 경험하지 못해 시민의식도 약했다. 이렇게 공산주의 국가가 권위주의적이고 전체주의적인 독재국가의 특징을 보이지만, 이론적으로는 독재적이지 않은 공산국가도 가능하다.

민주주의와 자본주의도 늘 같이하지는 않는다. 정치학자 로버트 달

(Robert Dahl)은 민주주의와 시장 자본주의는 모순적인 관계에 있다고 했다. 김대중 대통령은 1998년 2월 취임 연설에서 민주주의와 시장경제를 병행해서 발전시키겠다는 말을 남겼다. 이는 비민주적인 자본주의, 비민주적인 시장경제도 있다는 얘기다. 과거에 민주주의를 거부하고 자본주의만 받아들인 나라도 있는데, 독일의 나치와 군국주의 일본을 예로 들 수 있다. 그러므로 민주주의의 반대말은 공산주의, 사회주의보다는 독재나 전체주의가 더 적합하다고 볼 수 있다.

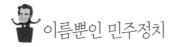 이름뿐인 민주정치

민주정치가 제대로 이루어지려면 정치권력이 민주적으로 성립되고 민주적으로 행사되어야 한다. 먼저 투르크메니스탄의 경우를 살펴보자.

사파르무라트 니야조프(Saparmurat Niyazov)는 1990년 10월, 투르크메니스탄 대통령 선거에 단독 후보로 출마하여 직접선거로 당선되었다. 지지율은 무려 98.8%였다. 두 명 이상의 후보가 출마하여 경쟁하는 것이 바람직하지만 어쨌든 선거라는 법적 절차는 거쳤으니 민주주의 형식은 갖추었다. 그런데 대통령이 된 이후 그는 마음대로 권력을 휘두르면서 반민주주의의 길을 걷기 시작했다.

1년을 12개월에서 8개월로 바꾸고, 자신과 어머니의 이름을 따서 각 달의 명칭을 정했다. 자신이 쓴 책 『루흐나마』(일종의 종교 경전)를 학교에서 의무적으로 가르치게 했고, 국민 정서에 맞지 않는다는 이유로 오페라, 영화 등의 예술을 불법으로 규정했으며, 머리카락과 수염을 기르는 것도 금지했다. 또한 의료비를 줄이겠다는 명목으로 지방 병원들을 모두 폐쇄해 버렸다.

해외에서 공부하고 돌아온 변호사, 의사 등 전문직 종사자들은 국가 발전에 저해된다며 해고하라는 명령을 내리기도 했다. 덥고 건조한 투르크메니스탄의 기후를 고려하지 않은 채 얼음궁전을 지으라고 지시한 일도 있다. 니야조프는 2006년까지 무려 16년간 절대 권력을 휘둘렀다.

이처럼 과거의 절대군주만이 민주주의를 거스르는 게 아니다. 민주적 제도와 절차를 가진 현대 국가의 지도자도 얼마든지 독재 정치를 할수 있다. 그러므로 민주주의, 민주정치라는 간판도 중요하지만 실제로 그것이 이루어지느냐가 더 중요하다.

오늘날 민주주의는 여기저기에서 '애용'된다. 북한도 예외는 아니다. 북한의 공식 명칭은 조선민주주의인민공화국(Democratic People's Republic of Korea)이다. 이름 속에 '민주주의'가 들어 있지만 북한을 민주 국가로 인식하는 사람은 거의 없다.

2020년 영국 《이코노미스트》지가 세계 167개국의 민주주의 현실을 조사하여 작성한 순위에 따르면 북한은 꼴찌인 167위에 머물렀다. 선거 과정, 정부 기능, 정치 참여, 정치 문화, 시민 자유 등을 조사했는데 북한은 10점 만점에 1.08점을 얻었다.

북한은 조선노동당이 정권을 잡고 있고 그 외 정당으로는 조선사회민주당, 조선천도교청우당 등이 있다. 형식적으로는 북한도 2개 이상의 정당이 존재하는 복수(複數) 정당제이다. 그리고 만 17세 이상이 되면 투표도 할 수 있다. 북한 최고 지도자를 뽑는 최고인민회의 대의원은 직접 투표로 선출한다. 그럼에도 북한을 민주정치 국가로 보지 않는 이유는 무엇인가?

북한에서는 정부 수립 이후 조선노동당이 아닌 다른 정당으로 정권 교체가 일어난 적이 단 한 번도 없다. 다른 정당이 있긴 하지만 이 정당들을 야당이라고 하지 않고 우당(友黨, 친구 정당)이라고 부른다. 우당들은 조선노동당을 도와주는 역할을 한다. 투표에서도 찬성 투표를 독려하고 사실상 공개 투표를 실시한다. 이는 북한의 선거가 민주정치와는 거리가 있음을 보여준다.

투표율이나 지지율도 놀라운 수준이다. 2015년 7월 19일에 실시한 북한 지방선거(지방인민회의 대의원선거)에서는 투표율이 무려 99.97%였다. 2009년에 실시한 최고인민회의 대의원 선거 투표율은 99.98%였고 찬성률은 100%였다.

북한 헌법도 제도적으로는 선거의 기본 원칙을 가지고 있다. 그러나 선거구에 후보자가 한 명만 나서기 때문에 후보 간 경쟁이 없다. 조선노동당이 출신 성분이나 당에 대한 충성심 등을 고려하여 단일후보를 추천하는 것으로 알려져 있다. 투표를 할 때도 인민반장이라는 간부가 주민들을 모아 함께 투표장에 간다.

후보자에 찬성하는 유권자는 투표용지를 그냥 투표함에 넣으면 되고 반대할 경우에는 따로 X 표시를 한 후에 넣어야 한다. 1992년 이전에는 찬성표는 백색 투표함에, 반대표는 흑색 투표함에 넣었다. 국제사회가 이를 비난하자 투표함을 하나로 통일하긴 했지만, 반대 의사를 가진 사람들은 여전히 따로 기표해야 하기 때문에 사실상 여전히 공개 투표다. 이러한 방식으로 인해 투표율과 찬성률이 거의 100%에 달한다.

지금은 상상할 수도 없지만 우리나라에도 비슷한 일이 있었다. 1970~80년대 통일주체국민회의라는 대통령 선거인단에서 간접선거로 대통령을 뽑던 시절이었다. 후보는 한 명이고 투표율과 찬성률이 거의

100%에 육박했다. 아래는 1978년 7월 7일 당시 《한국일보》 보도를 그대로 옮긴 것이다.

제2대 통일주체국민회의 제1차 회의는 6일 상오 10시 서울 장충체육관에서 개회식을 갖고 현 박정희 대통령을 제9대 대통령으로 선출했다. 제2대 국민회의 대의원 2583명 가운데 2578명이 참석, 박정희 후보가 2577표(무효 1표)를 얻어(99.9%) 임기 6년의 제9대 대통령으로 당선됐다.

《한국일보》 1면 기사(1978. 7. 7)

6

여성과 흑인이
참정권을 얻기까지

앞에서 직접 민주주의, 대의 민주주의, 자유 민주주의 등 다양한 민주주의와 그 특징을 살펴보았다. 여기에 어떤 공통점이 있을까? 여러 가지가 있겠지만 그중에서도 빼놓을 수 없는 것이 바로 '참정권'이다. 어떤 민주주의건 참정권은 시민의 정치 참여를 위해 요구되는 가장 기본적인 권리이다.

참정권은 선거에 참여할 수 있는 선거권(투표권)과 선거에 출마할 수 있는 피선거권을 가리킨다. 그런데 누구나 처음부터 이 권리를 누린 것은 아니었다. 여성과 흑인이 참정권을 얻기까지의 과정은 민주주의 발전 역사에서 반드시 기억해야 할 중요한 부분이다.

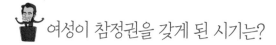 여성이 참정권을 갖게 된 시기는?

우리나라는 1948년 대한민국 정부 수립을 앞두고 치른 첫 번째 국회 의원 총선거에서 남자와 여자가 동시에 투표에 참여했다. 그런데 우리 나라보다 먼저 민주주의를 시작한 나라들 중에 남성이 먼저 참정권을 갖고 여성은 그보다 한참 뒤에 참정권을 갖게 된 경우가 꽤 많다. 프랑 스 남성은 1848년에 참정권을 얻었지만, 여성은 그로부터 거의 100년 가까이 지난 1944년에야 참정권을 얻었다. 다른 나라들은 어떨까? 다 음 퀴즈를 풀어보자.

퀴즈 1 다음 중 여성 참정권이 가장 늦게 보장된 나라는?
① 인도   ② 스위스   ③ 뉴질랜드   ④ 남아프리카공화국

퀴즈 2 2017년 현재까지 아직 여성 참정권을 인정하지 않는 나라는?
① 쿠바   ② 북한   ③ 바티칸 시국   ④ 사우디아라비아

첫 번째 문제의 정답은 ② 스위스다. 인도는 1949년, 뉴질랜드는 1893년, 남아프리카공화국은 1930년, 스위스는 1971년에 각각 여성의 참정권 을 인정했다. 두 번째는 ③ 바티칸 시국이다. 쿠바는 1934년, 북한은 1946년, 사우디아라비아는 2015년에 여성의 참정권을 인정했다.

그렇다면 현대 민주주의의 커다란 축을 담당한다는 미국에서는 여성 과 흑인 중 어느 쪽이 먼저 참정권을 얻었을까? 얼핏 미국은 인종차별 이 심했으니 백인 여성이 흑인 남성보다 먼저 참정권을 얻었을 것 같지 만, 사실은 반대다. 미국은 남북전쟁(1861~1865년)이 끝난 지 얼마 되지

연도	선거권자	선거권자 비율
1688년	귀족, 젠트리(부유층)	3%
1832년	상공업에 종사하는 중산층 시민	4.5%
1867년	도시 소시민 및 노동자, 일부 농촌 노동자	9%
1884~1885년	소작농, 농촌 및 광산 노동자	19%
1918년	남자 21세, 여자 30세	46%
1928년	남녀 모두 21세	62%

영국의 선거권 확대 과정

않은 시점인 1870년에 흑인 남성의 참정권을 인정했다. 미국 여성은 인종에 상관없이 1920년부터 참정권을 얻었다.

　미국보다 먼저 근대 민주주의의 첫발을 내딛은 영국은 어떨까? 영국의 선거권 확대 과정을 살펴보자. 귀족이나 상류층은 1688년에 선거권을 얻었는데 그 외의 계층이 선거권을 획득(1832년)하기까지 약 150년이 걸렸다. 여성은 1918년에 이르러서야 처음으로 선거권을 얻게 되었다. 그러나 남성은 21세 이상, 여성은 30세 이상으로 나이에 따른 차별이 있었고 1928년에 비로소 남녀가 동등하게 선거권을 행사했다. 피선거권까지 포함하면 1969년에 이르러서야 남녀가 완전히 동등해졌다.

 여성 참정권 획득을 위한 투쟁과 희생

　영국 남성의 선거권 확대 과정도 순탄치 않았지만 여성의 경우에는 더더욱 힘들었다. 영국은 여성 참정권을 주장하는 사람들을 체포하여 가두고, 감옥에서 단식 투쟁으로 저항하는 여성 참정권 운동가에게 강제로 음식을 주입하는 고문까지 가했다.

경마장에서 여성 선거권을 주장하다가 사망한 운동가 에밀리 데이비슨(Emily Wilding Davison)도 여러 차례 수감되어 고문에 시달렸다. 1913년 에밀리는 경마장에서 "VOTES FOR WOMEN(여성에게 투표권을)"이라고 적힌 외투를 입고 달리는 말에 뛰어 들어 사망했다. 그녀의 죽음은 여성 참정권 운동에 불을 붙였다. 그녀의 장례식에 참석한 많은 여성들이 대규모 시위를 벌이며 더욱 거세게 여성 참정권을 요구했다.

영국의 여성 참정권 획득에 기여한 인물로 에멀린 팽크허스트(Emmeline Pankhurst)도 빼놓을 수 없다. 그녀는 여성의 참정권을 인정하는 법안이 매번 영국 의회에서 부결되자, 서명이나 청원 같은 합법적 방법 대신 건물 훼손, 전철 파손, 방화 등 과격하고 불법적인 방법을 동원했다. 그러다가 1914년 제1차 세계대전이 일어나자 많은 여성들에게 전쟁에 적극 참여하여 나라를 위해 싸울 것을 호소하기도 했다. 이러한 모습은 그동안 여성 참정권에 반대했던 남성들에게 깊은 인상을 남겼고, 이후 의회에서 여성의 참정권을 인정하는 데 큰 영향을 미쳤다.

미국의 여성 참정권 획득 운동도 순탄치 않았다. 남북전쟁이 끝나고 몇 년 뒤인 1870년, 미국은 수정헌법 제14조를 통해 흑인 남성의 참정권을 인정했다. 이렇게 과거 노예였던 사람들이 처음으로 참정권을 얻었다. 그러나 그때까지도 여성의 차례는 오지 않았다.

수전 앤서니(Susan Brownell Anthony)는 1872년 미국 대통령 선거에서 여성으로서는 최초로 투표에 참여했다. 당시에는 여성 참정권이 허용되지 않았기 때문에 그녀의 투표는 인정되지 않았음은 물론이고, 재판을 받고 벌금까지 내야 했다. 그녀는 거기에 굴하지 않고 꾸준히

투쟁했지만 끝내 결과를 보지 못하고 사망했다. 미국 뉴욕주 로체스터 대학은 그녀의 공로를 기리며, 그녀의 이름을 따 기숙사에 수전 앤서니 홀(Susan B. Anthony Hall)이라고 이름 붙였다.

그녀의 뒤를 이은 앨리스 폴(Alice Paul)은 백악관 근처에서 쇠사슬 시위, 단식 투쟁 등을 하며 여론의 지지를 호소했다. 마침내 1920년 8월 테네시주를 마지막으로 미국의 모든 주에서 여성의 참정권을 인정하는 수정헌법 제19조 "미국 국민의 참정권은 미국 혹은 어떤 주에서도 성별을 이유로 거부될 수 없다"가 완성되었다. 흑인 남성의 참정권 획득 이후 무려 130년 만이었다.

다른 나라도 사정은 비슷했다. 18, 19세기에 유럽 일부 국가에서 여성의 선거권을 인정하기도 했지만, 전국 선거가 아닌 일부 지역에서만 한

뉴질랜드 10달러 화폐에는 뉴질랜드 여성 참정권 획득에 크게 이바지한
케이트 셰퍼드(Kate Sheppard)의 얼굴이 새겨져 있다.

시적으로 주어졌거나 독립국가가 아닌 자치령이었다. 예컨대 영국에서
는 1869년 주의회와 시의회 선거에서 여성이 선거권을 가졌고, 전국 단
위 선거에서 처음으로 여성에게 투표권을 부여한 것은 1893년 당시 영
국 자치령이었던 뉴질랜드였다. 독립국가로서는 호주(1902년)가 최초였
다. 1906년 핀란드는 유럽 최초로 여성의 투표권을
인정했고 1907년에 세계 최초로 여성 의원(19명 당
선)을 배출했다.

세계 각국이 여성의 선거권을 인정한 연도는 다음
표와 같다.

제2차 세계대전 후에는 일본, 이탈리아, 중국, 한
국, 인도, 파키스탄 등에서 여성의 투표권이 인정되었
다. 북서유럽 국가들 중 스위스는 그중에서도 상당히
늦은 시점인 1971년에 이르러서야 연방◆ 선거와 주 선
거에서 여성의 선거권을 인정했다. 이후에도 시리아
(1973년), 부탄(2008년), 사우디아라비아(2015년) 등으

> **연방**
> 독자적인 주권을 가진 여
> 러 지방이 하나의 정치적
> 이념을 가지고 연합하여
> 만든 국가를 가리킨다. 미
> 국, 러시아, 캐나다, 독일,
> 아랍에미리트연합 등이
> 있다. 미국의 경우 자치권
> 을 가진 50개의 주가 모여
> 아메리카 미합중국(USA,
> 미국)이라는 연방 국가를
> 이루고 있다. 각 주는 교육,
> 복지, 지역 경제 등을 자율
> 적으로 운영하지만, 외교
> 나 국방 등은 연방정부에
> 맡긴다.

여성 선거권 획득 시기	주요 국가
1890년대	뉴질랜드(영국 자치령) (1893)
1900년대	호주(1902), 핀란드(1906)
1910년대	노르웨이(1913), 소련(1917), 영국(1918), 독일(1919)
1920년대	미국(1920), 미얀마(1922), 에콰도르(1929)
1930년대	남아프리카공화국(1930), 타이(1932), 쿠바(1934), 필리핀(1937)
1940년대	프랑스(1944), 일본(1945), 북한(1946), 중국(1946), 한국(1948)
1970년대	스위스(1971), 시리아(1973)
1990년대	카타르(1999)
2000년대	쿠웨이트(2005), 아랍에미리트(2006), 부탄(2008)
2010년대	사우디아라비아(2015)

세계 각국의 여성 선거권 인정 시기

로 계속 여성 참정권이 확대되고 있다.

서구는 오랜 투쟁 끝에 여성 참정권을 얻어낸 데 비해, 우리나라는 민주국가의 수립과 함께 자연스럽게 참정권이 인정되었다. 그렇다고 공짜로 얻은 것은 아니다. 최초로 여성 참정권을 논의에 올린 것은 1898년 9월 1일 서울 북촌의 부인들이 발표한 〈여권통문(女權通文)〉이었다.

대한민국 임시정부의 임시헌장 제3조에는 "대한민국의 인민은 남녀 귀천 및 빈부의 계급이 무한 일체 평등"이라고 명시했다(1919. 4. 11). 이는 당시 여성들이 항일 독립투쟁에 적극적으로 참여한 것과 무관하지 않다.

우리나라 여성들이 독립운동에 참여하면서 내세운 강령 중 하나가 '여성의 참정권'이었고, 그러한 노력의 결과로 1948년 대한민국 정부 수립과 함께 참정권을 얻어낼 수 있었다. 투표권은 1948년부터 남녀가 동시에 가졌지만 여성의 피선거권은 1958년부터 인정되었다.

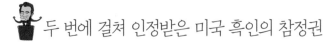

두 번에 걸쳐 인정받은 미국 흑인의 참정권

미국에서는 흑인의 참정권을 두 번 인정한 일이 있었다. 한 번이면 됐지 왜 두 번이었을까? 1870년 미국은 수정헌법 제15조에서 흑인 남성의 투표권을 인정했다. 그러나 그뿐이었다. 흑인의 정치 참여에 거부감을 가진 대다수 백인들 때문에 실질적으로는 흑인의 참정권이 보장되지 못했다. 이들은 결정적인 두 가지 제도로 흑인의 투표를 방해했다. 그 두 제도를 한 마디로 요약하면 이렇다. "투표하려면 시험을 봐! 그리고 돈을 내!" 바로 문맹 검사와 투표세다.

당시 흑인들 중에는 상대적으로 글을 모르고 가난한 사람이 많다는 점을 이용해 투표에 장벽을 만든 것이다. 문맹 검사의 읽기 쓰기 시험에 통과하지 못하거나 아예 시험에 응시하지도 못하는 흑인이 많았다. 투표세는 1인당 1~2달러 정도 매겼는데 지금 화폐 가치로는 20달러 정도이다. 투표권자가 한 가족 중에 너덧 명 있다면 10만 원 정도가 드는 셈이다. 요즘도 돈을 내고 투표하라고 하면 포기할 사람이 많을 텐데, 당시 가난했던 흑인이야 말할 것도 없었다.

그런데 이 제도 때문에 백인들 중에 가난하거나 글을 모르는 이들마저 투표를 못하게 되자 1866~1867년 이전에 투표권이 있던 사람(즉, 백인)의 후손에게는 문맹 검사나 투표세를 면제해 주었다. 이것이 바로 '할아버지 조항(grandfather clause)'이다. 투표권을 부여받았던 사람의 자손에게도 자동적으로 동일한 권리를 보장하겠다는 것이다. 이 조항은 1912년에 헌법에 위배된다는 판결을 받았다. 그러자 남부 백인들은 문맹 검사를 구두시험으로 바꾸어 흑인에게는 헌법 조항과 같은 어려운 문제를, 백인에게는 간단한 단어의 철자를 묻는 쉬운 문제를 출제하기도 했다.

흑인에게 투표권을 주지 않으려던 정책의 효과는 매우 컸다. 인종차별이 특히 심했던 미시시피, 루이지애나 등 미국 남부 지역에서는 한때 90%가 넘던 흑인 투표율이 문맹 검사와 투표세 때문에 1% 정도로까지 떨어졌다.

이러한 명백한 기본권 차별에 반대하여 1950~1960년대 미국에서는 흑인의 투표권을 회복하기 위한 민권 운동이 치열하게 벌어졌다. 1965년 3월, 앨라배마주에서 일어난 셀마-몽고메리 행진은 그 운동의 정점이었다. 이후 1965년 8월, 마침내 미국 연방정부 차원에서 흑인 투표권이 다시 인정되었다.

1870년에 이미 통과되었던 수정헌법 제15조를 구체화하여 인종이나 피부색을 이유로 미국의 모든 주와 지방정부가 선거 자격을 제한하거나 투표에 필요한 별도의 조건을 요구하지 못하도록 했다. 이로 인해 흑인들은 완전한 참정권을 보장받게 되었다.

토론으로 생각 넓히기

여성과 흑인의 투쟁을 다룬 두 영화

〈서프러제트〉와 〈셀마〉는 각각 여성 참정권과 흑인 참정권을 다룬 영화다.

〈서프러제트〉(2015)는 여성에게 투표권이 없던 시절, 세탁공장 노동자로 살아가는 평범한 영국 여성이 점차 참정권에 눈을 뜨는 과정을 그린 영화다. '서프러제트'는 참정권 획득 운동을 벌이는 여성을 가리키는 말이다. 아카데미 여우주연상을 두 번이나 받은 메릴 스트립이 이 영화에서 여성 참정권 운동가 에멀린 팽크허스트로 등장한다.

〈셀마〉(2014)는 1965년 미국에서 실질적으로 투표권을 보장받지 못하던 흑인이 참정권을 위해 투쟁하는 과정을 그린 영화다. 셀마는 미국 앨라배마주의 작은 도시로, 흑인 인구가 전체의 절반에 이른다. 마틴 루터 킹 목사는 셀마에서부터 몽고메리(앨라배마의 주도)까지 평화 행진을 하여 미국 전역이 흑인 참정권 문제에 주목하게 했다.

당시의 남성, 그리고 백인들은 왜 여성과 흑인이 투표권을 갖는 것에 반대했을까? 그것은 민주주의의 이념 중 어떤 것을 위배하는가?

우리나라의
민주정치,
어디까지 왔나?

대한민국 정부가 수립된 지 얼마 되지 않았을 때, 영국의 한 언론사가 한국의 민주주의에 대해 다음과 같은 전망을 내놓았다.

> 한국에서 민주주의를 기대하는 것은 쓰레기통에서 장미가 피길 바라는 것과 같다. 영국 《타임》(1951)

민주주의 초기에는 이 말이 맞다고 할 수밖에 없을 정도로 어두운 사건들이 많았다. 민주주의에 관한 경험과 역사가 짧았으니 어쩔 수 없는 시행착오였을 것이다. 수십 년이 지난 지금 우리나라의 민주주의는

《타임》의 예상과는 달리 많은 진전을 보였다. 그러나 가야 할 길은 여전히 멀다. 우리에게 아픔과 시련을 안겨준, 민주주의 발전에 걸림돌이 된 일들은 무엇이었을까?

역사에 오점을 남긴 부정선거

우리나라는 1948년 5월 10일에 처음으로 선거를 치른 이후, 대통령선거, 국회의원 총선거 등을 주기적으로 실시했다. 그런데 전부 공정하고 민주적이었던 것은 아니다. 표를 많이 얻기 위해 부정한 방법을 쓴 부정선거 사례가 적지 않았다. 부정선거는 민주주의의 기본인 선거를 왜곡하여 민주주의를 위협하는 최대 장애물 중 하나다.

1960년 3·15 부정선거

1960년 3월 15일 선거에서 당시 대통령이었던 이승만이 대통령에, 이기붕이 부통령에 압도적인 표차로 당선되었다. 그런데 이 결과가 부정선거에 의한 것임이 드러나 국민의 엄청난 분노를 일으켰다. 이는 4·19 혁명이 일어나는 계기가 되었으며, 훗날 국회에서 선거 무효를 의결할 만큼 악명 높은 부정선거였다.

3·15 부정선거에서 사용한 방식은 다음과 같다.

- **사전 위조 투표** : 미리 찍은 투표용지를 대량 준비해 놓았다가 투표함에 몰래 집어넣음.
- **3인조 투표** : 세 사람씩 짝을 지어 투표소에 들어가서 당시 대통령에

게 투표했는지 서로 확인(또는 감시)한 후에 투표함에 투표용지를 넣음.

- **선거 참관인 추방** : 선거가 공정하게 진행되는지 살피는 참관인을 강제로 투표소 밖으로 내보냄.
- **투표함 바꿔치기** : 당시 대통령을 찍은 투표용지로 투표함을 미리 채운 다음, 투표함을 개표소로 옮길 때 몰래 바꿈.
- **개표 조작** : 다른 후보를 찍은 표 뭉치의 맨 위와 맨 아래에 당시 대통령을 찍은 투표지를 씌워 그 뭉치 전체를 대통령을 찍은 표로 계산.

1967년 6·8 부정선거

1967년 6월 8일에 제7대 국회의원을 뽑는 총선거가 실시되었다. 선거 결과, 당시 박정희 대통령이 속한 민주공화당이 전체 175석 중 129석을 얻어 압승을 거두었다. 이 선거 역시 3·15 부정선거 못지않은 최악의 선거로 평가받는다.

6·8 선거에서는 특히 다음과 같은 문제점이 드러났다.

- **관권 선거** : 공무원들을 선거에 동원하여 대통령이 소속된 정당 후보에 유리한 환경을 만듦.
- **공개 투표** : 유권자들이 대통령이 소속된 정당 후보를 찍은 투표용지를 공무원이나 해당 정당의 당원에게 보여준 후 투표함에 넣음.
- **고의로 무효표 만들기** : 개표할 때 상대 정당 후보를 찍은 표가 나오면 손가락에 인주를 묻히고 그 투표용지를 만져서 무효표로 만듦.
- **개표 조작** : 개표 과정에서 숫자를 임의로 조작하다 보니, 일부 지역에서는 투표자 수가 유권자 수보다 많은 경우가 나타남.
- **올빼미 표** : 개표 도중에 갑자기 개표소의 불을 꺼 어둡게 한 다음,

대통령이 소속된 정당 후보의 표를 몰래 집어넣거나 상대방의 표를 훔침.

- **투표자 매수** : 주로 농민들에게 고무신, 막걸리 등을 주면서 대통령 이 소속된 정당의 후보를 찍도록 유도.

 부정선거는 독재를, 독재는 부정선거를 낳는다

누가 봐도 비상식적이고 비민주적인 이런 선거가 왜 반복되었을까? 당시 정치권력을 잡고 있던 세력은 권력에 맛을 들여 내려놓고 싶지 않았다. 그런데 국민의 뜻은 달랐기 때문에 부정선거가 아니고서는 권력을 잡을 수가 없었다. 부정선거는 결국 특정 세력의 독재를 유지하는 수단이었던 것이다.

독재는 민주주의 역사가 짧은 나라에서 자주 나타난다. 우리나라도 예외는 아니었다. 초대 대통령이었던 이승만 대통령이 12년간 집권했고 박정희 대통령은 18년간 집권했다. 물론 오랫동안 정권을 잡은 것 자체를 독재라고 할 수는 없다. 미국에서 유일하게 4번 당선된 루스벨트 대통령은 1933년부터 1945년까지 12년 동안 집권했다.

한 대통령이 여러 번 당선되는 것을 허용하는 선거 제도 아래에서, 현직 대통령이 높은 지지율을 계속 유지하면 장기 집권하는 경우도 생길 수 있다. 그런데 이승만, 박정희 대통령의 경우에는 많은 무리수를 두면서까지 정권을 연장했기 때문에 독재라는 비판을 받는다.

이승만 대통령 시절에는 1954년 '사사오입(반올림) 개헌'이라 불리는 코미디 같은 사건이 있었다. 당시 헌법에 따르면 우리나라 대통령은 두 번까지만 할 수 있었는데 이승만 대통령은 이미 두 번 당선된 상태였다. 그러던 중 초대 대통령의 당선 횟수를 제한하지 않는다는 헌법 개정안이 국회에 제출되었다. 이는 국민 다수의 뜻을 거스르는 것이었다.

이것이 국회를 통과하려면 국회 재적의원 수의 3분의 2를 넘는 찬성(136표) 표가 필요했는데 개표 결과 1표차로 부결되었다. 국회 재적의원 수 203명의 3분의 2는 135.333명이므로 136표 이상이 나와야 가결인데 135표가 나온 것이다. 당시 언론은 이 투표 결과를 두고 "민주주의의 승리"라며 축하했지만, 다음 날 반전이 일어났다. 이승만 대통령이 속해 있던 자유당이 사람에게 135.333명이라는 것은 있을 수 없고 그 숫자를 반올림하면 135이므로 찬성에 필요한 표는 135표라며 결과를 뒤집어 가결을 선포했다. 이로 인해 이승만 대통령은 이후 두 번이나 더 대통령에 당선될 수 있었다.

박정희 대통령도 당시 헌법이 허용하지 않았던 삼선(三選, 세 번 당선되는 것)을 위해 헌법을 개정하는 과정에서 민주적인 절차를 제대로 따르지 않았다. 국회의원들을 협박하거나 고문하기도 했으며, 국회 내 논의와 찬반 토론도 없이 개헌에 찬성하는 의원들만 모아 1969년 9월 14일 새벽 2시 50분에 국회 본회의장이 아닌 별관에서 단 2분 만에 헌법 개정안을 통과시켰다.

당시 워낙 급하게 표결하다 보니 국회의장이 의사봉을 미처 준비하지 못해 주전자 뚜껑으로 책상을 세 번 두드렸다는 일화도 있다. 1971년 선거에서 삼선에 성공한 박정희 대통령은 1972년 10월, 유신헌법을 통해 대통령직을 연임(연달아 맡는 것)할 수 있는 횟수 자체를 폐지하여 사실상 종신 집권 가능성까지 열어두었다.

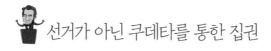 선거가 아닌 쿠데타를 통한 집권

쿠데타(coup d'État)는 프랑스어로 정부나 국가에 일격을 가한다는 뜻이다. 일반적으로 선거 같은 평화적 방법이 아니라 무력을 동원하여 강제로 정권을 빼앗는 것을 가리킨다. 이렇게 만들어진 정부는 선거를 통해 구성된 정부에 비해 정통성이 약한 것으로 본다.

박정희 대통령은 1960년 5·16 쿠데타를 통해, 전두환, 노태우 대통령은 1979년 12·12 쿠데타를 통해 집권의 계기를 마련했다. 물론 세 대통령 모두 쿠데타 이후에 대통령 선거를 치러 당선되기는 했지만, 선거 전부터 실질적으로 국가 권력을 장악한 상태였기 때문에 다른 후보들에 비해 압도적으로 유리했다.

특히 전두환 대통령은 국민의 직접선거가 아니라 선거인단에 의해 선출되었는데, 투표에 참여한 선거인단 2,525명 중 2,524명이 찬성했다. 이것은 선거라기보다는 대통령을 승인하는 형식적인 절차나 다름없었다.

세 군인 출신 대통령이 통치한 기간을 모두 합하면 32년(1961~1993년)이다. 대통령이 군인 출신이라는 것 자체는 문제가 아니다. 누구나 대통령 선거에 출마할 수 있기 때문이다. 문제는 그들이 정상적인 선거를 통해 평화적으로 정권을 획득하지 않았다는 점이다. 당시 그들은 많은 군인을 동원할 수 있는 높은 위치에 있었고 그 힘을 이용하여 정권을 잡았기에 우리나라 민주주의 발전을 저해했다는 평가를 받는 것이다. 또한 쿠데타라는 비정상적인 방법으로 집권했다는 점 때문에 집권 기간 내내 정통성이 부족하다는 비판을 받았다.

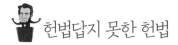

헌법답지 못한 헌법

헌법은 국민의 자유와 권리, 그리고 국가의 기본 골격을 담은 최고의 법이다. 민주주의 국가에서는 헌법의 내용과 권위를 매우 중요하게 생각한다. 그런데 한때 우리나라의 헌법이 헌법답지 못하다고 지적받은 시기가 있었다. 1972년에 만들어진 유신헌법은 세계적으로도 유례를 찾기 힘들 정도로 대통령에게 권한을 집중시킨 헌법으로 평가받는다. 주요 내용은 다음과 같다.

- 국회의원의 3분의 1을 대통령이 추천하여 간접선거로 선출
- 대통령에게 국회를 해산할 수 있는 권한 부여
- 대통령에게 모든 법관 임명권 부여
- 대통령 임기를 4년에서 6년으로 연장하고 당선 횟수 제한 폐지
- 대통령에게 헌법의 효력을 일시 정지할 수 있는 긴급조치권 부여

유신헌법은 1972년 국민투표에서 91.9% 투표율에 91.5% 찬성률로 통과되었다. 비민주적인 내용을 담고 있는데 어떻게 압도적인 지지를 받은 걸까?

일반적으로 헌법을 새로 만들려면, 우선 국민의 대표자로 구성된 국회에서 새 헌법을 심의하고 의결한 후 국민투표를 통과해야 한다. 그런데 당시에는 대통령에 의해 국회가 해산되어 없어졌기 때문에 대통령이 임명한 장관들이 참석하는 국무회의에서 헌법을 심의하고 통과시켰다. 그리고 곧이어 국민투표가 이루어졌다.

당시 박정희 대통령은 "만일 국민들이 헌법 개정안에 찬성해 주지 않

는다면 그것은 곧 남북대화를 원치 않는 것으로 간주하겠다"라고 말했다. 유신헌법은 남북통일을 위한 것이니 지지해 달라는 것이다. 유신헌법을 통과시키기 몇 달 전에 있었던 7·4 남북공동성명으로 남북통일 분위기가 조성된 상태였기 때문에 국민들은 이를 거스르기 어려웠다. 게다가 개정안에 반대하면 불이익을 받을 수 있다는 공포 분위기까지 있어서 반대표가 많이 나오지 않았다. 유신헌법은 1980년이 되어서야 개정되었다.

 시민의 힘을 보여준 4·19 혁명

우리나라 민주주의는 부정선거, 독재, 쿠데타, 비민주적인 헌법 등으로 시련을 겪기도 했지만, 한편으로 민주주의에 대한 시민들의 열망과 참여를 통해 조금씩 발전해 왔다.

1960년 4·19 혁명은 우리나라에서 최초로 독재 정권을 무너뜨린 시민 혁명이다. 그러나 희생자도 많았다. 경찰은 3·15 부정선거에 항의하며 이승만 정권의 퇴진을 외치는 시위대를 향해 총을 쏘았는데, 그 결과 185명이 사망하고 1,500여 명이 부상을 당했다. 그러자 더 많은 시민과 학생들이 분노하여 시위에 나섰고, 고등학생과 중학생, 심지어 어린이까지 참여했다. 4월 27일 마침내 이승만 대통령이 대통령직에서 물러나 미국 하와이로 망명했다.

4·19 혁명은 국민이 뽑은 대통령이라도 국민의 믿음을 저버릴 경우 국민의 뜻에 따라 물러날 수밖에 없다는 것, 즉 대한민국의 주권은 대통령이 아니라 국민에게 있음을 분명하게 보여준 사건이었다. 이는 한

국에서 민주주의가 시작된 지 불과 12년 만에 일어난 일로 신생 독립국에서 흔히 볼 수 없는 일이었다. 우리 헌법은 다음과 같이 4·19 혁명을 명시하여 그 정신을 기리고 있다.

유구한 역사와 전통에 빛나는 우리 대한국민은 3·1 운동으로 건립된 대한민국임시정부의 법통과 불의에 항거한 4·19 민주이념을 계승하고……(후략)

한국 민주주의의 전환점, 5·18 광주민주화운동

1979년 10월 박정희 대통령이 시해된 이후, 시민들은 유신 체제가 끝나고 민주주의가 찾아올 거라 기대했다. 그러나 같은 해 12월 12일 전두환, 노태우 장군 등이 쿠데타를 일으켜 권력을 장악했다. 광주민주화운동은 이에 맞서 민주주의를 지키고자 광주 시민들이 주축이 되어 벌인 저항이다.

그러나 광주 시민들의 시위를 진압하는 데 경찰이 아니라 군인이 투입되었다. 나라를 지키고 국민을 보호해야 할 군인들이 자국 시민들을 향해 총을 쏘는 비극이 일어난 것이다. 군인들의 총격과 진압으로 인해 공식 사망자 165명, 부상 후유증으로 인한 사망자 376명, 행방불명 76명, 부상자 3,200여 명이 나오는 등 피해가 매우 컸다.

2011년 5월 25일, 5·18 광주민주화운동 기록물은 유네스코 세계기록유산으로 등재되었다. 우리나라의 현대사 관련 자료로는 최초로 유네스코에서 그 가치와 중요성을 인정받았다. 유네스코는 5·18 광주민주화

운동을 한국 민주주의와 인권의 성장을 가져온 전환점으로 평가한다. 이는 아시아 많은 나라의 민주화에는 물론이고 세계적으로도 큰 의미를 갖는다.

성숙한 민주주의에 대한 열망, 촛불집회

촛불집회는 시민들이 광장이나 거리에서 촛불을 들고 어떤 주장을 펼치는 정치적 의사표현이다. 외국에서 오래전부터 비폭력적이고 평화적인 시위 방식으로 쓰였는데, 특히 1988년 슬로바키아 시민들이 체코슬로바키아로부터 독립을 요구하며 촛불을 든 이후 널리 대중화되었다.

우리나라에서는 2002년 미군 장갑차에 의해 사망한 여중생 추모를 위한 촛불집회, 2004년 노무현 대통령 탄핵 반대를 위한 촛불집회, 2008년 미국산 쇠고기 수입 반대를 위한 촛불집회, 2016~2017년 박근혜 대통령 탄핵 촉구를 위한 촛불집회 등을 대표적인 사례로 꼽을 수 있다. 촛불집회는 선거가 아니더라도 시민들이 자신의 목소리를 직접, 그리고 언제든지 표출할 수 있음을 보여주는 사례다. 이는 단지 상징적인 의미를 넘어 국가의 중요한 의사 결정에 영향을 미치기도 한다.

우리나라의 촛불집회는 특히 평화적이고 질서 정연하다고 알려져 있다. 수십만 명이 도심 한복판에서 서너 시간 동안 집회를 가졌는데도 사고, 절도, 폭력 같은 사건은 물론이고 쓰레기도 거의 나오지 않는다는 점에 해외의 많은 언론이 주목했다.

『정의란 무엇인가』라는 책으로 잘 알려진 하버드대학교의 마이클 샌델 교수는 2016년 촛불집회를 "성숙한 민주주의에 대한 한국 국민들의 열망"이라고 높이 평가하면서, 참여 민주주의의 새로운 모습을 보여주는 한국을 민주주의 선진국이라는 서구 국가들이 오히려 배워야 한다고 말했다.

 선거를 통해 평화적으로 정권을 교체하다

1948년 대한민국 정부 수립 이래, 49년이 넘는 기간 동안 우리나라에서는 사실상 하나의 정당과 세력이 계속 정권을 잡았다. 그동안 대통령들이 속한 정당의 이름이 다 같았던 것은 아니다. 하지만 이승만, 박정희, 전두환, 노태우, 김영삼 대통령은 사실상 비슷한 역사와 이념을 가진 정당에 속해 있었고 계속해서 그 정당이나 세력의 후보가 대통령에 당선되어 왔다.

그러다 1997년 12월 18일에 실시한 15대 대통령 선거에서 처음으로 정권 교체가 이루어졌다. 정권 교체란 단순히 대통령이 A에서 B로 바뀌는 것이 아니라, 정권을 잡은 정당과 세력이 바뀌는 것을 뜻한다. 쿠데타나 암살이 아닌, 선거를 통한 평화적 정권 교체는 민주정치에서 매우

중요한 요소다.

10년 후인 2007년 12월에 이명박 대통령이 당선됨으로써 정권이 다시 교체되었고, 10년 후인 2017년 5월에 문재인 대통령이 당선되면서 또다시 정권 교체가 일어났다. 이처럼 정권 교체가 반복적으로 일어났다는 점, 그것이 선거를 통해 평화적으로 이루어졌다는 점 때문에 우리나라의 민주정치는 제도의 안정성 측면에서 높은 평가를 받고 있다.

 한국 민주주의 수준에 대한 세계의 평가는?

세계무역기구(WTO)의 2016년 자료를 보면, 우리나라는 국내총생산(GDP) 세계 12위, 수출액 8위, 무역 규모 8위 등으로 경제 강국이다. 그렇다면 민주주의에 대한 평가는 어떨까?

영국 주간지 《이코노미스트》 산하 이코노미스트 인텔리전스 유닛의 조사에 따르면 선거 과정과 다원성, 정부 기능, 정치 참여, 정치 문화, 시민 자유 등 5개 부분 평가에서 한국은 2015년 7.97점을 받아 이전의 '완전한 민주주의'에서 '미흡한 민주주의' 수준으로 하락했고 2016년에도 7.92점에 머물렀다.

미국의 국제인권단체인 프리덤 하우스(Freedom House)는 매년 각국의 언론 자유 정도를 평가하는데, 언론 자유는 민주주의에서 매우 중요한 부분을 차지한다. 우리나라는 2010년까지 언론 자유국에 속했으나 2011년부터 '부분적 언론 자유국'으로 강등되어 2017년까지 이어졌다.

당시 프리덤 하우스는 한국을 이렇게 평가했다. "언론 기사 검열과 뉴스와 정보에 대한 정부 개입이 확대됐으며, 최근 몇 년간 온라인에서 정부에 반대하는 입장의 글이 삭제됐고, 정부가 주요 방송사의 경영에 개입했다."

한편, 민주주의의 역사는 짧지만 상당한 발전을 했다는 평가도 있다. 정치학자 새뮤얼 헌팅턴이나 래리 다이아몬드도 한국의 민주주의 발전 정도를 높이 평가했다. 이는 과거의 권위주의 방식을 점차 벗고 민주주의 체제로 조금씩 안착되어 가는 과정과 맥락을 중시한 것으로 볼 수 있다.

평가를 종합해 볼 때 우리나라의 민주주의는 성과도 있지만 아직 많은 과제를 안고 있음을 알 수 있다. 평화적 정권 교체 같은 절차적 민주주의가 비교적 잘 실현되고 있긴 하지만, 한편으로는 언론의 자유와 표현의 자유 등 풀어야 할 문제도 적지 않다. 보다 높은 수준의 민주주의를 누리기 위해서는 이러한 문제점을 극복하기 위한 노력이 계속되어야 한다. 다음의 말로 한국 민주주의의 미래에 희망을 품어보자.

민주주의는 정지된 것이 아니라 영원히 계속되는 행진이다.
—프랭클린 루스벨트

'촛불한류', 자랑스러워해야 하나 부끄러워해야 하나?

2017년 3월 10일 헌법재판소에서 현직 대통령의 파면을 결정했다. 이는 대한민국 수립 이후 최초의 사건으로 국내외에 큰 충격을 주었다. 대통령 탄핵은 국회와 헌법재판소가 결정하지만, 그 시작부터 끝까지 1,000만 명이 넘는 시민이 촛불집회에 참가하면서 탄핵을 지지하는 강한.여론을 보여 주었기 때문에 가능한 일이었다.

일부 국내외 언론은 이를 가리켜 '촛불 시민혁명', '한국판 명예혁명'이라고 부르며 찬사를 보냈다. 아직 민주주의의 기반이 약한 아시아와 남미 국가들에 촛불집회를 전파하여 민주주의를 확산하자는 '촛불한류' 주장이 제기되기도 했다.

한편으로는 시민들이 촛불집회를 통해 대통령을 물러나라고 하는 모습이 꼭 자랑스러운 일은 아니라는 목소리도 있다. 굳이 촛불을 들고 나서지 않아도 민주주의가 잘 운영되는 나라들도 많은데, 대표자들을 놔두고 시민이 직접 나서는 것은 비효율적이라는 것이다.

우리나라의 촛불집회, 성숙하고 수준 높은 시민의식의 표현일까, 아직 불안정한 민주 국가임을 보여주는 사례일까?

20세기 국민을 구한 두 영웅

비폭력 저항 운동의 선구자
마하트마 간디
Mohandas Karamchand Gandhi, 1869~1948

간디는 인도의 정치인이자 독립운동가, 법률가로 흔히 '마하트마' 간디(마하트마는 '위대한 영혼'이라는 뜻이다)로 알려져 있다. 그는 1930년 《타임》지가 선정한 올해의 인물이자, 20세기의 가장 영향력 있는 인물 100인 중의 한 명으로 영국에 저항하며 인도의 독립운동을 이끌었다.

간디는 영국에서 법학을 공부하고 인도에서 변호사 생활을 했다. 그러나 너무 내성적이라 법정에서 말을 제대로 하지 못해 유능한 변호사로 인정받지는 못했다. 또한 간디는 남아프리카공화국에서 1년 정도 생활했는데 이곳에서의 경험은 그가 독립운동에 헌신하게 된 계기가 되었다. 남아프리카공화국에서 영국 출신 백인들이 식민지의 흑인을 차별하는 모습을 보고, 인도에서 비슷한 고통을 받고 있는 동포들을 위해 독립운동을 하기로 결심한 것이다.

1894년부터 본격적으로 정치활동을 시작한 간디는 이후 인도의 독립운동에 헌신했다. 제1차 세계대전 중에 영국은 인도가 영국을 지지해 주면 인도의 독립을 보장하겠다고 약속했다. 그런데 전쟁이 끝난 후에도 영국이 약속을 지키지 않았다. 그러자 간디는 인도인에게 영국 상품 불매, 세금 납부 거부, 공직 사퇴 등의 방법으로 영국에 저항하자고 호소했다. 이것이 바로 비폭력, 비협력 저항 운동이다.

간디의 비폭력 운동 중에 '소금 행진'이라는 것이 있다. 영국 정부는 인도에서 소금을 만들지 못하도록 규제하고 대신 영국산 소금을 사먹게 했다. 그러면서 영국산 소금 40킬로그램당 1루피씩 세금을 부과했다. 간디는 이에 반대하며 61세의 나이에 400킬로미터 가까운 길을 걷는 소금 행진에 나섰다. 간디의 주장에 호응하며 행진을 함께한 사람들의 줄이 3킬로미터 넘게 이어졌다.

소금 행진 끝에 바닷가에 도착한 간디는 법에 저항하여 일부러 직접 소금을 만들었다가 체포당했다. 1930년 3월 12일부터 4월 6일까지 이어진 소금 행진은 인도 내에서는 물론 세계적으로도 큰 화제가 되었고 인도의 비폭력 독립운동을 상징하는 중요한 정치적 사건 중 하나로 기록되었다.

간디는 감옥에 갇혔을 때 산업국가 영국의 공장제 수공업에 저항하는 의미로 전통적인 가내 수공업을 상징하는 물레를 돌려 옷을 만들어 입기도 했다. 이 또한 영국에서 수입한 옷감 대신 인도산 옷감을 이용함으로써 경제적 독립을 추구하겠다는 의지를 담고 있었다.

간디의 주도하에 꾸준한 독립운동을 벌인 결과, 1947년 8월 15일 인도는 마침내 영국에서 독립했다. 간디는 독립한 지 얼마 되지 않은 시점인 1948년 1월 30일, 힌두교 무장단체 일원에게 암살당했다. 인도 내의 힌두교와 이슬람교 간의 극심한 종교 갈등이 낳은 비극이었다.

힌두교계에서 간디는 유교 문화권의 공자에 비견될 정도로 영향력이 큰
인물이다. 인도의 모든 지폐에는 간디의 얼굴이 들어가 있을 정도로 국부
로 존경받는다. 그는 '사티아그라하(진리의 힘)' 사상으로도 유명한데, 이는
타인에 대한 비폭력을 바탕으로 자발적인 자기희생, 평화, 정직, 평등을 강
조하는 사상이다.

간디의 비폭력 저항 운동은 다른 나라의 독립운동과 미국 흑인의 민권
운동, 아프리카 인권운동에도 큰 영향을 미쳤다. 간디가 비폭력 대신 급진
적이고 폭력적인 독립운동을 했다면 인도가 더 빨리 독립할 수도 있었다고
비판하는 사람들도 있다. 그러나 만일 그랬다면 세계적인 지지를 얻지는
못했을 것이라고 보는 시각이 많다. 폭력을 쓴다면 주장이 옳건 그르건 정

당성과 도덕성 논란을 일으킬 가능성이 크기 때문이다.

히틀러에 맞서 영국을 구한,
영국이 사랑하는 영웅
윈스턴 처칠
Winston Leonard Spencer Churchill, 1874~1965

처칠은 두 번에 걸쳐 약 9년 동안 영국의 총리를 지낸 정치가다. 그는 유명한 정치가 집안에서 태어났다. 7대 선조는 영국 총리였고 할아버지는 아일랜드 총독을 지냈으며 아버지는 영국 재무장관이었다. 처칠도 제1차 세계대전 당시 해군장관을 맡았고 이후에도 상무성, 내무성, 탄광, 식민지 국무, 재무성, 국방부 장관 등을 거쳤다. 또한 랭커스토 공작령에서 대법관직을 맡은 적도 있다.

영국 총리를 두 번이나 지낸 처칠은 2003년 영국의 공영방송 BBC가 약 100만 명을 대상으로 진행한 설문조사에서 셰익스피어, 뉴턴, 다윈 등을 제치고 '역사상 가장 위대한 영국인' 1위에 올라 세상을 놀라게 했다.

처칠은 영국뿐 아니라 세계적으로도 영향력이 큰 정치인이었다. 특히 제2차 세계대전 당시 독일 나치로부터 영국을 비롯한 유럽을 구하고 아울러 민주주의를 지켜낸 업적으로 높이 평가받는다.

그는 제2차 세계대전 전시(戰時) 총리로 취임하면서 다음과 같은 연설을 했다. "이 자리에서 말씀드리고자 합니다. 제가 여러분께 드릴 수 있는 것은 피와 수고와 눈물, 땀뿐입니다. 우리 앞에는 매우 고통스러운 시험이 놓여 있습니다. 우리가 취할 방법은 신이 주신 모든 힘을 가지고 저 극악무도한 폭력에 맞서 싸워 이기는 것입니다. 승리 없이는 생존도 없습니다."

독일군의 공습에 맞서 영국군을 지휘할 당시에는 국민의 사기를 높이기 위해 이렇게 말했다고 한다. "내가 만약 죽는다면 독일군은 내 시체를 총리 집무실 의자에서 찾을 것이다."

그는 독일군이 런던을 공습하는 중에도 피하지 않고 런던에 머물면서 전쟁을 지휘했다. 영국 국민들은 나치에 굴복하지 않고 당당했던 처칠의 이러한 모습을 자랑스러워하고 사랑하는 것이다.

처칠의 인기와 관련해서 재미있는 일화가 있다. 그가 정계에서 은퇴한 후 80세를 맞자 누가 80세 생일을 축하하는 카드를 보냈다. 그런데 주소를 넣는 칸에 받는 사람의 이름과 주소는 없고 "살아 있는 사람 중 가장 위대한 영국인에게"라고만 써 있었다. 그런데도 우편배달부는 받는 사람이 누구인지 알아차리고 그 카드를 정확하게 처칠에게 배달했다.

처칠이 총리로 재임하던 시기에 〈베버리지 보고서〉가 발간된 일도 빠뜨릴 수 없다. 이 보고서는 제2차 세계대전 중에 영국 국민들에게 희망을 주기 위해 흔히 '요람에서 무덤까지'로 알려져 있는 복지국가 건설의 청사진을 제시한 것이다. 한편, 그는 문학에도 일가견이 있어서 1953년 『제2차 세계대전』이라는 제목의 회고록으로 노벨 문학상을 수상하기도 했다.

3장
건강한 민주정치를
이루기 위한 시스템들

　과거에는 성군(聖君)이라 불리는 훌륭한 임금이 나라를 다스리면 백성은 편안함을 누렸다. 그런데 그런 시절이 다음 임금까지 이어지지 못하는 이유는 무엇이었을까? 당시에는 일정한 시스템보다는 임금 개인의 성격이나 통치 스타일이 백성의 삶에 큰 영향을 미쳤기 때문이다.

　민주정치는 어느 훌륭한 지도자의 선량한 마음에 의존하지 않는다. 지도자의 자질도 물론 중요하지만, 그것만을 100% 신뢰하지는 않는다. 그에 상관없이 민주주의가 지속되려면 일정한 장치가 필요하다. 다양한 장치들의 어울림 속에서 어떻게 민주정치가 유지되고 있는지 알아보자.

견제와 균형으로
권력을 나눈다

어느 나라 공주가 큰 병에 걸렸다. 하루 빨리
치료하지 않으면 곧 죽게 될 상황이었다. 그러나 아무리 좋은 약을 먹어
도 낫지 않자, 왕은 공주의 병을 고치는 사람이 있으면 그와 공주를 결
혼시키고 왕의 자리도 물려주겠다고 알렸다.

그 나라의 어느 시골에 삼형제가 살고 있었는데 이들은 보물을 하나
씩 가지고 있었다. 큰형은 까마득히 먼 곳도 잘 볼 수 있는 천리경을, 둘
째형은 어디든 금방 날아갈 수 있는 융단을, 셋째는 무슨 병이라도 낫게
하는 사과를 가지고 있었다. 첫째의 천리경을 통해 이 소식을 알게 된 삼
형제는 둘째의 융단을 타고 공주가 있는 곳으로 순식간에 날아갔다. 그
리고 공주에게 셋째가 가지고 있던 사과를 먹여 병을 낫게 해주었다.

공주의 병이 나아 기뻤지만 왕은 곧 고민에 빠졌다. 삼형제 중 누구에게 왕위를 물려주어야 할까?

이는 『탈무드』에 나오는 이야기다. 이야기 속에서는 사과를 준 셋째가 왕위를 물려받는다. 형들은 공주의 병이 나은 후에도 여전히 보물을 가지고 있지만, 셋째는 사과를 공주가 먹어버려서 더 이상 갖고 있지 않기 때문이라는 게 왕의 설명이었다. 형들 입장에서는 좀 억울할 만하다. 물론 사과 덕분에 공주의 병이 나은 것이고 이제는 사과가 없다는 왕의 말도 맞다.

그러나 만약 첫째의 천리경이 없었으면 공주가 아프다는 사실과 공주의 병을 고쳐주면 왕위를 물려받는다는 소식을 알 수 없었을 것이다. 그 소식을 알았다 해도 둘째가 가진 융단을 타고 금방 날아가지 못했다면 공주는 진작에 죽었을 것이다. 그러고 보면 셋 중 어느 하나가 더 중요하다고 말하기가 쉽지 않다.

 입법·행정·사법의 권력을 나누는 이유

민주정치에서 입법부, 행정부, 사법부의 관계도 형제들의 보물과 비슷하다. 법률을 만드는 입법부, 이를 집행하는 행정부, 법률을 적용하는 사법부 중에서 어느 하나가 가장 중요하다거나 우월하다고 말하기 어렵다. 셋 중 하나만 제대로 작동하지 못해도 민주주의는 휘청거리기 때문이다.

민주주의는 국민의 뜻에 따라 만들어진 법과 제도에 의해 작동하는데, 애초에 법 자체가 국민의 뜻을 반영하지 못한다면 아무리 훌륭한 대통령과 재판관이 있다 해도 소용이 없을 것이다. 반대로 절차에 따라 법을 잘 만들었다 해도 그 법을 가지고 정책을 만들고 집행하는 사람들이 일을 제대로 하지 못한다면 좋은 법도 무용지물이다. 법도 잘 만들고 집행도 잘 했는데, 분쟁이나 범죄 등에 법을 아무렇게나 적용한다면 아무도 법을 지키려고 하지 않을 것이다.

입법 권력, 행정 권력, 사법 권력이 특정 개인이나 집단에 집중되어 있다면 어떨까? 한 사람이 법을 만들고 그에 따라 정책도 집행하고 재판도 한다면? 어쩌면 빠르게 의사 결정을 할 수 있으니 효율적일 수도 있다. 그러나 아무도 정치권력을 견제하고 감시하지 않기 때문에 독재와 부패로 이어지기 쉽다. 그러한 권력은 정당성을 인정받을 수 없다.

민주주의 국가에서는 그런 상황을 막기 위해 정치권력을 여러 주체에게 나누어 맡기는데 이를 권력 분립이라고 한다. 권력 분립은 견제와 균형의 원리로 실현한다. 입법, 행정, 사법 각 권력을 행사하는 주체는 자신의 고유한 권력을 행사함과 동시에 다른 주체에 대한 감시와 견제 기능도 수행한다. 이를 통해 국가의 정치권력이 특정 기관에 의해 남용되지 않고 균형 있게 행사될 수 있다. 이렇게 권력을 나누는 궁극적인 목적은 시민의 자유와 권리 보장이다.

 권력 분립론은 언제 시작되었을까?

권력 분립론의 뿌리는 그리스 역사가 폴리비오스에게서도 부분적으로 찾아볼 수 있다. 그가 권력 분립을 직접 주장하지는 않았지만, 이상적인 정치 체제로 군주정, 귀족정, 민주정의 혼합 형태를 제시했다. 그는 로마의 집정관에서 군주정과 행정의 요소를, 원로원과 민회에서 귀족정·민주정 및 입법의 요소를 발견했다.

근대적 의미에서 권력 분립은 영국의 명예혁명 이후 로크가 최초로 주장했다. 로크는 입법권은 의회가, 집행권과 동맹권(외교권)은 왕이 갖는 이권 분립론을 주장했다. 이는 의회의 기능이 강조된 영국의 정치 상황을 반영한 것이다.

프랑스의 몽테스키외는 삼권 분립론을 주장했다. 그는 저서 『법의 정신』에 다음과 같이 기술했다. "모든 권력에는 입법권, 집행권(행정권), 재판권(사법권)이 있다. 한 사람에게 입법권과 집행권이 모두 주어지면 사람들은 자유를 누릴 수 없다. 군주나 의회가 폭압적인 법을 만들고 집행할 우려가 있기 때문이다. 재판권이 입법권과 집행권으로부터 분리되어 있지 않을 때 역시 자유가 존재하지 않는다. 재판권이 입법권과 결합하면 권력을 가진 자가 마음대로 시민의 생명과 자유를 침해할 것이기 때문이다."

이러한 주장을 반영한 실제적인 삼권 분립은 미국의 이른바 '건국 아버지들'에 의해 실현되었다. '건국 아버지들'이란 미국 독립선언과 관련된 초창기 대통령과 정치인을 가리킨다. 이들은 입법권을 가진 연방의회(상원·하원), 행정권을 가진 대통령과 연방정부, 사법권을 가진 연방대법원을 설치했다.

 ## 우리나라는 어떻게 권력 분립을 실현할까?

우리나라에서는 국회, 행정부, 법원이 각각 입법 권력, 행정 권력, 사법 권력을 행사한다. 각 기관은 나머지 두 기관을 견제하고 감시할 수 있는 권한을 가지고 있다. 다음 도표를 살펴보자.

입법부인 국회가 어떤 법률안을 국회 재적 의원 과반수의 출석과 출석 의원 과반수의 찬성으로 통과시켰더라도 대통령이 거부할 수 있다. 그런 일이 자주 생기는 건 아니지만 일단 대통령이 거부권을 행사하면 재적 의원 과반수의 출석과 출석 의원 3분의 2 이상이 찬성해야 그 법률이 확정된다.

사법부는 국회에서 만든 법률이 우리나라 최고 법인 헌법을 위반하는지 여부를 판단해 달라고 헌법재판소에 요청할 수 있다. 법원은 국회가 만든 법을 적용해 재판을 하는데, 만일 법 자체가 헌법을 위반한다

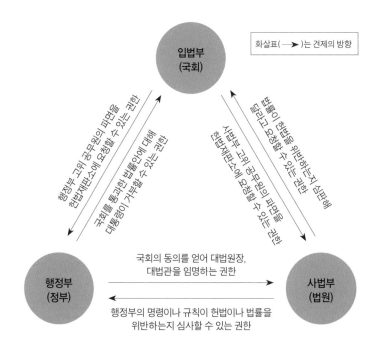

입법부·행정부·사법부의 삼권 분립

면 공정한 재판을 할 수 없기 때문이다. 국회는 행정부와 사법부의 고위 공무원이 헌법과 법률을 위반했을 때 그를 파면하도록 헌법재판소에 요청할 수 있다.

대통령은 대법원장과 대법관을 임명하는데, 이때 국회의 동의를 얻어야 한다. 또한 법원 중에서 가장 상급 법원인 대법원은 행정부의 명령이나 규칙이 헌법이나 법률을 위반하는지 심사할 권한을 갖는다.

이 외에도 세 기관이 서로를 견제하고 감시하는 여러 가지 기능이 있다. 이는 궁극적으로 국민의 기본권을 보장하고 민주주의를 확립하기 위해서이다.

 ## 사법부의 독립, 어떻게 이루어낼까?

앞의 도식에서 보듯이 사법부의 수장인 대법원장과 대법원 판사인 대법관은 대통령이 국회의 동의를 얻어 임명한다. 대법원장과 대법관은 대통령이나 국회의원과 달리 국민에 의해 선출되는 권력이 아니라는 점에서 어느 정도 견제가 필요하기 때문이다. 그렇다면 사법부의 독립은 어떻게 가능할까?

사법부의 독립을 위해서는 크게 두 가지가 중요하다. 첫째, 법원의 독립이다. 그러자면 우선 입법부와 행정부로부터 독립적이어야 한다. 대법원장과 대법관 임명 이외의 법원 조직 구성이나 운영에 대통령이나 국회의원이 관여해서는 안 된다. 그 외 다른 사회 조직(정당, 기업, 언론, 시민단체 등)으로부터의 독립도 필요하다.

둘째, 법관의 독립이다. 법관은 그 누구에게도 간섭받아서는 안 된다.

예를 들어, 지방법원 판사가 고등법원 판사나 대법원의 지시를 받아 판결하거나, 후배 판사가 선배 판사의 눈치를 보며 재판해서는 안 된다. 우리나라 헌법 제103조는 "법관은 헌법과 법률에 의하여 그 양심에 따라 독립하여 심판한다"라고 규정한다.

한 걸음 더 나아가기

호통치는 국회의원의 모습은 권력 분립의 상징일까?

TV 뉴스에서 종종 국회의원들이 장관을 국회에 불러놓고 큰 소리로 나무라며 면박 주는 모습을 볼 수 있다. 장관이라는 높은 지위에 있는 사람이 국회의원들 앞에서 답변을 하면서 쩔쩔 매기도 하고 때로는 사과를 한다. 왜일까?

그것은 국회의 성격과 관련이 깊다. 국회는 국민의 직접선거를 통해 구성된 국민의 대표 기관이다. 그에 비해 행정부의 장관은 대통령이 임명한 사람으로 해당 부서 업무를 책임지는 사람이다. 우리나라 헌법은 국회에 '국정감사권'을 부여하여 행정 기관이 업무를 잘 수행하고 있는지 확인할 수 있도록 한다. 그러므로 국회의원이 장관을 불러다가 그 업무에 대해 조목조목 따져 묻는 것은 권력 분립을 실현하는 사례라고 할 수 있다.

그렇기는 하지만…… 지금보다는 좀 더 점잖게 따져 묻는 게 더 좋지 않을까?

나라마다 제각각인 정부의 모습들

우리나라 ○○○ 대통령은 15일 밤 워싱턴 D.C.에 도착해서 16일 미국 △△△ 대통령과 정상회담을 가졌습니다. 19일 귀국에 앞서 18일에는 일본 도쿄에서 ◇◇◇ 총리와도 정상회담을 가질 예정입니다.

우리나라 대통령이 해외에 나가 정상회담을 했다는 뉴스다. 그런데 나라마다 정상회담 파트너의 직함이 다르다. 미국에 가면 미국 '대통령'을 만나는데, 일본에 가면 일본 '총리'를 만난다. 우리나라에도 국무총리가 있지만, 우리나라 총리와 일본 총리가 만나는 것을 정상회담이라고 하지는 않는다. 왜일까? 바로 나라마다 정부 형태가 다르기 때문이다.

정부 형태는 입법부와 행정부의 관계에 따라 크게 의원내각제와 대통령 중심제로 나눌 수 있다. 대통령 중심제는 의원내각제에 비해 입법부와 행정부 구분이 명확하다. 그리고 어느 경우든 사법부의 독립을 엄격하게 보장한다.

 ## 의회가 행정부를 만드는 의원내각제

정식 명칭은 의회 정부제인데 우리나라에서는 의원내각제나 내각책임제 혹은 간단히 '내각제'라고도 부른다. 의원내각제에서는 총리나 내각*의 장관이 되려면 먼저 국회의원이 되어야 한다. 의회 정부제라는 명칭은 이처럼 국회의원으로 행정부를 구성하는 특징을 나타내는 것이다.

의원내각제는 입법부와 행정부 사이가 상대적으로 긴밀하다. 의회에서 가장 많은 의석을 가진 정당을 중심으로 행정부가 구성되기 때문이다. 의원내각제에는 대통령 중심제와 달리 행정부의 최고 책임자를 뽑는 선거가 따로 없다. 대신 의회 선거 결과를 바탕으로 총리를 비롯한 행정부를 구성한다. 총리가 행정부와 입법부를 모두 이끄는 셈이다.

의원내각제에서는 의회의 과반을 차지하는 다수당 혹은 다수당과 연합한 세력의 대표가 총리가 된다. 의회의 다수 세력을 중심으로 행정부를 구성하기 때문에 내각은 의회에 책임을 진다.

만약 내각이 역할을 제대로 수행하지 못하면 의회는 그 책임을 물어 내각을 불신임하여 물러나게 할 수 있다. 내각의 수반인 총리는 의회를 해산하고 선거를 다시 치르게 할 권한을 가지고 있다.

의원내각제는 의회(입법부)와 내각(행정부)이 사사

> **내각**
> 국가의 행정 기능을 담당하는 기관으로서 국무총리, 장관 등의 집합체를 가리킨다. 각료는 내각을 구성하는 각 부의 장관을 가리킨다.

건건 대립하기보다는 다수당을 중심으로 긴밀하게 협력한다는 장점이 있다. 총리와 내각이 다수당이나 연합 세력에서 나왔기 때문에 내각이 추진하는 법안이 의회에서 빠르게 통과될 수 있기도 하다.

또한 대통령 중심제에 비해 상대적으로 독재가 덜 일어나는 편이다. 제2차 세계대전 이후에 독립한 국가들 중 다수가 의원내각제를 택했는데 대통령 중심제를 택한 나라들에 비해 전반적으로 독재가 덜한 것으로 평가받고 있다.

반면 의회 권력이 행정 권력을 구성하기 때문에 권력 분립이 뚜렷하게 이루어지지 않아 의회가 행정부에 개입할 여지가 높다. 또한 정치적 변화에 신속하게 대응한다는 이유로 의회를 자주 해산하거나 내각이 자주 교체되면 정국이 혼란스러워질 수도 있다.

의회에서 단독으로 과반수를 차지하는 정당이 없으면 몇몇 정당들이 연립정권을 구성하는데, 만약 그 정당들 간에 이견과 대립이 심해지면 머지않아 정권이 무너지고 선거를 다시 해야 한다. 그러면 몇 년에 한 번 정도가 아니라 1년에도 몇 번이나 선거를 치러야 할 수도 있다.

다수당이 아니라 소수당이 일종의 '횡포'를 부릴 위험도 있다. 예를 들어 정당이 A, B, C 3개 있는데 선거 결과 의석 100개 중 A당이 48석, B당이 47석, C당이 5석을 얻었다고 하자. 실제 국민들에게 많은 지지를 받은 당은 A당과 B당이지만 둘 다 과반의석인 51석을 얻지 못했다. 이럴 때 A당과 B당이 연합할 수도 있지만, 두 당이 이념적으로 크게 다르면 두 당 중 하나가 C당과 연합하여 연립정권을 만들 가능성이 남는다. C당은 의석이 5석밖에 안 되지만, 자신이 어느 쪽으로 가느냐에 따라 A당 혹은 B당을 다수당 연합으로 만들 수 있으므로 오히려 주도권을 가지고 횡포를 부릴 수도 있다.

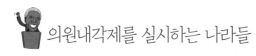

의원내각제를 실시하는 나라들

퀴즈 다음 중 세계 최초로 영국에서 시작된 것이 아닌 것은?
① 전화기 ② 현대 축구 ③ 증기 기관 ④ 의원내각제

답은 ①이다. 전화기를 발명하여 최초로 등록한 사람은 미국의 그레이엄 벨이다. 나머지 세 가지는 모두 영국에서 시작되었다. 영국은 한때 세계 영토의 4분의 1을 지배하여 '해가 지지 않는 나라'라고 불렸다. 그러한 명성에 걸맞게 학문, 기술, 문화예술 등에서 앞서 달려 나간 분야가 많다. 정치 제도(의원내각제)에서도 예외는 아니다.

영국은 의원내각제의 발상지로 불린다. 영국의 의원내각제를 웨스트민스터 시스템(웨스트민스터 정치 체제)이라고도 부르는데, 영국 정치에서 핵심적인 역할을 하는 의회가 웨스트민스터 궁전에 있기 때문이다.

영국은 의회 전체의 토론을 매우 중시한다. 그래서 총리가 의회에서 의원들과 치열하게 토론을 벌이는 모습을 흔히 볼 수 있다. 영국은 국왕이 하원의원 중에서 원내 1당의 대표를 총리로 임명한다. 총리는 장관을 임명하여 내각을 구성한다. 캐나다, 호주 등 영국연방에 속하는 나라도 비슷한 방식을 따르고 있다.

독일, 스웨덴, 스페인 등 유럽 국가들의 의원내각제는 격렬한 논쟁보다는 합의를 중시하는 편이다. 독일은 하원의원 선거가 끝나면 국가 원수인 대통령이 일반적으로 원내 1당의 대표를 총리 후보로 지명하고 하원이 신임투표를 하여 최종 결정한다.

우리나라 대통령이 영국이나 태국을 방문해서 정상회담을 하려면 누구를 만나야 할까? 영국에서는 여왕을, 태국에서는 왕을? 두 나라에서는 왕이 존경받는 국가 원수지만 실제로 정치권력을 행사하지는 않는다. 이처럼 군주(왕)의 존재는 인정하되, 헌법을 통해 군주의 권력을 제한하는 형태를 입헌군주정이라고 한다. 영국, 네덜란드, 호주, 태국, 일본 등은 의원내각제를 채택하면서도 입헌군주정을 취했다.

이들 나라에서 군주는 정치에 개입하지 않고 상징적인 지위만 갖는다. 절대적인 권력을 가지는 전제군주정과는 전혀 다른 것이다.

의원내각제 국가 중에 독일, 오스트리아, 인도, 싱가포르 등처럼 공화정을 취하는 나라도 있다. 공화정 국가에는 왕이 없다. 이런 나라에서는 왕이 아니라 국민 개개인에게 주권이 있음을 인정하고 국민의 합의에 따라 통치하는 방식을 지향한다.

의회와 행정부를 분리하는 대통령 중심제

대통령 중심제는 입법부와 행정부를 엄격하게 분리한다. 그래서 견제와 균형이라는 권력 분립의 원리에 더 충실하다는 평가도 있다. 입법부와 행정부가 분리되었다는 것은, 입법부(의회)를 구성하는 선거와 행정부의 최고 책임자를 뽑는 선거가 다름을 뜻한다. 행정부의 최고 책임자(대통령)를 의회 선거가 아닌 별도의 선거를 통해 선출하는 것이다.

대통령 중심제에서 대통령은 의회를 해산할 수 없고, 의회도 대통령이 구성한 내각을 불신임할 수 없다. 의원내각제처럼 내각을 물러나게 할 수 없다는 뜻이다.

의원내각제에서는 의회 다수당 혹은 다수당 연합의 대표가 총리가 되어 행정부를 이끈다고 했다. 그래서 소수당이 총리를 배출하는 경우는 드물다. 이에 반해 대통령 중심제에서는 소수당 소속은 물론 심지어 무소속 후보가 대통령이 될 수도 있다. 우리나라에서 무소속 후보가 대통령이 된 적은 없지만, 국회 제1당이 아닌 정당에서 대통령을 배출한 경우는 몇 차례 있었다(1997, 2002, 2007년).

대통령 중심제에서는 일정한 임기 동안 대통령의 행정권이 보장되기 때문에 그동안 대통령이 안정적으로 국정을 이끌 수 있다. A당이 국회에서 가장 많은 의석을 가지고 있는데, A당 소속 후보가 대통령 선거에서도 이겼다고 가정해 보자. 그러면 A당은 대통령이 성공적으로 행정을 이끌 수 있도록 협력하고 지원한다.

그런데 얼마 후 치른 국회의원 선거에서 B당이 국회의 과반수를 차지하며 제1당이 되었다고 해보자. 그렇다고 행정을 담당하는 권력이 B당으로 넘어갈까? 아니다. 전에 비해 B당의 목소리가 높아질 수는 있어도 행정을 담당하는 주체는 여전히 A당 소속 대통령이다.

대통령 중심제에도 물론 단점이 있다. 대통령이 소수당에 속해 있는 경우 다수당과 갈등을 겪는 경우가 많다. 또한 대통령이 국정 운영을 잘못하더라도 임기가 보장된 대통령을 함부로 교체할 수 없기 때문에, 임기가 끝날 때까지 기다려야 한다.

대통령 임기 말에는 이른바 '레임덕(lame duck)' 현상도 일어난다. 레임덕은 뒤뚱거리며 걷는 오리로, 현직 대통령의 임기 말에 대통령의 명령이 힘을 잃는 현상을 가리킨다. 다른 정당으로의 정권 교체를 앞두고 있는 경우에는 더 심하다. 이보다 더 극심하게 대통령의 권위가 땅에 떨어지면 데드덕(dead duck, 죽은 오리)이라는 말을 쓰기도 한다.

대통령 중심제의 문제점을 지적하는 표현 중에 '제왕적 대통령'이라는 말이 있다. 제왕은 과거에 막강한 권력을 휘두르던 황제와 왕이다.

대통령은 왕처럼 세습된 게 아니라 국민이 선출한 사람이지만 때로는 왕 못지않게 군림하기도 한다. 그래서 대통령에게 권력이 지나치게 집중되면 독재가 일어나기도 하는 것이다.

실제로 민주주의 초기에 있던 대통령 중심제 국가에서 독재가 일어난 일이 많다. 남아메리카의 칠레, 멕시코, 페루, 아프리카의 이집트, 아시아의 인도네시아, 필리핀, 한국 등이 그러했다.

대통령 중심제를 실시하는 나라들

퀴즈 다음 중 미국에는 있고 영국에는 없는 것은?
① (여)왕 ② 총리 ③ 상원 ④ 대통령

답은 ④이다. 미국에는 왕도 없고 총리도 없다. 의회는 두 나라 모두 상원과 하원으로 나뉘어 있다. 미국은 영국과 달리 대통령이 행정부를 이끈다.

할리우드 영화에서는 종종 미국 대통령이 세계를 이끌어가는 듯한 모습으로 등장한다. 그만큼 미국 대통령은 강한 이미지를 가지고 있다. 대통령 중심제를 발명하고 실천에 옮긴 최초의 나라가 미국이라는 점에서 미국은 대통령에 대한 자부심이 강하다.

미국은 왜 이 제도를 택했을까? 18세기 후반까지 미국은 영국의 식민지였다. 1776년 영국으로부터 독립을 선언한 미국은 영국과는 다른 제도를 도입하길 원했다. 대표적인 것이 바로 왕을 두지 않기로 한 것이다. 영국처럼 세습되는 왕 대신 투표로 뽑은 지도자가 일정한 기간 동안만 일을 하게 하되, 그 지도자에게 충분한 권력을 부여하는 방식을 채택했는데 그것이 바로 대통령 중심제다. 그래서 미국에서는 대통령의 권력이 막강하다. 그러면서도 영국과 달리 국회의원이 행정부 장관을 겸할 수 없다. 물론 의원직을 사퇴하면 가능하다.

우리나라도 대통령 중심제 국가다. 대한민국 정부 수립 이후, 우리 역사에서 대통령이 최고 지도자가 아닌 적이 딱 한 번 있었다. 4·19 혁명으로 세워진 제2공화국(1960~1961) 시절에 약 1년 정도 의원내각제를 실시했다. 그 시기를 제외하면 계속 대통령 중심제 형태를 취했다.

우리나라는 대통령 중심제이면서도 의원내각제적 요소가 일부 있다. 의원내각제에서 행정부의 수반인 국무총리가 존재한다는 점, 국회의원이 행정부에서 장관을 겸할 수 있다는 점, 행정부가 법률안을 제출할 수 있다는 점, 국회의 동의를 받아 국무총리를 임명한다는 점, 국회가 국무총리와 국무위원의 해임을 건의할 수 있다는 점 등이 그러하다.

대통령의 권한을 총리와 나누는 이원집정부제

의원내각제와 대통령 중심제는 각각 장단점이 있다. 이 둘을 조합하고 절충할 수는 없을까?

이런 고민에서 만들어진 제도가 이원집정부제다. 이는 국가 권력을 대통령과 총리가 나누어 갖는 방식이다. 주로 대통령이 행사하는 권한을 나눈다는 점에서 분권형 대통령제라고도 불린다. 이상적으로는 대통령이 국가 원수로서 외교, 국방 등을 비롯한 대외적인 통치권을 행사하고, 총리는 행정부의 수반으로서 내각을 지휘하며 경제·사회·교육 등의 분야를 담당하는 방식이다. 전쟁 같은 비상 상황에서는 대통령이 통치권을 모두 행사한다.

대통령은 국민의 직접선거로 선출되기 때문에 상당한 권력을 가지고 있다. 우선 의회의 동의를 받아 총리와 장관을 임명할 수 있다. 또한 대통령은 국민이 뽑은 사람이므로 의회에 대한 책임을 지지 않으며 의회도 대통령을 불신임할 수 없다. 이 점은 대통령 중심제의 특징과 일치한다. 한편 대통령이 임명한 장관들은 의회에 대해 책임을 지며 의회는 내각을 불신임할 수 있다. 이에 대하여 대통령은 의회를 해산할 수 있는 권한을 가진다. 이 점은 의원내각제의 특징에 해당한다.

이원집정부제는 대통령 중심제와 의원내각제 각각의 장점을 취한다. 그러나 실제로 외치(외교, 국방)와 내치(국내 정치)를 명확하게 구분하기가 쉽지 않은 만큼, 균등하게 권력이 분산되는 경우는 많지 않다. 둘 중 어느 한쪽으로 쏠리기 십상이고, 그로 인해 대통령과 총리 사이에 갈등이 발생할 가능성도 있다.

프랑스는 1958년 제5공화국이 탄생하면서, 부패 권력 청산과 깨끗한 정치에 대한 열망을 담아 새로운 정부 형태로 이원집정부제를 도입했다. 그 전까지 의회에서 선출하던 대통령을 국민이 직접 선출하게 되면서 대통령의 힘이 커졌다.

대통령이 총리를 임명할 수는 있지만, 다수당에 속한 사람을 총리로 임명하는 것이 관행이다. 그래야 의회와 대립하지 않고 원만한 관계를 유지할 수 있기 때문이다.

대통령이 속한 당과 의회의 다수당(즉, 총리가 속한 당)이 같을 경우에는 대통령이 강한 권력을 행사한다. 하지만 두 당이 다르면 상대적으로 총리가 더 큰 권력을 행사할 수 있다. 이런 형태를 프랑스에서는 동거 정부(cohabitation, 코아비타시옹)라고 부른다.

 세계 각국의 다양한 정부 형태

① 남아프리카공화국

남아프리카공화국은 우리나라처럼 대통령이 국가 원수이면서 행정부의 수반이다. 다만 국민이 직접 선출하지 않고 의회가 선출한다. 의회의 다수당 대표가 대통령이 되는 것이 일반적이다. 대통령이 의회를 해산하거나 의회가 대통령을 불신임할 권리가 있다는 점에서 의원내각제의 특징이 많이 나타난다.

② 러시아

'차르'라는 강력한 황제가 통치했던 러시아는 전통적으로 최고 지도자에게 막강한 권력을 부여했다. 표면적으로는 국민이 선출하는 대통령이 있고 총리가 행정부의 수반을 맡고 있다는 점에서 이원집정부제 형태를 띠고 있다. 그러나 실질적으로는 대통령의 권한이 막강하고 총리는 보조적인 역할을 하므로, 사실상 대통령 중심제의 특징이 더 많다. 대통령은 의회 선거 실시 권한, 의회 해산권 등을 가지고 있고 국회의 동의 없이 주요 공직자를 임명하고 대통령으로서 명령을 내릴 수 있다.

③ 대만

대만에서 대통령에 해당하는 직책은 '총통'이다. 총통은 국가 원수로서 국가를 대표한다. 행정 수반은 우리나라의 국무총리에 해당하는 행정원장이 담당한다. 총통과 행정원장이 권력을 나누어 가진다는 점에서 이원집정부제의 모습을 띠고 있다. 그러나 총통이 자신의 뜻에 따라 행정원장을 임명할 수 있어 실질적으로는 총통제(대통령 중심제)의 특징이 많이 나타난다.

한 걸음 더 나아가기

상원의원은 하원의원보다 높을까?

우리나라에서는 법을 만드는 사람을 통틀어 국회의원이라고 하는데 영국, 미국 등에서는 상원의원, 하원의원이라고 구분한다. 일본에서도 참의원과 중의원이라는 말을 쓴다. 국회의원과 상원의원/하원의원에는 무슨 차이가 있을까?

입법부가 우리나라처럼 1개로 구성되어 있으면 단원제, 영국처럼 2개(상원, 하원)로 되어 있으면 양원제라고 부른다. 이름 때문에 하원은 낮고 상원은 높다고 오해하기도 하는데 명목상으로는 하원과 상원이 동등하다. 그런데 실질적으로는 하원이 더 많은 권한을 가지고 있고 상원은 하원을 보조하거나 하원이 담당하지 않는 일부 권한을 맡는 경우가 많다.

하원의원은 국민의 직접선거를 통해 선출되기 때문에 국민을 직접 대표한다는 인식이 강하다.

상원의원을 뽑는 방식은 나라마다 다르다. 미국은 상원의원도 직접선거로 뽑는다. 그래서 하원과 상원의 권한이 대등한 편이다. 프랑스는 하원의원, 지방의원, 지방자치단체장 등이 상원의원을 선출한다. 독일은 각 주 정부의 총리와 장관들이 곧 상원의원이 된다. 영국에서는 일정한 작위(예: 귀족)를 받아야 상원의원이 될 수 있고 이 중 일부는 세습되거나 성직자들이 차지한다.

양원제는 국민의 뜻을 다양한 방식으로 반영하고, 신중하게 법안을 처리하는 데 유리하다. 하원과 상원의 입장이 다르면 이를 조정하기 위해 더 많은 논의를 거치기 때문이다.

양원제의 단점으로는 법안 처리에 시간과 비용이 많이 들 수 있다는 점이다. 신속하게 시행해야 할 법안도 하원과 상원 모두를 거쳐야 하기 때문에 빠르게 결정 내리기가 어렵다.

이에 비해 단원제에서는 법안이 국회를 한 번만 통과하면 되기 때문에 효율성 측면에서 장점이 있다. 우리나라는 민주주의 초기에 잠시 양원제를 실시한 것을 제외하고는 계속 단원제를 채택하고 있다.

3

선거는 왜 '민주주의의 꽃'일까?

"이번에는 속지 말고 바로 뽑자."

"못 살겠다, 갈아보자."

"갈아봤자 별 수 없다."

"구관이 명관이다."

"새 일꾼에 한 표 주어 황소같이 부려보자."

"죽나 사나 결판내자."

"빈익빈이 근대화냐. 썩은 정치 뿌리 뽑자."

위의 문장에서 무엇이 떠오르는가? 어디에 사용된 문장일까? 과거 대통령 선거에서 등장한 구호들이다. 후보자들은 이처럼 짧고 강렬한 구호를 내걸고, 선거 운동에서부터 주도권을 잡으려 했다.

민주정치에서 선거란 무엇일까?

선거는 민주주의 국가에서 시민이 자신을 대신하여 지역이나 나랏일을 맡을 사람을 뽑는 과정이다. 시민이 자신의 의사를 공식적으로 표현하는 기회로써 정당한 주권을 행사하는 수단이라고 할 수 있다. 이 때문에 선거를 민주주의의 꽃이라고 부른다. 오늘날 거의 모든 민주주의 국가가 선거를 통해 대표자를 뽑고 그들에게 국정을 맡기는 대의 민주주의를 채택했다.

지금부터 선거가 왜 중요한지 구체적으로 살펴보자.

대표자 뽑기, 대표자로 길러내기

선거의 가장 기본적인 기능은 대표자를 뽑는 것이다. 시민들은 선거를 통해 뽑힌 대표자에게 국정을 맡긴다. 선거는 대표자를 길러내는 기능도 있다. 선거는 대개 정기적으로 치르고, 종류도 다양하다. 여기서 꾸준히 당선되는 사람은 대표자로서 경험을 쌓으면서 점점 더 많은 사람을 대표하는 역량을 키울 수 있다. 지방 선거에서 시의원에 당선된 사람이 능력을 인정받으면 나중에는 시장, 국회의원 등을 거쳐 대통령으로 당선될 수도 있다.

대표자가 되어본 경험 없이 처음부터 대통령 선거에 출마해서 당선되는 경우는 흔하지 않다. 우리나라의 역대 대통령들도 시장, 국회의원 등을 역임한 경우가 많고, 미국도 상하원 의원, 주지사 등을 거친 사람이 많다.

대표자 교체하기, 대표자 통제하기

흔히 선거를 '뽑는 것'이라고 생각한다. 그 말은 절반만 맞다고 할 수 있다. 한편으로 선거는 '떨어뜨리는 것'이기도 하다. 어떤 대표자가 임기 중에 비리와 부정을 저지르거나 대표자로서 능력을 보여주지 못하면 시민들은 다음 선거에서 다른 후보자에게 투표함으로써 대표자를 교체한다. 그러므로 선출된 대표자가 다음 선거에서도 당선되기를 원한다면, 자신이 위임받은 지위와 권력을 아무렇게나 사용해서는 안 된다. 이것이 대표자를 통제하고 교체하는 기능이다.

정치권력에 정당성 부여하기

정치권력의 정당성은 어디서 나올까? 대한민국 헌법 제1조 2항이 그 답을 제시하고 있다. "모든 권력은 국민으로부터 나온다." 선거를 통해 선출된 정치권력은 쿠데타나 세습을 통해 형성된 정치권력에 비해 높은 정당성을 갖는다. 정상적으로 치른 선거라면 시민의 자발적이고 집합적인 지지가 담겨 있다고 간주하기 때문이다. 반면, 쿠데타는 강제나 폭력이, 세습에는 혈통과 관행이 개입되어 있어서 시민의 지지를 얻기 어렵다.

시민의 다양한 이해관계 드러내기

우리나라에는 정당이 몇 개나 있을까? 정치에 무관심한 사람이라도 정당 이름 두세 개쯤은 들어보았을 것이다. 그런데 선거철에는 정당 수가 크게 늘어난다. 어떤 선거에서는 20개가 넘는 정당이 경쟁한 적도 있다.

우리 사회에는 다양한 구성원이 존재하고 각자 추구하는 이익과 선호하는 가치가 다르다. 선거는 이러한 다양한 목소리를 표출하고 집약하는 기능을 한다. 그래서 선거 기간에 다양한 정당과 후보자가 등장하는 것이다.

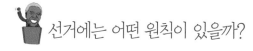

선거에는 어떤 원칙이 있을까?

일반적으로 보통선거, 평등선거, 직접선거, 비밀선거를 선거의 4대 기본 원칙이라고 부른다. 이는 우리나라 헌법에 보장되어 있다.

원칙	의미	반대 개념
보통선거	성별, 인종, 재산, 종교, 학력 등에 관계없이 일정한 연령 이상의 모든 시민에게 투표권을 주는 원칙	제한선거
평등선거	각 유권자가 행사한 표에 동일한 가치를 부여하는 원칙	차등선거
직접선거	유권자가 자신의 투표권을 다른 사람에게 맡기지 않고 직접 행사하는 원칙	대리선거
비밀선거	유권자가 투표한 내용을 다른 사람에게 알리지 않는 원칙	공개선거

선거의 4대 기본 원칙

20세기 초중반까지 대부분의 국가가 여성에게 투표권을 주지 않은 것, 1960년대 중반까지 미국에서 흑인의 참정권을 인정하지 않은 것은 보통선거라는 원칙을 위반했다. 19세기 벨기에에서는 학력이나 연령에 따라, 프로이센에서는 세금 납부액에 따라 투표권의 수를 다르게 부여했다. 이는 평등선거 원칙에 맞지 않다.

직접선거나 비밀선거를 위반하는 경우는 부정선거와 연결될 수도 있다. 유권자 A가 투표를 할 수 없어서 B가 대리투표를 하면 A의 뜻이 아닌 B의 뜻이 반영된다. 스마트폰을 이용한 투표가 편리할 텐데도 공식적으로 도입하지 못하는 이유 중 하나도 대리투표의 가능성 때문이다.

공개 투표 역시 부정선거에 활용될 수 있다. 과거에 우리나라에서는 이른바 '릴레이 투표'라고 하여 특정 후보를 찍은 투표용지를 계속해서 다른 유권자에게 전달하는 방식이 활용되기도 했다.

 어떤 선거를, 언제 치를까?

우리나라에서 실시하는 주요 선거는 대통령 선거, 국회의원 총선거, 지방 선거 등이 있다. 재선거는 당선인이 선거법을 위반한 사실이 드러나는 등 선거 과정이 공정하지 않았을 경우 당선을 무효로 하고 다시 선거를 치르는 것이다. 보궐 선거는 의원, 단체장, 대통령 등이 임기 중 사망, 사퇴, 파면 등으로 직위를 잃게 되었을 때 실시하는 선거다.

2017년 대통령 선거는 본래 12월에 예정되어 있었으나 대통령 파면으로 인한 보궐 선거로 2017년 5월 9일에 치렀다. 대통령의 임기가 5월 10일부터 시작되었으므로 다음 대통령 선거는 그보다 70일 전인 3월 초에 실시한다.

대통령 선거, 국회의원 총선거, 지방 선거는 전국적으로 치러지며 해당

선거	주기	실시 시기	선거 운동 기간
대통령 선거	5년	대통령 임기 만료일 전 70일 이후 첫 번째 수요일(3월)	22일
국회의원 총선거	4년	국회의원 임기 만료일 전 50일 이후 첫 번째 수요일(4월)	13일
지방 선거	4년	지방자치단체장, 지방의회 의원, 교육감 임기 만료일 전 30일 이후 첫 번째 수요일(6월)	13일
재·보궐 선거	사유가 있을 때	4월 혹은 10월의 마지막 수요일	13일

주요 선거의 주기와 시기

선거일은 임시 공휴일이다. 그러나 재·보궐 선거는 특정 지역에서만 실시하고 대통령을 재·보궐 선거로 뽑을 경우를 제외하고는 공휴일이 아니다.

각 선거를 통해 선출되는 사람이나 구성되는 기관은 다음 표와 같다.

단위	기능	종류		선출되는 사람 / 구성되는 기관(예)
중앙 선거	입법	국회의원 총선거		국회의원 300명(지역구+비례 대표)
	행정	대통령 선거		대통령
지방 선거	입법	지방의회 선거	광역	서울시의회 / 대구광역시의회 / 전라북도의회 / 강원도의회 등
			기초	종로구의회 / 수성구의회 / 정읍시의회 / 춘천시의회 등
	행정	지방자치 단체장 선거	광역	경기도지사 / 광주광역시장 / 경상남도지사 / 충청남도지사 등
			기초	안양시장 / 서구청장 / 창원시장 / 당진군수 등
		교육감 선거	광역	부산광역시교육감 / 충청북도교육감

주요 선거의 선출인과 구성 기관

 선거가 만능은 아니다

"투표는 총알보다 강하다"라는 링컨의 말처럼 선거와 투표는 세상을 바꾸는 힘이 있다. 선거는 절차적 정당성을 부여하기 때문에 그 힘을 무시할 수 없다. 예를 들어 국민이 직접선거를 통해 선출한 사람과 지도자가 임명한 사람의 무게는 다르다. 임명을 받으면 아무래도 자신을 임명한 사람의 눈치를 보기 쉽지만, 투표는 자신을 뽑아준 국민을 신경 쓰게 만든다.

그런데 당선인이 자신을 뽑아준 사람만 신경 쓰다 보면, 자신을 지지하지 않은 사람들은 외면하거나 무시할 가능성이 있다. 또한 선거를 통해 뽑혔다고 해서, 무조건 옳다고 생각하면 선거 만능주의로 빠질 우려가 있다. 선거는 일종의 다수결로서 51%에 의한 독재, 즉 51%가 49%를 마음껏 지배하는 결과를 만들 수도 있으므로 주의가 필요하다. 당선인은 자신을 지지하지 않은 유권자의 뜻도 최대한 반영하기 위해 노력해야 한다.

한 걸음 더 나아가기

찍고, 쓰고, 누르고! 각양각색 투표 방법들

한국의 투표용지에는 숫자로 된 기호, 정당 이름, 후보자 이름 등이 적혀 있다. 용지를 들고 기표소에 들어가서 준비된 기표용 도장을 찍어 투표한다. 투표와 개표에 편리하다는 장점이 있지만, 후보자 개개인은 제대로 보지 않고 기호와 정당만 보고 투표할 수 있다는 단점도 있다.

일본은 후보자의 이름을 직접 투표용지에 적어야 한다. 그러니 후보자의 됨됨이나 공약까지는 아니더라도 최소한 후보자의 이름을 알아야 투표를 할 수 있다. 국회의원 선거처럼 후보자들이 상대적으로 적을 때는 이름을 외우는 것이 그리 어렵지 않다. 그러나 지방자치단체장, 지방의원 등을 뽑는 지방선거처럼 후보자가 많으면 뉴스나 신문도 봐야 하고 자기 지역구에 출마한 사람들에 대한 선거 공보물을 어느 정도 읽어봐야 한다. 이 방법은 투표, 개표에 시간이 걸리기는 하지만, 후보자에 대한 관심을 높이는 방법이기도 하다.

미국은 기표 방식이 주마다 다양하다. IT 강국답게 다양한 전자 기술이 활용되기도 한다. 손가락으로 터치스크린을 누르기만 하면 되는 지역도 있고 해외에 거주하는 군인 등을 대상으로 제한적으로 온라인 투표를 실시하기도 한다.

4

다양한
선거 제도로
대표자를 뽑다

다음은 2016년 11월에 실시한 제45대 미국 대통령 선거에서 두 후보가 얻은 결과다.

후보	도널드 트럼프 (공화당 후보)	힐러리 클린턴 (민주당 후보)
득표수(표)	62,984,825	65,853,516
득표율(%)	46.1	48.2

힐러리 클린턴이 도널드 트럼프보다 약 290만 표를 더 얻었다. 그런데 다 알다시피 제45대 미국 대통령은 도널드 트럼프다. 왜 이런 일이 생긴 것일까?

미국의 간접선거 방식

    대통령 중심제를 취하는 나라들은 대부분 직접선거로 대통령을 선출한다. 그런데 대통령 중심제의 원조인 미국에서는 대통령 선거에서 간접선거의 전통을 잇고 있다.

    물론 미국에도 일반 투표(popular vote)라고 불리는 국민들의 직접 투표가 있다. 그런데 엄밀하게 말해 미국 국민들은 그 투표를 통해 대통령을 직접 뽑는 게 아니라, 538명의 대통령 선거인단을 뽑는다. 그리고 약 5주 후에 그 538명의 선거인단이 대통령을 뽑는다. 이것을 선거인단 투표(electoral vote)라고 한다.

    선거인단에 속해 있다고 해서 자기 마음대로 투표하는 것은 아니다. 일반 투표를 통해 각 주의 선거인단이 누구를 찍을지 결정하고 선거인단은 그에 따라 투표하기 때문에 일반 투표를 통해 대통령이 결정되는 것이나 마찬가지다. 그럼에도 불구하고 미국은 절차적으로 선거인단에 의한 간접선거 방식을 고수하고 있다.

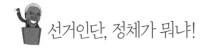# 선거인단, 정체가 뭐냐!

먼저 미국의 선거인단 538명이 어떻게 나온 숫자인지부터 알아보자. 538=100+435+3이라는 덧셈에 그 비밀이 숨겨져 있다.

첫째, 미국 상원의원 수가 100명이다. 인구가 많든 적든 각 주의 상원의원 수는 2명씩으로 같다. 미국의 주가 50개이므로 총 100명이다. 선거인단도 상원의원 수와 마찬가지로 2명씩 동일하게 할당하여 총 100명이다.

둘째, 미국 하원의원 수가 435명이다. 하원은 상원과는 달리 각 주의 인구에 비례하여 할당된다. 선거인단도 마찬가지다. 인구가 많은 캘리포니아는 53명을, 인구가 적은 알래스카에는 1명의 선거인단을 할당하는 식이다. 이를 모두 합하면 435명이다.

셋째, 어느 주에도 속하지 않은 미국의 수도 워싱턴 D.C.에 선거인단 3명을 할당한다.

이런 방식에 따라 538명을 모두 배분하면, 선거인단 수는 캘리포니아 55명, 텍사스 38명, 뉴욕 29명, 플로리다 29명, 버몬트 3명, 와이오밍 3명, 알래스카 3명 등이다. 여기에도 문제는 있다. 2017년 기준 미국에서 인구가 가장 많은 캘리포니아의 인구는 약 4,000만 명이고, 가장 적은 와이오밍의 인구는 약 60만 명이다. 와이오밍 인구는 캘리포니아의 약 66분의 1이다. 그러나 선거인단의 수는 각각 55명, 3명으로 약 18분의 1이다. 와이오밍의 선거인단 수는 적지만, 인구를 고려한다면 오히려 와이오밍의 선거인단이 캘리포니아에 비해 4배 정도의 영향력을 갖는 셈이다.

이긴 사람이 싹쓸이! : 미국의 승자독식제

간접선거만으로 미국 대통령 선거 제도의 독특함을 이야기할 수는 없다. 그에 못지않게 중요한 것이 '승자독식제(The Winner Takes It All)'라는 특이한 제도다.

미국의 일반 투표 결과는 각 주별로 집계한다. 예컨대 캘리포니아의 일반 투표에서 A당 후보가 1표라도 더 많이 얻으면 캘리포니아에 할당된 선거인단 55명을 그가 다 차지한다. 텍사스에서 B당 후보가 1표라도 더 많이 얻었다면 텍사스의 선거인단 38명을 그가 다 차지한다. 이것이 승자독식제의 원리다.

이렇게 50개 주와 워싱턴 D.C.의 일반 투표 결과를 모두 따져 최종적으로 누가 더 많은 선거인단을 확보했는지를 가린다. 538명의 선거인단 중 과반인 270명 이상을 확보한 사람이 대통령으로 당선되는 것이다.

그렇기 때문에 미국에서는 일반 투표의 합, 즉 전국적으로 누가 더 많은 표를 얻었는지가 중요하지 않다. 총 득표수는 밀리더라도 선거인단을 과반 이상 차지하면 대통령이 된다. 미국 대통령 선거는 지금까지 수십 차례 치러졌는데, 전국적으로 득표수는 더 많은데 선거인단 투표에서 지는 바람에 낙선한 사례가 총 다섯 번 있었다.

가장 가까운 사례가 앞서 소개한 2016년 선거다. 일반 투표에서 힐러리 클린턴이 290만 표

정도 더 얻었지만, 선거인단은 227명을 확보하는 데 그쳐 304명을 얻은 트럼프에게 패했다.

 ## 미국이 불합리해 보이는 선거 제도를 유지하는 이유

미국은 영토가 매우 넓고 각 주마다 전통이 다르다. 인구가 적은 주라도 미국의 동등한 일부분으로 간주한다. 그렇기 때문에 전체 득표수보다 각 주별로 누구를 지지했느냐를 더 중요하게 여긴다.

한편으로는 이런 이유도 있다. 미국 건국 당시에 대부분의 시민들은 정치를 잘 몰랐고 다들 생업에 종사하느라 바빴다. 그래서 자신보다 정치를 잘 아는 선거인단에게 최종 결정을 맡긴 것이다. 이러한 배경 때문에 간접선거와 승자독식제라는 독특한 제도가 만들어졌다.

이러한 선거 제도에 대한 비판도 꾸준히 제기되어 왔다. 과거와 달리 최근에는 유권자의 교육 수준이 높아졌고 미디어도 발달하면서 정치에 대한 많은 정보를 공유하고 있다. 그러므로 굳이 선거인단에 의한 간접선거를 할 필요가 없다는 것이다. 특히 일반 투표 결과와 선거인단 확보 결과가 다르게 나타나는 문제점이 있으니, 간접선거를 직접선거로 바꾸거나 최소한 승자독식제도만이라도 폐지해야 한다는 주장이 있다.

그러나 제도 변경은 쉽지 않아 보인다. 대통령 선거 제도를 고치려면 헌법을 개정해야 하는데 미국의 헌법 개정 절차는 매우 까다로워 하원과 상원을 모두 통과하는 것은 거의 불가능에 가깝다. 1989년에 선거인단 제도를 폐지하고 직접선거로 대통령을 선출하자는 헌법 개정안이 미국 하원에서 찬성 338, 반대 70으로 압도적인 지지를 받았지만 상원에서 부결되어 무산된 적이 있다.

게다가 정치인들은 선거 제도 자체가 합리적인지 아닌지보다는 어떤 제도가 자기 당에 더 유리한지 따지기 때문에 현행 제도를 유지할 가능성이 높아 보인다.

 ## 투표를 안 한 사람에게는 불이익을
: 벨기에의 의무투표제

학생회 선거가 있었다. 특별히 찍고 싶은 후보도 없고 관심도 없어서 투표를 안 했는데, 학생의 의무를 저버렸으니 벌금을 내라는 처벌이 떨어졌다면 어떨까? 투표는 권리인 줄 알았는데 의무라니……

실제로 이와 비슷한 제도가 있다. 바로 의무투표제다. 의무투표제는 특별한 사정이 없는 한 유권자가 의무적으로 투표에 참여하도록 하는 제도이다. '민주주의 선거 지원 국제기구(IDEA)'에 따르면 2015년을 기준으로 벨기에, 호주 등 26개 국에서 의무투표제를 시행하고 있다. 찍고 싶은 후보가 없더라도 투표소에 나가서 기권이나 무효표라도 찍어야 한다. 투표를 하지 않을 경우 그 이유를 해명해야 하고 사유와 횟수에 따라 주의, 벌금, 참정권 제한, 공직 취업 제한 등의 제재가 가해지기도 한다.

벨기에는 1893년부터 의무투표제를 도입했다. 당시 투표율이 30~40% 수준에 머물자, 투표율을 높이기 위한 목적에서 이 제도를 실시했다. 투표에 불참한 사람은 법원으로부터 사유를 해명하라는 편지를 받는다. 사유가 합당하다고 인정되지 않으면 과태료가 부과된다.

처음이면 25~50유로 정도지만 두 번째에는 50~125유로 정도로 액수가 커진다. 15년 동안 네 번 투표에 불참하면 그 후 10년 동안 투표권이 박탈된다. 이 제도 덕분에 최근 벨기에의 투표율은 90%를 넘나든다. 1981년에는 무려 94.6%를 기록하기도 했다.

호주도 의무투표제를 실시한다. 특별한 사유 없이 투표하지 않으면 호주 달러로 20달러를 과태료로 내야 한다. 이 돈을 내지 않으면 재판에 넘겨져 재판 비용을 추가로 부담해야 하고 심지어 전과 기록까지 남을 수 있다.

목적은 전과자를 만드는 것이 아니라 투표율을 높이는 것이기 때문에 의무투표제를 실시하는 나라에서는 선거 전에 적극적으로 투표를 독려한다. 투표하기 어려운 계층을 위해 노인 시설이나 병원에 이동식 투표소를 설치하기도 한다.

의무투표제를 시행하는 나라들은 투표율이 전반적으로 높다. 1970년대 이후 대체로 50%대의 낮은 투표율을 보이는 미국도 이 제도 도입을 고민했다. 2015년 오바마 대통령도 이 제도 도입을 검토했지만 반대하는 쪽은 투표하지 않을 권리를 주장한다. 투표는 의무가 아니라 권리이기 때문에 그 권리를 행사할지 말지는 본인이 결정해야 한다는 것이다.

최후의 2명이 결승전을 치르다

: 프랑스의 결선투표제

음악 오디션 프로그램을 보면, 처음에는 수많은 후보자들이 경쟁하다가 횟수를 거듭할수록 탈락자가 늘고, 결국 최종 후보 두 명이 남는다.

그리고 최후의 대결을 한다. 프랑스의 결선투표제도 이와 비슷하다.

프랑스는 대통령을 직접선거로 뽑는데, 1등을 차지한 후보가 아니라 과반수의 지지를 얻은 후보라야 대통령에 당선될 수 있다. 1차 선거에서 50%를 넘는 지지를 받은 사람이 나오면 그로써 선거는 종료된다. 그러나 아무도 과반을 넘지 못하면 1차 선거에서 1위와 2위를 한 후보가 2차 선거(결선 투표)를 치른다. 여기서 더 많은 표를 얻은 후보는 곧 과반수의 지지를 획득한 후보로서 대통령에 당선된다.

이러한 특징 때문에 일반적으로 1차 선거에는 많은 후보가 출마한다. 1차 선거에서 2위 안에만 들면 결선 투표에 나갈 수 있기 때문이다. 1차 선거와 2차 선거 사이에는 14일의 시간이 있다. 낙선한 후보들은 그동안 다른 후보를 지지하기도 한다.

결선투표제는 과반수 지지를 얻는 후보가 당선되도록 한다는 점에서 당선인의 대표성 확보에 도움이 된다. 그러나 한편으로는 1차 선거에서 후보가 난립할 경우 지지도가 높지 않은 세력의 후보 두 명이 결선 투표에 나갈 수도 있다는 문제가 있다. 실제로 이런 일이 2002년에 일어났다.

1차 선거에 무려 16명이 입후보했는데 그중 3명은 보수 후보, 13명은 진보 후보였다. 지지도는 보수 후보들에 대한 지지율 합(약 40%)보다 진보 후보들에 대한 지지율 합(약 60%)이 훨씬 높았다. 그래서 당연히 진보 후보 중 1명이 대통령에 당선될 것으로 생각했는데 막상 개표를 해보니 1위와 2위가 모두 보수 후보였다. 1위, 2위라고는 하지만 득표율은 불과 19.9%, 17.8%였다. 진보 후보 중에 가장 많은 득표를 한 후보는 16.2%로 3위를 차지했다. 이는 진보 성향의 표가 분산되면서 나타난 현상이었다.

그러자 1차 선거에서 1위 후보(보수 후보)를 맹렬하게 공격했던 진보 측 낙선 후보들이 그를 잇달아 지지하기 시작했다. 그 후보가 좋아서가 아니라, 2위 후보가 워낙 위험한 성향을 가졌다고 판단했기 때문이다. 그 결과 2차 선거에서는 1위 후보인 자크 시라크가 무려 82%의 지지율로 당선되었다. 1차 선거에서 나타난 프랑스 국민의 민심은 진보를 지지하는 것이었는데 결과적으로는 보수 후보가 최종 당선되었다. 이렇듯 후보가 난립할 경우 결선투표제가 민심을 정확하게 반영한다고 할 수만은 없다.

좋아하는 순서대로 여럿을 찍기
: 호주의 선호투표제

선호투표제는 출마한 후보들에 대해 유권자가 선호 순위를 매기는 방식이다. 한 명에게만 투표하는 것이 아니라, 지지하는 순서대로 1위, 2위, 3위를 정해 투표한다.

구체적으로 말하자면, 먼저 투표자는 모든 후보자에 대해 선호 순위를 표시한다. 그리고 개표할 때는 1순위 선호를 기준으로 우선 집계한다. 여기서 과반 득표자가 나오지 않으면 1순위 선호도에서 가장 낮은 득표를 한 사람을 탈락시킨다. 그다음 최저 득표자가 받은 표를 해당 투표지에 쓰여 있는 2순위 후보자에게 각각 나눠주고 그것을 1순위 표로 환산하여 다시 집계한다.

두 번째 집계에서도 과반 득표자가 나오지 않으면 또 최저 득표자를 탈락시킨다. 이를 과반 득표자가 나올 때까지 반복한다. 투표는 한 번만 하지만, 사실상 여러 번 한 것이나 다름이 없다.

선호투표제는 결선투표제의 단점을 보완한다. 결선투표제에서는 후보자가 많으면 1차 투표에서 여러 명이 동시에 탈락한다. 그러나 선호투표제

선호하는 순서대로 번호를 적으시오	
김순희	3
이철수	4
박영희	1
최경수	2
정미희	5

에서는 과반 득표자가 나올 때까지 집계할 때마다 최저 득표자 1명씩만 탈락시킨다. 또 결선투표제는 원칙적으로 2차 투표에서 종료하지만, 선호투표제는 3차 이상까지도 집계할 수 있다. 결선투표제에서는 1차 투표에서 과반 득표자가 나오지 않을 경우 2차 투표를 실시하지만, 선호투표제에서 투표는 한 번만 하면 된다. 단 집계를 여러 번 할 뿐이다.

이 방식의 단점은 투표와 개표 과정이 복잡하다는 점이다. 2013년 호주 뉴사우스웨일스주 상원 선거에서는 무려 110명이 출마했다. 원칙적으로 유권자는 110명을 선호 순서대로 표기해야 한다. 그러니 개표 시간이 오래 걸릴 수밖에 없다. 호주 인구(약 2,300만 명)가 우리나라의 절반에 못 미치는데도 개표 시간은 더 오래 걸리는 이유가 바로 이 때문이다.

또한 한 사람만 찍으면 되는 것이 아니라 선호 순위를 정해야 한다는 점에서 유권자에게는 복잡하고 어렵게 느껴질 수 있다. 투표가 어려우면 그만큼 무효표가 나올 가능성이 높다. 이 때문에 모든 후보자에게 순위를 매기는 대신, 일정한 선호 순위까지만 표기하는 방식을 채택하기도 한다. 3순위까지만 표기하도록 할 경우 집계는 최대 3차까지만 할 수 있다. 그때까지도 과반 득표자가 나오지 않으면 3차 집계에서 최고 득표자를 당선자로 정한다.

선거구를 세습하는 나라가 있다고?

민주주의 국가에서 누군가가 선거구를 독점하고 자녀에게 물려주기도 한다면 믿을 수 있겠는가? 이웃나라 일본에서는 상당히 흔한 일이다.

일본의 하원의원에 해당하는 중의원 중 약 4분의 1 정도가 이런 세습 의원으로 알려져 있다. 의원이란 태어날 때부터 정해진 귀속 지위가 아니라 노력으로 획득하는 성취 지위인데 세습이라니? 그런데 이들은 과거에 중의원을 했던 조부모, 외조부모, 부모 등으로부터 선거구를 물려받는다. 부모에서 자녀까지를 넘어 길게는 4대, 5대까지 세습되는 경우도 있다.

쉽게 말하면 아버지 김영수가 A 시의 a 지역구에서 여러 차례 당선된 국회의원인데, 나이가 들어 더 이상 정치 활동을 하기 어려워지면 김영수의 딸 김순희가 대신 a 지역구에 출마해서 당선되는 것이다. 물론 딸은 아버지와 같은 당 후보로 출마한다. 그러면 같은 당에 있는 다른 정치인은 a 지역구에 출마하지 않는 방법으로 김순희의 당선을 돕는다.

다른 나라에도 세습 의원이 없는 것은 아니지만, 일본처럼 비율이 높지는 않다. 미국과 영국에서도 각각 5% 정도 비율로 선거구가 세습된다. 한국에서는 부모가 유명한 정치인이라 부모 이름을 앞세워 자신을 알리는 사람들은 있어도, 부모의 선거구 자체를 세습하는 경우는 거의 없다. 심지어 한국은 아버지와 자녀가 다른 정당에 소속되는 경우도 적지 않아 일본 같은 세습은 거의 일어나지 않는다.

세습 의원이 많아지면 그만큼 새로운 인물이 정치에 도전할 기회가 줄어든다는 점에서 문제가 될 수 있다. 부모의 이름과 인기에 힘입어 정치를 한다면 정치 발전에 도움이 될 수 있을까?

5

제도와 기구로
민주정치를 지키다

친구들과 공놀이를 할 때 아웃이냐 세이프냐, 골
인이냐 아니냐 등을 두고 다퉈본 적이 있을 것이다. 아니면 어느 한쪽
이 계속 반칙을 하는 바람에 게임을 망친 적이라도 말이다. 그럴 때 누
군가가 심판 역할을 하면서 결정하고 조정해 주지 않으면 당사자끼리
해결하기가 참 어렵다.

민주주의에서도 마찬가지다. 그래서 선거를 통한 경쟁이 공정하게 이
루어지도록, 그리고 정치권력이 민주적으로 사용되도록 하기 위해 제도
와 기구를 두고 있다.

선거구를 마음대로? NO! 법대로! : 선거구 법정주의

선거구는 대표자를 선출하기 위해 선거를 실시하는 단위 지역이다. 일반적으로는 국회의원을 선출하는 단위인 지역구를 의미한다. 선거구 제도는 한 선거구에서 여러 명을 선출하는 중대선거구제, 한 선거구에서 한 명을 선출하는 소선거구제로 나눈다.

그런데 선거구가 어떻게 정해지느냐에 따라 정당의 의석 분포에 큰 영향을 미친다. 다음 사례를 살펴보자.

A 시의 구역별 유권자 분포를 지도로 나타낸 것이 A라고 하자. 노란색과 빨간색은 A 시 내에서 각 정당을 지지하는 구역을 가리킨다. A 시에서 노란색 정당은 6개 구역에서, 빨간색 정당은 9개 구역에서 지지를 받고 있다. 이에 따라 A 시의 각 정당 지지율은 노란색 정당 40%(6/15), 빨간색 정당 60%(9/15)다. 그런데 A 시를 3개의 선거구로 나눌 때 경계선을 어떻게 정하느냐에 따라 선거 결과는 크게 달라진다.

선거구를 (가)처럼 구분하면 3개 선거구에서 모두 빨간색 정당 후보가 당선된다. (나)와 같이 선거구를 나누면, 가운데 십자 모양 선거구가

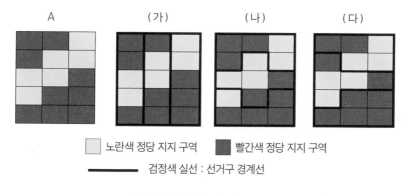

노란색 정당 지지 구역　　빨간색 정당 지지 구역
━━━━━━━ 검정색 실선 : 선거구 경계선

선거구 경계에 따른 선거 결과의 변화

노란색 정당을 지지하므로 3개 선거구 중 1개 지역에서 노란색 정당 후보가 당선된다. (다)와 같이 나누면 맨 아래쪽만 제외하고 가운데와 위쪽 선거구에서는 모두 노란색 정당 후보가 당선된다. 이런 경우 노란색 정당은 40%의 지지율만으로 2개 지역에서 당선자를 배출하여 지지율이 60%인 빨간색 정당을 이길 수 있다.

이처럼 선거구가 선거 결과에 미치는 영향이 크기 때문에, 정당은 선거구를 자신에게 유리하게 만들고자 하는 유혹에 빠지기 쉽다. 실제 1812년 미국 매사추세츠 주지사였던 엘브리지 게리(Elbridge Thomas Gerry)는 소속 정당인 공화당에 유리하도록 선거구를 마음대로 조정했다.

그 결과 나타난 선거구의 모양이 마치 불도마뱀(salamander, 샐러맨더) 같았다. 그래서 특정 정당이나 후보자에게 유리하도록 선거구를 정하는 일을 게리맨더링(Gerrymandering, 게리+맨더링)이라고 부르게 되었다.

덕분에 게리가 속한 공화당은 5만 16표를 얻고 29명의 당선자를 낸데 비해, 상대 정당은 그보다 많은 5만 1,766표를 얻고도 11명밖에 당선자를 내지 못했다. 득표수는 비슷한데 불합리한 선거구 때문에 공화당

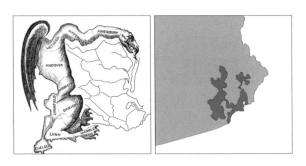

왼쪽) 1812년 미국 매사추세츠주에서 만들어진 특이한 모양의 선거구
오른쪽) 2012년 미국 펜실베이니아주에서 만들어진 특이한 모양의 선거구

특정 정당과 후보자에게 유리하게 만든 미국의 선거구 모양

당선자의 절반에도 못 미친 것이다.

 ## 선거구를 결정하는 두 가지 요소

게리맨더링 같은 일을 막기 위해 선거구는 반드시 법으로 정하게 되었다. 이를 선거구 법정주의라고 한다. 그렇다면 법은 선거구를 무슨 기준으로 결정할까?

첫째, 인구 대표성을 고려한다. 이는 유권자가 행사하는 표의 가치가 크게 차이가 나면 안 된다는 의미다. 유권자 수가 많은 선거구는 그렇지 않은 선거구보다 1표의 가치가 낮게 평가될 수 있다. 예를 들어 같은 도시 안에서 갑 선거구는 유권자가 10만 명이고, 을 선거구는 유권자가 50만 명이라 치자. 그러면 갑 선거구 유권자의 1표는 을 선거구 유권자의 1표에 비해 5배의 가치가 있다. 이러한 차이를 최소화하기 위해 현재 우리나라는 선거구 간의 인구 편차를 최대 1 대 2까지만 허용한다.

2016년 4월 국회의원 총선거에서 강원 속초·고성·양양(유권자 14만 74명)이 가장 작은 선거구였고 전남 순천시(유권자 27만 8,982명)가 가장 큰 선거구였는데 두 선거구 간의 인구 비율은 1 대 2를 아슬아슬하게 밑돌았다. 선거구는 국회의원 선거 주기인 4년에 한 번씩 조정한다. 4년 사이에 일어난 인구 변화를 새로 반영하기 위해서다.

둘째, 지역 대표성을 고려해야 한다. 인구 대표성만 강조하다 보면 인구밀도가 낮은 지역(소도시, 농어촌 등)은 그들의 이익을 대변해 줄 대표자를 가질 기회가 줄어들 수 있다. 이러한 문제를 없애려면 인구가 적은 지역에도 최소한 대표가 1명은 있어야 한다. 반면 인구가 많은 지역이라고 해서 대표자를 무작정 늘릴 수는 없다. 그래서 선거구 크기의 상한선과 하한선을 정한다. 2016년 4월 기준으로, 우리나라에서는 아무리 큰 선거구라도 유권자가 28만 명은 넘지 말아야 하고, 아무리 작은 선거구라도 유권자가 14만 명은 넘어야 한다.

선거 비용은 가능한 한 국가가 부담한다 : 선거공영제

기업이 고객을 얻기 위해 천문학적인 마케팅 비용을 쓰며 경쟁하듯이, 선거에서도 유권자의 지지를 얻기 위해 비용을 들여가며 치열하게 경쟁한다. 그런데 선거에서 너무 많은 돈을 쓴다면 선거가 매우 혼탁해질 것이다.

선거공영제란 그러한 문제를 막기 위해 국가가 선거 운동 과정을 관리하고 비용을 부담함으로써 공정한 선거를 실현하고자 하는 제도이다. 이 제도는 독립기구인 중앙선거관리위원회가 중심이 되어 운영하는데 이 기구는 후보자 간의 토론회를 개최하거나 부정선거가 발생하지 않도록 감시하는 일을 한다.

정당이나 후보자가 사용한 선거 비용의 상당 부분은 국가가 직접 부담하거나 선거 후에 돌려준다. 작은 정당이나 경제력이 부족한 후보자가 돈이 없어서 선거 운동을 제대로 하지 못하는 일이 없게 하기 위해서이다. 그런데 누구나 비용을 돌려받는 것은 아니다. 선거 결과 유효 투표수의 15% 이상을 득표한 경우에는 후보자가 지출한 선거 비용 전액을, 유효 투표수의 10% 이상 15% 미만을 득표한 경우에는 50%를 국가나 지방자치단체가 보전해 준다. 10% 미만 득표한 경우에는 선거 비용을 되돌려받지 못한다.

지역의 일은 지역 주민이 해결한다 : 지방자치제도

등교 시간, 점심시간, 복장 규정처럼 모든 학생이 공통적으로 따르는 규칙이 있는가 하면, 교실 내 자리 배치 방식, 학급별 티셔츠 등과 같이 각 학급에서 알아서 정해야 더 효과적인 일도 있다. 만약 학생회나 교장 선생님이 학급의 자리 배치 방식이나 티셔츠까지 정한다면 '우리 반이랑은 안 맞아'라며 불평하는 학생이 적지 않을 것이다.

지방자치도 이와 비슷하다. 지방자치는 지역 주민이 뽑은 지방의회와 지방자치단체장이 주민과 함께 그 지역의 문제를 자율적으로 해결하는 것을 가리킨다. 이와 반대되는 개념은 중앙집권이다. 중앙정부가 각 지방의 문제까지 일일이 처리한다면 정책이 통일성을 갖출지는 몰라도 지역의 특수한 상황을 충분히 고려하기 어렵다. 지방자치는 지역 주민이 중심이 되어 자신이 살고 있는 지역에 적합한 정책을 만들고 실시할 수 있다는 장점이 있다.

지방자치는 '풀뿌리 민주주의', '민주주의의 학교' 같은 별명도 가지고 있다. '풀뿌리 민주주의'는 주민이 풀뿌리처럼 터전으로 삼고 있는 지역의 살림살이에 직접 참여함으로써 민주주의를 실현한다는 점에 착안하여 붙인 이름이다. '민주주의의 학교'라는 별명은 주민 스스로 지역의 문제를 해결하는 경험을 쌓아가면서 민주주의를 학습한다는 점에 초점을 맞췄다.

지방자치는 지역 주민과 지방의회, 지방자치단체장의 협력 속에서 이루어진다. 지방의회와 지방자치단체장은 4년에 한 번 실시하는 지방 선거를 통해 구성된다. 두 기관의 역할을 비교하면 다음과 같다.

	지방의회	지방자치단체장
예	강원도의회 춘천시의회	강원도지사 춘천시장
성격	지역 정책을 의결하는 기관	지방의회가 결정한 정책을 집행하는 기관
주요 기능	지방자치단체가 사용할 예산을 심의·의결 지역에 필요한 조례 제정	지방의회에 예산안 제출 지역에 필요한 규칙 제정

지방의회와 지방자치단체장의 역할 비교

 헌법이 바로 서야 나라가 바로 선다 : 헌법재판소

헌법재판소는 우리나라 최고 법인 헌법의 정신이 잘 실현되도록 하여 국민의 권리를 보장하고 민주주의를 안정시키기 위해 존재하는 기관이다. 과거에 헌법위원회, 탄핵재판소 등으로 이름과 기능이 바뀌었다가 1988년 9월에 다시 설치되어 오늘에 이르고 있다. 우리나라의 헌법재판소는 세계적으로도 매우 성공적으로 운영되는 사례로 꼽힌다. 헌법재판소의 주요 기능은 다음과 같다.

- 법원이 재판에 적용하는 법률이 위헌(헌법을 위반)인지 심판
- 헌법을 어겼다고 보이는 고위 공무원을 국회가 파면하기로 결정(탄핵소추 의결)했을 때 그 여부를 심판
- 어떤 정당의 목적이나 활동이 헌법의 범위를 벗어났는지, 그렇다면 그 정당을 해산해야 하는지 심판
- 국가 기관이나 지방자치단체 사이에 분쟁이 있을 때 헌법을 기준으

로 조정

- 국가의 정책이나 활동이 헌법에 보장된 국민의 기본권을 침해했는
  지 심판

    헌법재판소의 위헌 또는 합헌 판결은 헌법재판관 9명 중 6명 이상의 동의로 이루어진다. 국민의 기본권을 신장시켰다고 평가받는 판결 사례 몇 가지를 소개한다. 참고로 헌법재판소에서 국가의 어떤 법이나 정책이 위헌 혹은 헌법에 맞지 않는다는 판결을 내리면 그 법이나 정책은 즉시 폐기하거나 빠른 시일 내에 개정해야 한다.

- 공연윤리위원회가 영화를 사전심의하고 검열하는 행위는 '헌법이 보장하는 학문과 예술의 자유'를 침해할 수 있으므로 위헌. (1996. 10)
- 해외에 체류 중인 대한민국 국민에게 선거권, 국민투표권을 부여하지 않는 것은 '헌법이 보장한 평등의 원칙'에 어긋나고 참정권을 제한할 수 있으므로 헌법에 합치되지 않음. (2007. 6)
- 야간에 건물 밖에서의 집회를 금지하는 것은 '헌법이 보장한 집회의 자유'를 실질적으로 박탈할 수 있으므로 헌법에 합치되지 않음. (2009. 9)
- 일일 평균 이용자 수가 10만 명 이상인 인터넷 사이트 게시판에 글을 쓸 때 개인의 인적사항을 먼저 등록해야 한다는 인터넷 실명제는 '헌법이 추구하는 자유로운 의사표현'과 개인 정보의 자기 결정권을 침해할 수 있으므로 위헌. (2012. 8)
- 언론기관이나 사립학교에 종사하는 사람도 다른 공무원과 마찬가지로 청탁이나 금품을 받지 못하도록 한 법(일명 '김영란법')의 적용을 받아야 한다는 규정은, '헌법이 추구하는 언론과 사학의 자유'를 침해하지 않으며 언론과 교육이 국가에 미치는 커다란 영향력을 고려할 때 위헌이 아님. (2016. 9)

여기서 퀴즈 하나. 우리나라 최고(最高)의 사법 기관은 대법원일까, 헌법재판소일까? 답은 대법원이다. 대법원은 지방법원, 고등법원보다 상위에 있는 최고 사법 기관이다. 그러나 대법원이 헌법재판소보다 더 높은 기관이라고 말하기는 어렵다. 헌법재판소는 사법부에 속하지 않고 대법원과는 다른 영역을 다루기 때문에 우열을 가리는 것은 의미가 없다. 헌법재판소는 국회, 행정부에도 속하지 않는 독립적인 지위를 갖는다.

선거로 뽑은 사람도 리콜이 되나요? : 소환투표제

리콜은 어떤 회사에서 생산한 제품에 결함이 발견되었을 때, 그것을 전부 회수하여 점검한 후 교환, 수리, 보상해 주는 것으로 경제 생활에서 소비자를 보호하기 위한 제도다. 정치 생활에도 소환투표제라고 불리는 리콜이 있다.

'소환'은 영어 recall을 번역한 말로 임기가 끝나기 전에 불러들이는 것, 즉 해임을 의미한다. 소환투표제는 투표로 선출한 사람이라 할지라도 유권자들이 보기에 부적절하다는 판단이 들 경우 임기 중에 다시 투표를 해서 물러나게 하는 제도다.

우리나라의 주민소환제도 그중 하나다. 주민소환제는 위법 행위를 했거나 직무를 제대로 수행하지 못한 지방자치단체장, 지방의원, 교육감을 지역 주민의 투표로 해임할 수 있게 한 제도다.

우리나라는 2007년 7월부터 주민소환제를 실시하고 있다. 지방자치단체장, 지방의원, 교육감에 대해 각각 지역 유권자의 10%, 15%, 20% 이상이 주민소환을 요청하면 주민소환 투표가 실시된다. 지역 유권자 3분의 1 이상이 투표에 참여하고, 투표자의 과반수가 소환에 찬성하면 그 단체장이나 의원은 해임된다.

그러나 투표율이 33.3%를 넘지 않으면 개표하지 않고 해임도 하지 않는다. 단체장이나 의원이 잘못한 게 없는데도 일부 반대자의 의견만이 반영되지 않도록, 주민 다수의 의사를 확인하기 위해서이다.

처음으로 주민소환제 투표가 실시된 것은 2007년 12월 12일 경기도 하남시에서였다. 당시 하남시장이 주민들의 동의를 얻지 않고 장례 시설(화장장) 유치를 발표했다는 이유였다. 그러나 투표율이 31.3%에 그

처 법률로 정한 33.3%에 미달됨으로써 소환은 무산되었다. 한편, 미국에서는 1921년 노스다코타 주지사, 2003년 캘리포니아 주지사가 소환 투표를 통해 지사직에서 물러난 바 있다.

 ## 제아무리 높은 공무원이라도 잘못했다면 끌어내린다 : 탄핵

2017년 3월 10일, 세계의 눈과 귀가 우리나라 헌법재판소를 향했다. 헌법재판소가 대통령 파면 여부를 선고하는 날이었기 때문이다. 그날 우리나라에서는 사상 최초로 현직 대통령의 탄핵이 결정되었다. 대통령 탄핵은 세계적으로도 워낙 드문 일이어서 국내외 언론에 크게 보도되었다.

탄핵은 일반적인 절차로는 파면하기 어려운 고위 공무원이 중대한 잘못을 저질렀을 때 그를 물러나게 하는 제도다. 여기서 고위 공무원이란 대통령, 국무총리, 장관, 헌법재판관, 법관 등을 가리킨다.

방법은 나라마다 조금씩 다르지만 의회(국회)가 위법을 저지른 고위 공무원에 대해 탄핵소추*를 의결하거나 탄핵심판에 깊이 관여한다는 점은 비슷하다. 탄핵의 출발점이 의회인 이유는 의회가 국민의 직접선거를 통해 구성된 국민의 대표 기관으로 인정받기 때문이다. 우리나라는 재적 의원의 3분의 2 이상이 찬성해야 탄핵소추가 가결된다. 미국에서는 하원 재적 의원의 과반수가 찬성하면 탄핵소추가 가결된다.

국회에서 탄핵소추를 가결했다고 해서 바로 그 공무원이 파면되는 것은 아니다. 우리나라는 헌법재판소에

> **탄핵소추**
> 탄핵은 고위 공무원의 파면을 의미하고, 소추는 처벌을 위해 재판을 요구하는 것을 말한다. 탄핵소추는 고위 공무원 파면을 위한 재판을 요청하는 것이다.

서 탄핵심판을 통해 최종적으로 파면 여부를 결정한다. 결과가 나올 때까지 해당 공무원은 직무를 멈추고 결과를 기다려야 한다. 헌법재판관 6명 이상이 파면에 찬성하면 그 즉시 공무원은 파면된다. 만일 5명 이하만 찬성이면 해당 공무원은 즉시 본래의 직무에 복귀한다. 헌법재판소가 없는 미국에서는 상원 재적 의원의 3분의 2 이상이 찬성하면 파면이 확정된다.

우리나라에서는 2004년 3월에도 대통령에 대한 탄핵심판이 있었다. 당시 노무현 대통령이 선거법 등을 위반했다는 점을 들어 국회에서 탄핵소추를 가결한 것이다. 그러나 같은 해 5월 헌법재판소의 탄핵심판에서 탄핵이 기각되어 그 즉시 대통령직에 복귀했다. 2016년 12월에는 박근혜 대통령이 권한 남용 등으로 헌법과 법률을 위반했다는 이유로 탄핵소추안이 국회를 통과했다. 그리고 2017년 3월 10일 헌법재판소에서 탄핵을 인용함으로써 대통령직에서 물러났다.

미국에서는 대통령이 탄핵을 통해 파면된 사례는 아직 없지만 그 근처까지 간 사람들은 몇 있다. 1868년 존슨 대통령이 남북전쟁 이후 남부를 재건하는 과정에서 북부 공화당 강경파와 대립하면서 미국 대통령으로서는 처음으로 탄핵심판을 받았으나 상원에서 1표 차로 부결되어 대통령직을 유지했다.

1974년에는 다른 정당 의원을 불법 도청하려던 워터게이트 사건으로 닉슨 대통령에 대한 탄핵소추가 하원에서 가결되었다. 상원에서의 표결을 남겨둔 상황이었는데 당시 분위기로는 가결이 유력했으나 그 전에 닉슨 대통령이 자진 사퇴했다.

1998년에는 빌 클린턴 대통령이 위증과 사법 방해 행위를 했다는 이유로 하원에서 탄핵소추가 가결되었다. 그러나 상원에서는 탄핵에 필요한 67표에 크게 미치지 못해 탄핵이 기각되고 대통령직을 유지했다.

기호 1번, 2번… 선거에서 순서의 의미는?

퀴즈 선거벽보나 투표용지에는 정당 기호(숫자)가 붙어 있다. 기호 1번 정당은 무엇을 의미할까?

① 가장 오래된 정당   ② 대통령이 속해 있는 정당

③ 국회 의석수가 가장 많은 정당   ④ 가나다 순

답은 ③이다. 국회 의석수를 기준으로 1번, 2번, 3번 순서가 정해진다. 과거에는 글이나 숫자를 모르는 사람들이 많았다. 그래서 후보자를 구분할 때 I, II, III, IIII 같은 식으로 막대 수를 늘려 표시했다.

중앙선거위원회위원장의 추첨으로 기호를 정한 적도 있지만(1952년 대통령 선거), 1969년 박정희 정부에서 각 정당의 국회 의석수 순서대로 기호를 배정하기로 결정했다. 의석이 하나도 없는 정당은 정당 이름의 가나다 순서로 번호를 부여받는다. 이어서 무소속 후보가 추첨에 따라 기호를 받는다. 1980년대 초반 다시 잠깐 추첨제로 돌아간 것을 제외하고는 계속 이 방식을 유지하고 있다.

기호	정당 및 후보	각 정당의 국회 의석수
1	A당 허난설헌	50
2	B당 이순신	30
3	C당 유관순	10
4	세계당 홍길동	0
5	함께당 임꺽정	0
6	무소속 김순희	0
7	무소속 이영수	0

정당 기호제는 거대 정당에 유리하다는 비판도 있다. 위쪽 혹은 앞에 배치되어 있는 후보자가 상대적으로 눈에 잘 띄고, 후보자들을 자세히 모르는 유권자는 앞에 제시된 사람을 선택할 가능성이 높기 때문이다. 이 때문에 정당 기호제를 폐지하고 추첨이나 가나다 순서대로 배치하자는 주장도 있다.

정당을 별도 기호로 표시하지 않는 나라도 많다. 예컨대 미국, 영국, 프랑스, 일본에는 정당 기호제 자체가 없다. 후보자를 나열하는 순서는 있는데, 우리 교육감 선거처럼 추첨으로 결정하거나 알파벳 순서로 정하기도 한다.

토론으로 생각 넓히기

우리도 추첨 민주주의를 도입하면 어떨까?

오래전부터 민주주의를 실현하는 한 가지 방식으로 추첨이 활용되어 왔다. 고대 아테네, 로마, 피렌체 등에서도 추첨을 통해 대표자를 뽑았는데, 특히 아테네에서는 500명으로 구성된 보울레(Boule)라는 시민대표 조직을 추첨으로 뽑았다. 캐나다나 스위스 일부 지역에서도 추첨으로 시민총회를 구성하며, 우리나라에서는 국민참여 재판의 배심원을 뽑을 때 추첨을 한다.

선거는 경쟁이 과열될 경우 부작용도 많지만, 추첨은 자원한 사람들 중에서 제비뽑기를 하므로 과열될 이유가 없다. 또한 전문 정치인이나 법조계, 학계 등 이른바 '엘리트'만이 아니라 평범한 회사원, 대학생, 식당 종업원, 결혼 이민자, 비정규직 노동자 등도 추첨을 통해 대표가 될 기회를 얻을 수 있다.

우리 사회에도 추첨 민주주의를 도입한다면 어떤 분야에서 먼저 시작해 보는 게 좋을까?

미디어는
어떻게 정치에
영향을 미칠까?

책, 인터넷, TV, 스마트폰 등은 우리 일상에 가
까이 있는 도구들이다. 이들의 공통점은 무엇일까? 여러 가지 답이 있
겠지만, 그중에서도 시시각각 정보를 제공한다는 점이 가장 중요해 보
인다. 그래서 때로는 신체의 일부처럼 여겨진다. 이러한 도구를 미디어
(media)라고 부른다.

 미디어란 무엇이며 어떤 성격을 띠고 있을까?

미디어란 정보를 전달하는 매개체를 가리킨다. 흔히 사용하는 인터

194

넷, TV, 스마트폰, 책, 신문 등이 여기에 해당한다.

미디어 혹은 매스 미디어(mass media)는 '대중매체'라는 말로 번역한다. 그리고 크게 구 미디어(old media)와 뉴미디어(new media)로 구분한다. 구 미디어는 신문, 잡지, 책, 라디오, TV 같은 전통적인 매체를 가리키고 뉴미디어는 인터넷, IPTV, 스마트폰같이 비교적 최근에 등장한 매체를 가리킨다. 구 미디어는 정보가 한 방향으로 흐르는 데 비해 뉴미디어는 쌍방향적인 정보 전달과 미디어 간 융합을 강조한다.

이런 미디어를 통해 우리는 매일 정치 소식을 접한다. 정치인이 어떤 말을 했는지, 정당이 무슨 활동을 하고 있는지 등을 말이다. 선거 기간에 미디어는 각 후보자 소식이나 공약을 소개하고 후보자 토론회도 개최한다. 정당과 후보자가 만든 홍보 영상이나 문구도 미디어를 통해 접할 수 있다. 미디어는 대통령이나 주요 정당 대표의 기자회견, 국회 청문회, 정치적 쟁점에 대한 전문가 토론 등도 보여준다.

그래서 미디어는 여론 형성과 정책 결정에 큰 영향을 미친다. 미디어를 통해 확산되는 정보는 시민들 사이에서 일정한 여론을 만들고, 그것은 정부, 국회, 정당 등에 전해져 의사 결정에 변수로 작용한다.

인사청문회*가 그 좋은 예이다. 대통령이 국무총리나 장관 같은 고위 공직자를 임명하기 전에 국회에서 인사청문회를 실시한다. 미디어는 인사청문회를 생방송으로 중계하는데 단지 중계만 하는 것이 아니라, 때로는 후보자가 그 자리에 적합한지, 부정부패를 저지른 적은 없는지 등을 취재하기도 한다. 실제로 미디어를 통해 과거의 잘못이 공개되어 낙마한 고위 공직자 후보들이 적지 않다.

한편 영향력이 큰 미디어의 의도에 따라 특정한

인사청문회
대통령이 임명한 고위 공직자 후보가 공직을 수행하는 데 적합한 업무 능력과 도덕성을 갖추었는지에 대해 국회에서 검증하는 제도.

방향으로 여론이 쏠릴 가능성도 있다. 미디어가 특정 정치인에 대해 반복적, 집중적으로 부정적인 보도를 하면 많은 사람들이 그 정치인에 대해 부정적인 인식을 가질 수 있다.

최근에는 온라인 사이트를 중심으로 가짜 뉴스, 댓글 조작, 검색어 조작 등이 일어나 여론이 왜곡되는 사례도 늘고 있다.

미디어는 정치의 파수견이 되어야 한다

미디어는 정보를 만들어서 널리 전달하는 데 그치지 않는다. 때로는 정치적 변화를 반영하기도 하고, 정치적 변화를 이끌거나 막아버리기도 한다. 정치에서 미디어가 차지하는 비중은 점점 커지고 있다. 미네소타 대학교의 필립 티체노(Phillip Tichenor) 교수는 정치권력에 대한 미디어의 역할을 개에 비유하여 다음과 같이 구분했다.

첫째, 감시견 혹은 파수견(watch dog)이다. 정치권력을 감시하고 비판하는 미디어의 역할을 강조한 말이다. 이 경우 미디어와 정치권력은 긴장과 갈등 관계를 유지할 가능성이 높다. 미디어는 정치권력과 자본으로부터 독립되어 자율적으로 움직이면서 시민의 자유와 민주주의를 지키는 데 기여한다. 미국의 제3대 대통령 토머스 제퍼슨은 "언론 없는 정부보다 차라리 정부 없는 언론을 택하겠다"라는 말을 했다. 언론의 파수견 역할을 강조한 것이다.

둘째, 사냥견(hunting dog)이다. 미디어가 사냥감을 쫓는 사냥개처럼 정부 기관, 정치인, 정당을 무차별적으로 비판할 때가 있다. 특히 정권 말기처럼 권력이 약해졌을 때 집요하게 공격하여 정권을 길들이기도 한

다. 그 과정에서 때로는 특종 기사를
터뜨리려다가 인권을 소홀히 하는 경
우도 있다.

셋째, 애완견(lap dog)이다. 주인의 무
릎 위에서 재롱을 부리고 사랑받는 애
완견처럼 정치권력에 아부하며 그로부
터 보호받는 모습을 강조한 것이다. 권
력을 잡고 있는 개인이나 세력에게 유
리한 보도를 하면서 그 대가로 상업적
이득을 보기도 한다. 이 경우 미디어는
정치권력에 종속되어 비판과 감시를 하기 어렵다.

넷째, 경비견(guard dog)이다. 미디어가 본래의 임무를 수행하기보다
는 권력을 가진 지배 집단과 기득권을 보호하는 경우를 이른다. 이때
미디어는 기득권 세력의 일부가 되어서 권력을 행사하고 스스로를 지
키려는 모습을 보인다. 미디어는 공익을 위해 일정한 가치관을 견지해
야 하는데, 이와는 반대로 이해에 따라 쉽게 논조를 바꾸고 적과 동지
를 바꾸기도 한다.

잠자는 개(sleeping dog)로 묘사되는 경우도 있다. 중요한 사건이 발
생해도 미디어가 별다른 반응을 보이지 않는 모습을 가리킨다. 이 역시
미디어의 본질에서 벗어난 모습이다.

위의 비유 중 가장 바람직한 미디어의 모습은 감시견(파수견)이다. 나
머지는 미디어의 자유를 무비판적으로 활용하거나 정치권력에 종속되
어 변질된 형태다.

미디어는 정부 기구나 공식적인 권력 기관은 아니지만, 민주주의의

유지와 발전을 위해 반드시 필요하다. 그래서 때로는 미디어(언론)를 입법부·행정부·사법부에 이어 제4부라고 부르기도 한다. 많은 사람들이 다음과 같이 미디어의 중요성을 강조해 왔다.

🎙 펜은 칼보다 강하다. ─에드워드 불워 리턴(영국 소설가)

🎙 언론은 사람들이 알기 원하는 것이 아니라 알아야 할 필요가 있는 것을 말하려고 해야 한다. ─월터 크롱카이트(미국 〈CBS 뉴스〉 앵커)

🎙 나는 백만 총검보다도 신문 석 장이 더 두렵다. ─나폴레옹

🎙 언론이 진실을 보도하면 국민은 빛 속에서 살 것이고, 권력의 시녀로 전락하면 어둠 속에서 살 것이다. ─김수환 추기경

이제 미디어가 정치 발전에 기여한 사례를 살펴보자.

 워터게이트 사건을 세상에 알린 신문

워터게이트(Watergate) 사건은 1972년 미국 공화당의 닉슨 대통령이 이끌던 행정부가 민주당의 선거운동본부를 도청하려 한 사건이다. 민주당 선거운동본부가 있던 미국 워싱턴 D.C.의 워터게이트 호텔에 5명의 괴한이 몰래 침입하여 도청 장치를 설치하려다가 발각되었다. 이 사건을 최초로 보도한 신문은 《워싱턴포스트》이다.

워터게이트 사건을 보도한 1974년 8월 9일 자 《워싱턴포스트》지 1면

    닉슨 대통령과 그의 보좌관들은 백악관은 아무 관계가 없다고 주장했지만 조사 결과는 달랐다. 진실이 드러난 데는 《워싱턴포스트》의 기자 밥 우드워드와 칼 번스타인의 공로가 특히 컸다. 당시 20대 젊은 기자였던 두 사람은 막강한 권력을 가진 현직 대통령과 행정부에 위축되지 않고 취재를 계속했다. 그리고 미심쩍은 부분을 지속적으로 세상에 알렸다.

    결국 이 사건으로 인해 닉슨 대통령에 대한 탄핵소추가 미국 하원에서 가결되었고 닉슨은 임기를 다 채우지 못한 채 사임하기에 이르렀다. 워터게이트 사건은 〈모두가 대통령의 사람들〉이라는 제목의 영화와 책 (『워터게이트: 모두가 대통령의 사람들』)으로 만들어지기도 했다.

    닉슨은 사임을 발표하는 기자회견에서 이렇게 말했다. "나는 오늘 대통령으로서 가장 어려운 결단을 내립니다. (…) 사실을 있는 그대로 밝혀낸 것은 '제도'입니다. (…) 단호한 배심원, 정직한 검찰, 용감한 판사, 자유로운 언론이 바로 그 제도입니다."

이 사건 이후 미국 사회에는 몇 가지 변화가 나타났다. 하나는 정치권력이 개입된 비리 사건을 심층 취재하는 미디어가 늘어났다는 것이다. 미디어의 속성상 그날그날의 뉴스가 중요하지만 정치인의 비리에 대해서는 몇 년이 걸리더라도 취재를 포기하지 않는 분위기가 만들어진 것이다.

또한 주로 정치와 관련된 커다란 비리가 터질 경우 '게이트'라는 말을 붙이는 것이 관습이 되었다. 예를 들어 1976년 우리나라 정보 기관이 미국 정치인들에게 뇌물을 주고 미국 정부에 영향력을 행사하려 한 사건은 '코리아게이트(Koreagate)'로, 2016년 대통령 선거 때 후보였던 도널드 트럼프가 러시아와 공모하여 선거에 영향을 끼치려 했다는 의혹을 받는 사건은 '러시아게이트(Russiagate)'라고 부르는 식이다.

 북아프리카의 민주 혁명에 기여한 SNS

2010~2011년 튀니지, 알제리, 이집트, 리비아 등 북아프리카 여러 나라에서 대규모 반정부 시위가 일어났다. 이때 SNS가 큰 역할을 했다. 우리나라 국회입법조사처가 내놓은 《이슈와 논점》 193호의 「이집트의 정치격변과 인터넷 차단의 정치 효과」(2011)라는 보고서에 따르면, 이집트는 정부가 언론을 강력하게 통제하여 정부에 대한 비판이 거의 없는 나라였다.

당시 이집트에서는 전체 인구의 20% 정도인 약 2,000만 명이 인터넷을 사용하고 600만 명 정도는 페이스북 등 SNS 사용자였다. 정부도 TV나 신문은 검열하고 통제할 수 있었지만 SNS까지 일일이 통제하기는 어려웠다. 방송과 신문은 정치권력의 보복이 두려워 자국에서 일어난 인권 탄압을 제대로 보도하지 못했는데, 그러한 사실이 SNS를 통해 이집트는 물론 전 세계로 퍼져나갔다.

또한 시민들이 자발적으로 참여한 시위도 온라인으로 더욱 확산되었다. 이집트 경찰에 의해 타살된 시민을 추모하며 독재자 무바라크의 퇴진을 요구하는 시민들이 검은 옷을 입고 길을 등진 채 5미터 간격으로 서서 시위하는 모습은 온라인을 통해 널리 공유되었고, 해외에 있는 이집트인들도 많이 참여했다.

이런 활동 등을 통해 이집트 국민을 지지하는 국제 여론이 만들어졌고 결국 독재자 무바라크 대통령이 자리에서 물러났다.

"딱 걸렸어", 비디오 판독 역할을 하다

야구·축구·배구·테니스 등 스포츠 경기에는 비디오 판독 제도가 있다. 과거에는 "오심도 경기의 일부"라면서 모든 경기에는 어느 정도 오심이 나타날 수밖에 없다고 여겼다. 그러나 요즘은 다르다. 심판이 육안으로 잡지 못한 부분을 방송 중계용 카메라가 잡아낸다. 물론 카메라도 완벽하지는 않지만 과거에 비해 오심을 크게 줄일 수 있는 것만은 틀림없다.

스포츠에서 비디오 판독이 하는 역할은 정치에서 미디어가 수행하는 긍정적 역할과 비슷하다. 정치인들은 어떤 말이나 행동을 해놓고도 그것이 자기에게 불리하다 싶으면 발뺌하는 경우가 종종 있다. 분명히 기억하는 사람이 있더라도 증거가 없고 상대가 끝까지 우긴다면 어떻게 해볼 도리가 없다.

그런데 정치인이 뇌물을 받으며 청탁을 받는 대화 녹취록, 시민에게 욕설과 막말을 하는 동영상, 멋진 공약을 내걸어 당선되고도 그런 공약을 한 적이 없다는 정치인의 선거 유세 음성 파일 등이 있다면? 그러면 그제야 잘못을 인정하고 사과한다. 스포츠의 비디오 판독처럼 미디어의 카메라와 녹음기에 '딱' 걸린 것이다.

최근 많은 언론사가 이른바 '팩트체크(fact check)'라는 코너를 운영하고 있다. 팩트체크란 사실(fact)을 확인한다(check)는 의미다. 미국에서는 'www.factcheck.org'라는 사이트가 유명하다. 이 사이트는 펜실베이니아대학교의 애넌버그 공공정책센터에서 운영하는데, 미국의 주요 정치인들이 TV 광고, 연설, 인터뷰 등에서 한 말을 꼼꼼하게 저장하고 분석하면서 거짓이나 모순이 있는지를 가려낸다.

시민들은 이 사이트에 접속하여 어떤 정치인이 무슨 말을 했는지, 어떤 정책이 누구 때문에 실패했는지 등 질문을 올릴 수 있고, 사이트 측에서는 철저하게 사실에 근거해서 답변을 올린다.

워터게이트 사건을 폭로한 것으로 유명한 《워싱턴포스트》지는 '피노키오 테스트'라는 것을 실시한다. 정치인의 거짓말 정도에 따라 피노키오 개수를 1개부터 4개까지 부여한다. 그리고 매년 최악의 거짓말을 한 사람에게 '피노키오 대상'을 수여한다.

이 외에도 영국 BBC 방송사의 〈BBC 현실 체크(BBC Reality Check)〉,

	전체 사실을 말하지 않고 일부를 생략한 경우. 약간의 거짓을 포함한다.
	사실을 크게 누락하거나 과장한 경우. 절반 정도가 거짓이다.
	사실에 중대한 오류가 있거나 명백하게 모순되는 경우. 대부분이 거짓이다.
	새빨간 거짓말을 하는 경우. 모두 거짓이다.

프랑스 《르몽드》지의 '해독자(Les Décodeurs)', 이탈리아의 '정치 성적표(Pagella Politica)', 아르헨티나의 'Chequeado.com', 브라질의 '사실 속으로(Aos Fatos)', 인도의 '붐(Boom)' 등 많은 나라에서 팩트체크 관련 사이트나 코너를 운영하고 있다.

우리나라도 예외는 아니다. JTBC 〈뉴스룸 팩트체크〉, 서울대학교 언론정보연구소의 factcheck.snu.ac.kr 등 방송사, 대학 등이 팩트체크 관련 프로그램이나 사이트를 운영하고 있다.

토론으로 생각 넓히기

선거철에 언론이 지지하는 후보나
반대하는 후보를 밝히는 것이 좋을까?

후보자들이 치열한 경쟁을 벌이는 선거 기간에 미디어가 전문가적인 판단으로 특정 후보를 지지하거나 반대하는 의견을 제시하면 시민의 판단을 도와주는 걸까, 아니면 더 혼란스럽게 하는 걸까?

서구의 많은 미디어들은 사실에 해당하는 '기사'는 중립적으로 쓰고, 의견에 해당하는 '사설'에서는 특정 후보를 지지·반대하는 내용을 담기도 한다. 2016년 미국 대통령 선거를 앞두고 《USA 투데이》라는 언론사는 다음과 같은 사설을 썼다. "미국의 유권자들에게 우리는 충고한다. 자신의 판단을 믿어라. 그러나 무엇을 하든지 위험한 선동에는 저항하라. 어떤 상황에 있든 투표는 꼭 하라. 다만, 도널드 트럼프는 찍지 마라."

우리나라도 이런 사설을 기대해 볼 수 있을까? 가능하다면 어떤 선거에서 시작해 보는 게 좋을까?

진실과 가짜 뉴스
사이에서,
미디어의 역기능

　　민주주의에서 '제4부'라고까지 할 정도로 미디어
는 중요하다고 했다. 그런데 미디어가 늘 정치 발전에 긍정적인 역할만
할까? 그렇지 않다. 때로는 민주정치의 발전을 가로막는 장애물이 되기
도 한다. 사람들은 다음과 같이 미디어의 역기능을 꼬집기도 한다.

　🎤 내가 신문을 비난하는 건 매일같이 하찮은 일에 우리가 주의를 기
　　울이도록 만들기 때문이다. ―마르셀 프루스트(프랑스 문학가)

　🎤 언론의 자유를 부르짖는 사람은 그것을 남용하려는 사람뿐이다.

―괴테

신문에는 대략 50%의 그릇된 희망과 47%의 그릇된 예언, 그리고 3%의 진실밖에 없다. ―게오르그 리히텐베르크(독일 과학자)

(언론의) 거짓말과 그것을 쉽게 믿는 성질이 하나가 되어 여론을 만든다. ―폴 발레리(프랑스의 문학가)

그렇다면 미디어가 정치 발전을 방해하는 경우에는 어떤 것이 있을까?

정치를 혐오의 대상이나 흥밋거리로 만들기

일부 미디어는 정치를 지나치게 갈등 중심으로, 혹은 부도덕한 면에 집중하여 묘사하곤 한다. 물론 적절한 비판 자체는 미디어 본연의 기능이므로 꼭 필요하다. 그러나 특정 정치인의 언행, 사생활, 갈등 관계 등에 대한 비판이 도를 넘거나 본질을 벗어날 경우, 오히려 정치에 대한 혐오를 부추기고 정책에 대한 관심을 흐리게 만드는 부작용을 초래한다.

선거를 자극적으로 묘사하기 위해 전쟁이나 경마에 비유하는 표현도 미디어에 많이 등장한다. '결투', '복수전', '사생결단', '결사항전'처럼 전쟁을 묘사할 때나 쓰는 표현, '현재 ○○○가 앞서고 있다', '초 접전이다', '바짝 뒤쫓고 있다', '순위가 뒤집어졌다'처럼 경마 중계에나 나오는 표현이 적지 않게 들린다.

이렇게 경쟁과 흥미를 자극하는 표현을 자주 쓰면 '그래서 누가 승자인가'라는 관점에서 순위에만 관심을 갖고, 정작 진지하게 검증해야 할 공약이나 정책, 후보자의 도덕성 문제에는 소홀해질 수 있다. 경마 시합이라면 말의 도덕성이나 기수의 자질보다는 순위가 중요할 것이다. 하지만 선거에서는 순위뿐 아니라, 후보의 능력과 도덕성도 살펴야 한다. 그것이 시민의 삶과 직결되기 때문이다.

 정치권력을 견제하지 못할 때

다음은 과거 대통령의 해외 순방 소식을 전한 A국 방송사의 보도 내용이다. A국이 어느 나라라고 생각되는가?

대통령께서는 오랜 가뭄 끝에 이 강토에 단비를 내리게 하고 떠나시더니 돌아오시는 오늘은 지루한 장마 끝에 남국의 화사한 햇빛을 안고 귀국하셨습니다. ―1981년 동남아시아 순방 소식 보도

(미국에) 단비를 몰고 온 우리나라 대통령을 취재하기 위해 미국의 보도진 80여 명과 국내 보도진 70여 명의 취재 경쟁이 2월 워싱턴 겨울비 추위를 녹였다. ―1981년 미국 방문 및 정상회담 소식 보도

지난 17일간 대통령 각하의 아프리카, 캐나다 순방은 우리가 이제 위대한 시대의 위대한 영도자 밑에서 위대한 국민이 된 긍지와 기쁨을 갖게 해주신 위대한 여정이었습니다. ―1982년 아프리카, 캐나다 방문 소식 보도

'화사한 햇빛을 안고', '단비를 몰고 온', '위대한 영도자' 같은 표현을 보고 혹시 북한이라고 생각하지는 않았는가? 북한에는 대통령이 없는데!

이 보도 내용은 1980년대 우리나라 방송 뉴스에서 가져온 것이다. 앞서 이야기한 '애완견' 같은 모습으로 정치권력에 찬사와 미사여구를 늘어놓는 모습이다. 이런 상황에서는 정치권력에 대한 감시와 비판, 견제가 제대로 작동하기 어렵다. 미디어의 무기력함은 곧 민주주의의 훼손, 정치 후퇴로 이어지고 그로 인한 피해는 고스란히 시민에게 돌아간다.

 편향된 관점을 주입할 때

어제 국회에서 무슨 일이 있었는지, 선거에서 누가 당선됐는지, 다른 나라 대통령이 우리나라에 와서 무슨 말을 했는지 등 거의 대부분의 정치 뉴스를 우리는 미디어로 접한다. 그래서 미디어가 어떤 사건을 골라 전해주느냐, 그 사건을 얼마나 비중 있게 다루었느냐, 누구를 인터뷰했느냐 등에 따라 우리의 생각도 달라질 수 있다.

미디어가 정치에 접근할 때는 사실과 가치를 엄격하게 구분하고 공정하게 보도해야 한다. 그런데 실제로는 미디어가 추구하는 가치에 따라 관점이 다르고, 그에 따라 사실에 대한 평가도 상반되는 경우가 많다.

미디어가 다양한 관점으로 사건을 바라보는 것은 당연하다. 다만 그 관점 때문에 명백한 사실을 왜곡하거나 가치에 편파적으로 개입하는 것은 민주정치 발전에 걸림돌이 될 수 있다.

 정치를 오염시키는 가짜 뉴스

2016년 영국의 옥스퍼드 사전에서는 '탈-진실(post-truth)'이라는 단어를 올해의 단어로 뽑았다. 이는 많은 사람들이 딱딱하고 무거운 진실을 별로 좋아하지 않는 성향과 관계가 있다. 또한 객관적인 사실보다 개인적인 신념이나 감정, 부분적인 경험 등이 여론 형성에 더 큰 영향을 주는 세태를 반영했다고도 볼 수 있다.

이러한 흐름과 맞물려 최근 '가짜 뉴스(fake news)'의 영향력이 커지고 있다. 가짜 뉴스는 얼핏 보기에 진짜 뉴스와 비슷하지만 내용은 조작된 것이다. 이런 가짜 뉴스는 특히 정치 영역에서 나쁜 영향을 끼치고 있다. 가짜 뉴스는 어떤 특징을 띠고 있을까?

첫째, 자극적이다. 일반적으로 뉴스는 일정 부분 특이성을 띤다. 예컨대 개가 사람을 문 일이 특별히 화제가 될 것은 없다. 그러나 사람이 개를 물었다면 흥미로운 기사가 될 수 있다. 개가 사람을 물었더라도 만약 물린 사람이 대통령이라면 그것 역시 큰 기삿거리다. 특히 가짜 뉴스는 사람들의 시선을 잡아끄는 독특하고 자극적인 내용을 기사 형식으로 유포하므로 사람들이 쉽게 속는다.

둘째, 편향적이다. 가짜 뉴스는 특정 개인이나 집단에 부정적인 인상을 주는 내용이 많다. 예를 들어, 어떤 정치인이나 정당이 나쁜 사건에 관련되었다고 기사를 조작하여 흠집을 내려 할 수 있다. 긍정적인 내용보다는 부정적인 기사가 사람들의 주목을 더 많이 받는 경향을 이용한 것이다.

셋째, 빠르게 확산된다. 가짜 뉴스는 특히 SNS, 스마트폰, 인터넷 등과 결합하여 간단하게 전송·수신할 수 있다. 클릭이나 터치만 하면 쉽게 접근할 수 있기 때문에 확산 속도도 빠르고 범위도 매우 넓다. TV 뉴스나 종이 신문, 인터넷 포털 사이트 등에는 가짜 뉴스가 많지 않은 편이지만, 페이스북, 트위터, 카카오톡 등에서는 흔하다. 사람들은 그 기사를 누가 썼는지 어느 언론사에서 나왔는지 살피기보다는 제목이나 사진만 슬쩍 보는 경우가 많다. 그리고 그 뉴스를 빠르게 옮긴다.

 가짜 뉴스는 왜 만들까?

2003년 4월 1일에 한 네티즌이 장난으로 미국 언론사인 CNN의 모방 사이트를 만들어 빌 게이츠가 피살되었다는 기사를 올렸다. 우리나라 방송사들이 이를 속보로 보도하고 주식 시장이 요동치는 등 큰 혼란이 있었다. 이런 가짜 뉴스는 누가, 왜 만드는 것일까?

첫째, 흥미와 호기심 때문이다. 만우절에 장난으로 가짜 기사를 올리는 사람들이 있다. 사람들이 속으면 거기에서 만족을 얻는 것이다.

둘째, 돈을 벌기 위해서이다. 가짜 뉴스는 온라인에서 큰 위력을 발휘한다. 제목을 선정적으로 뽑아 링크를 걸면 많은 사람들이 클릭을 한다. 거기에 상업광고를 걸어놓고 방문자 수와 연동하여 수익을 얻는 식이다.

셋째, 여론을 조작하기 위해서이다. 가짜 뉴스는 특히 정치·경제·외교 등에 관한 것들이 많다. 어떤 후보의 도덕성에 흠집을 내기 위해, 혹은 어떤 정당의 정책을 폄하하기 위해 가짜 뉴스를 만들어 퍼뜨리는 경우가 있다. 사람들이 거기에 자주 노출되면, 뉴스가 사실이 아니더라도 논란이 커지고 부정적인 여론까지 만들어낼 수 있다.

 ## 가짜 뉴스는 왜 위험한가?

2016년 미국 대선 과정에서는 민주당 후보였던 힐러리 클린턴에게 불리한 가짜 뉴스가 많이 등장했다. 이를테면 이런 식이다.

- 프란시스코 교황이 도널드 트럼프를 지지한다.
- 힐러리 클린턴이 무장 테러 단체인 IS에 무기를 공급했다.
- 힐러리 클린턴이 워싱턴 D.C.의 한 피자 가게에서 아동 성매매 조직을 운영하고 있다.

이 뉴스들은 힐러리 클린턴을 선거에서 떨어뜨리기 위해 만들어졌는데, 선거 이후까지 영향을 미쳤다. 이 뉴스 때문에 총기 사고가 벌어진 것이다. 2016년 12월 4일 미국 워싱턴 D.C.의 피자 가게 '카밋 핑퐁'에서 한 20대 남성이 총을 쏘며 난동을 부렸다. 범인은 힐러리 클린턴이 그 가게를 기반으로 아동 성매매 조직을 운영했다는 뉴스를 보고 그것을 직접 확인하기 위해 총을 들고 나섰다고 진술했다.

그런데 앞서 말했듯이 그 뉴스는 가짜였다. 이 일을 두고 힐러리 클린턴은 "가짜 뉴스는 정치나 당파의 문제가 아니다. 가짜 뉴스 때문에 시민의 삶이 위험에 처할 수 있다"라고 말했다. 이렇듯 가짜 뉴스가 위험한 이유는 무엇일까?

첫째, 사람들의 정확한 판단을 방해한다. 워낙 정보량이 많고 바쁜 시대라서 얼핏 보면 어떤 기사가 진짜인지 가짜인지 구분하기가 쉽지 않다. 위조지폐와 진짜 지폐를 가리기 어려운 것처럼 말이다. 2016년 미국 대통령 선거 전 약 3개월 동안 페이스북에서 상위 20위 안에 들었던 뉴스 중 진짜 뉴스에 달린 '좋아요+공유+댓글 수'가 약 736만 건이었는데, 가짜 뉴스에는 약 871만 건이 달렸다. 가짜 뉴스가 호응을 더 많이 받은 것이다. 이러한 결과는 가짜 뉴스가 개인의 결정에도 충분히 영향을 미칠 수 있음을 보여준다.

둘째, 가짜 뉴스는 불필요한 논쟁과 비효율을 야기한다. 누군가가 가짜 뉴스를 올리면, 그게 사실인지 아닌지 확인해야 한다. 애초에 가짜 뉴스가 없었더라면 할 필요도 없는 일이다. 여기에 시간과 비용이 들기 때문에 사회 전체적으로 매우 비효율적이다. 가짜 뉴스에서 부정적으로 묘사된 사람이 대응하지 않고 가만히 있을 경우 마치 사실이라고 인정하는 것처럼 보일 수 있으므로, 스스로 해명해야 하는 부담까지 안게 된다.

셋째, 앞으로 가짜 뉴스의 생산과 공유는 더욱 많아질 가능성이 크다. 뉴미디어 사용 비율이 지속적으로 높아지고 있으며 이를 통해 가짜 뉴스를 접하는 사람도 점점 많아질 것이다. 특히 SNS 등을 통해 정치적 견해나 사고가 비슷한 사람들끼리만 상호작용을 하는 경우도 많다. 그 과정에서 의견이 한쪽으로 쏠리기 쉽고 가짜 뉴스가 넘쳐날 가능성도 높아진다.

넷째, 사람들의 확증 편향과 맞물린다. 확증 편향이란 자신이 원래 가지고 있던 생각이나 신념을 확인하고자 하는 경향을 가리킨다. "눈은 마음이 보고 싶어 하는 것만 본다"는 말로 이를 설명할 수 있다. 확증 편향으로 인해 사람들은 자기의 신념을 더 단단하게 해주는 정보를 편식한다.

예를 들어 A당 후보를 지지하고 B당 후보를 싫어하는 사람이라면 B당 후보에게 불리한 가짜 뉴스가 나왔을 때 그것을 가짜 뉴스라고 생각하기 전에 자신의 선택이 옳았음을 확인할 것이다.

정치 발전을 위한 시민의 미디어 리터러시

정치 발전을 가로막는 존재가 아닌, 발전에 기여하는 미디어가 되려면 우선 미디어 스스로가 노력해야 한다. 정부나 기업도 권력이나 돈을 이용해 미디어의 자유를 훼손해서는 안 된다. 미디어가 제 역할을 해내는지 감시하는 시민의 역할도 중요하다. 이를 위해서는 미디어 리터러시가 매우 중요하다.

미디어 리터러시란 미디어를 비판적으로 이해하고 활용하는 능력을 가리킨다. 미디어가 제공하는 정보를 비판적 사고 없이 받아들이는 것은 위험하다. 미디어를 민주주의 발전에 유용하게 활용하려면 시민의 주체적인 의식과 능력이 필요하다.

이와 관련하여 2017년 2월 국제도서관연맹에서 제시한 '가짜 뉴스 판별법'을 참고해 볼 필요가 있다. 시민의 미디어 리터러시를 높이는 데 도움을 얻을 수 있다.

	행동	해설
1	누가 정보를 제공하는지 꼼꼼히 살펴라	실제로는 존재하지 않는 대학이나 연구소, 언론사 등의 이름이 인용된 경우가 많다. 믿을 만한 기관에서 나온 정보인지 확인한다.
2	내용을 주의 깊게 읽어라	클릭을 유도하기 위해 선정적인 제목을 다는 경우가 많으니 제목에 낚이지 않도록 주의한다. 제목뿐 아니라 내용이 말이 되는지 확인한다.
3	저자를 확인하라	검색 사이트 등을 통해 저자가 실제로 존재하는지, 믿을 만한 사람인지 확인한다.
4	근거를 확인하라	제시된 근거가 터무니없지는 않은지, 주장을 입증할 수 있는 것인지 확인한다.
5	날짜를 확인하라	이미 잊고 있는 과거의 일을 현재의 일인 것처럼 보도한 경우를 주의한다.
6	농담이나 풍자인지 확인하라	재미나 풍자를 목적으로 하는 가짜 뉴스도 있으므로 저자와 출처가 진짜인지 확인한다.
7	자신에게 편견이 있는지 살펴보라	자신의 특정한 신념이 기사 선택이나 사실 판단 등에 영향을 줄 수 있으므로 그 점에 주의한다.
8	전문가에게 문의하라	판단이 어려울 경우 도서관이나 팩트체킹 사이트 등을 활용한다.

가짜 뉴스 판별법

진짜 뉴스? 가짜 뉴스? 맞혀보세요

한국언론진흥재단은 2017년 2~3월 인터넷 등을 통해 국민에게 유포되었던 사회 및 국제 분야의 진짜 뉴스 2건과 가짜 뉴스 4건을 섞은 뒤 어느 것이 진짜/가짜 뉴스인지 구분해 보는 테스트를 진행했다.

전국 20~50대 성인 남녀 1,084명을 대상으로 온라인 설문조사를 했는데, 그 결과 6건을 모두 구별한 응답자는 1.8%에 불과했다. 절반인 3건을 맞힌 응답자도 38%에 머물렀다. 전체의 55% 정도는 6개 중 절반 이하를 맞히는 데 그쳤다.

사람들에게 제시했던 6건의 뉴스는 다음과 같다.

1. "트럼프 미국 대통령은 의회 연설에서 북한의 김정은에 대해 '완전히 미쳤다'며 선제타격이 필요하다고 말했다." (3월 2일)

2. "경찰청장이 친박 단체의 집회 과열 양상을 두고 박사모 회장 등에 대해 사법적 책임을 묻겠다고 밝혔다." (3월 13일)

3. "국내 외국인이 200만 명을 넘으며 작년 외국인 범죄 건수가 사상 최초로 4만 건에 육박했다." (2월 1일)

4. "중국에서 날아 오는 철새가 인체 감염 AI(조류인플루엔자) 균을 몰고 올 수 있다고 분석됐다." (2월 27일)

5. "강남역 살인 사건 이후 여성들이 남성에게 욕설하고 돌 던지는 남성 혐오 범죄가 연이어 발생하고 있다." (2월 23일)

6. "사드 배치 때문에 중국이 모든 포털 내 뮤직 코너에서 한국 음악 차트를 삭제하고 업데이트를 중단했다." (3월 3일)

가짜 뉴스 식별 결과

맞힌 수	응답자 비율(%)
6개	1.8
5개	12.8
4개	29.2
3개	38.0
2개	12.5
1개	5.2
0개	0.5

정답	오답률(%)
6. 가짜 뉴스 (일부 사이트에서 내렸다가 복구)	75.1
5. 가짜 뉴스 (거꾸로 여성 혐오 범죄가 발생)	22.7
4. 가짜 뉴스 (보건 당국이 '사실과 다르다'고 밝힘)	40.8
3. 진짜 뉴스	30.0
2. 진짜 뉴스	36.7
1. 가짜 뉴스 (의회에서 이런 발언을 한 적이 없으며, 선제타격도 언급한 적 없음)	58.9

자료: 한국언론진흥재단
20~50대 성인 남녀 1,084명 조사

인종을 뛰어넘은 리더십

남아프리카공화국의 위대한 아버지
넬슨 만델라
Nelson Mandela, 1918~2013

넬슨 만델라에게는 몇 가지 애칭이 있다. 위대하다는 뜻의 쿨루(Khulu), 아버지를 뜻하는 타타(Tata), 어른이라는 뜻의 마디바(Madiba) 등이 그것이다. 만델라는 남아프리카공화국은 물론 세계적으로 존경받는 인물이다.

만델라는 남아프리카공화국에서 흑인에게 선거권을 부여한 이후 첫 대통령 선거에서 당선된 최초의 흑인 대통령이다. 그는 남아프리카공화국에서 법학을 공부하고 1944년 아프리카민족회의(ANC)라는 단체에 가입하여 반(反)아파르트헤이트(Apartheid) 운동을 벌였다.

아파르트헤이트는 서로 다른 인종 간 혼인 금지, 인종별 시설 분리는 물론, 어떤 직무를 수행할 때 백인이 하는 일을 흑인이 대신할 수 없고, 흑인이 백인보다 높은 서열에 있어서는 안 된다는 등의 규정을 담고 있던 남아프리카공화국의 인종분리·인종차별 정책이다. 과거 영국의 식민지였던 남

아프리카공화국은 백인이 10%, 그리고 나머지는 다른 인종이었는데 대부분이 흑인이었다. 그런데 10%의 백인이 타인종을 차별하는 정책을 고집한 것이다.

만델라는 소수의 백인 정권이 강압적으로 추진한 차별 정책 아파르트헤이트를 폐지하기 위해 오랫동안 투쟁하고 헌신했다. 그 때문에 무려 27년 동안 감옥에 갇혀 있다가 1990년에 이르러서야 석방되었다. 1991년 마침내 아파르트헤이트가 폐지되었고, 이에 대한 공로를 인정받아 1993년 노벨 평화상을 수상했다.

1994년 남아프리카공화국에서는 흑인을 포함한 모든 인종이 참여하는 선거를 실시했는데, 만델라가 압도적인 지지를 받아 대통령에 취임했다.

만델라가 대통령이 된 후 어떤 일이 벌어졌을까? 최초의 흑인 대통령이 등장하자, 남아프리카공화국의 백인들은 흑인들이 복수하지 않을까 걱정했고, 흑인들은 이제 흑인들의 시대가 펼쳐지리라 기대했다.

그러나 만델라는 '진실과 화해 위원회'를 구성하여 과거 백인들의 인권 탄압 행적을 밝히되, 그들을 처벌하지 않고 용서했다. 그리고 "용서하되 잊지는 않겠다"라고 선언하며 국민통합을 이루는 데 기여했다. 이로써 만델라는 차별과 탄압을 화해와 용서로 승화했다는 평가를 받았다.

만델라는 우리나라 김대중 대통령과도 인연이 깊다. 두 사람 모두 노벨 평화상을 수상했고, 오랜 감옥 생활을 하면서도 민주주의 신장에 기여했다는 공통점을 가지고 있다. 그래서 김대중 대통령의 별명 중 하나가 '한국의 만델라'이다.

두 사람은 개인적 관계도 밀접했다. 만델라가 쓴 『만델라 자서전: 자유를 향한 머나먼 길』은 《뉴욕타임스》가 뽑은 20세기 최고의 책으로 선정되기도 했는데 그 책을 한글로 번역해 한국에 소개한 사람이 김대중 대통령이다. 김대중 대통령이 1997년 네 번째로 대선에 출마할 때 만델라는 27년 동안 감옥에서 지니고 있던 오래된 시계를 선물하기도 했다.

미국 최초의 흑인 대통령
버락 오바마
Barack Hussein Obama, 1961~

오바마는 미국의 44대 대통령으로, 미국 최초의 흑인 대통령이다. 그의 아버지는 케냐 출신 흑인이고 어머니는 영국계 백인이다. 어린 시절 어머니를 따라 인도네시아에서 4년간 생활하기도 했다. 오바마는 하버드대학교 로스쿨을 졸업하고 시카고에서 인권 변호사로 일하다가 일리노이주 상원의원을 거쳐 미국 역사상 네 번째로 젊은 대통령이 되었다. 그는 높은 지지율을 유지하여 2008년에 이어 2012년에도 재선되고 2017년 1월 퇴임했다.

오바마는 십대 시절 마약에 손댄 적이 있는데 그게 자신의 가장 큰 도덕적 실수라고 고백했다. 자신의 어두운 과거를 두고 그럴 수밖에 없었다는 등 합리화하며 억지 변명을 하는 정치인이 많은데, 그는 솔직하게 실수를 인정했다. 그래서 기존 정치인들과는 다른, 정직한 인물이라는 이미지도 갖고 있다.

오바마의 대표적인 업적 중 하나는 '오바마 케어'라 불리는 제도로 건강보험 혜택을 확대한 것이다. 미국은 정부가 개입하여 제공하는 건강보험이 다른 선진국에 비해 미약해서 민간보험이 발달한 편이었다. 그로 인해 특히 상당수의 흑인을 비롯한 저소득층이 적절한 의료 혜택을 받지 못하는 문제를 해결하기 위해 오바마는 2014년까지 정부의 지원하에 미국 국민의 건강보험 가입을 의무화하는 개혁을 실시했다.

오바마가 속한 민주당은 이 법안을 지지했지만 공화당에서는 반대가 많았다. 오바마는 반대하는 다른 당 의원들에게도 직접 전화를 걸어 법안을 지지해 달라고 설득하였고 마침내 입법에 성공했다. 이로써 미국 국민의 95% 정도가 의료보험 혜택을 볼 수 있게 되었다.

4장
민주정치의
주인이 되는 길

　민주정치가 무엇인지 아무리 잘 알고 있어도, 민주정치를 이룰 훌륭한 장치를 아무리 많이 가지고 있어도 민주정치의 주인인 시민이 그것을 그저 바라만 보고 있으면 아무런 소용이 없다. 시민의 참여가 있어야만 민주정치를 완성하는 길로 나아갈 수 있다. 이 장에서는 청소년이 단지 '미래의 주역'이 아니라 '현재의 주권자'로서 민주정치의 주체임을 확인해 보자.

1

정치 참여,
나와 공동체를
위한 선택

　　　"**하버드대학교 학생 수십 명**, 3주 동안 총장실 점
거하고 항의 시위"

　　2001년 4월 미국 전역뿐 아니라 세계를 떠들썩하게 만든 뉴스이다.
세계 최고의 대학 중 하나인 하버드대학교에서, '공부벌레'라고 소문난
학생들이 공부는 하지 않고 왜 총장실까지 차지하며 3주 동안이나 시
위를 했을까?

　　이유는 하버드대학교에서 청소, 요리, 건물 관리 등을 하는 노동자들
의 임금이 터무니없이 낮았기 때문이었다. 학생들은 자산이 무려 20조
원이 넘을 만큼 부자인 하버드대학교가 노동자들에게는 최저 기준에

한참 못 미치는 임금을 준다며, 이는 대학의 명성에 어울리지 않는 이중적인 행동이라고 비판했다.

그들은 교내에 "위선적인 대학에 오신 것을 환영합니다", "노동자들은 학교 명성만으로 살아갈 수 없다" 같은 문구를 적은 현수막을 걸고 노동자들의 임금 인상을 요구했다. 대학 측은 처음엔 학생들의 요구를 묵살하다가 시간이 흐를수록 학생들에 대한 지지가 높아지자 태도를 바꾸었다. 결국 대학이 이 문제를 풀기 위한 위원회를 구성하기로 약속하면서 시위는 마무리되었다.

이는 학교 구성원인 학생이 스스로 나서서 학교 문제를 해결해 낸 대표적인 사례다. 여기에서 정치 참여의 단면을 엿볼 수 있다.

정치 참여란 시민이 정치 공동체의 의사 결정에 관계하여 영향을 미치는 것을 말한다. 시민은 이를 통해 개인의 이익은 물론 공동체의 안정과 발전도 이끌어낼 수 있다. 정치 참여는 시민의 자발적인 의사에 따라 이루어질 때 진정한 의미가 있다.

참여는 종종 동원과 혼동되기도 한다. 그런데 둘은 명확히 구분되어야 한다. 어떤 행사에 사람이 많이 모여 있다고 해서 그들이 전부 '참여'했다고 볼 수는 없다. 동원을 통해서도 사람을 많이 모을 수 있기 때문이다.

동원에는 크게 두 가지 방법이 있다. 하나는 강제고 다른 하나는 유인이다. 예컨대 어떤 행사에 나가지 않으면 불이익을 주겠다며 명령하거나 지시하면 그것은 강제다. 어떤 모임에 나오면 보상을 하겠다며 돈이나 선물로 유혹한다면 그것은 유인이다.

참여는 강제나 유인 없이 스스로의 판단에 따라 이루어진다. 때로는 불편함이나 불이익을 감수하면서까지 행동에 나선다. 이를 가능하게 하는 것은 바로 참여 의식이다. 참여 의식은 옳고 그름에 대한 분별력과 옳은 것을 지키고자 하는 의지에서 비롯된다.

 ## 정치 참여에 대한 오해 바로잡기

정치 참여의 범위에 대해서는 여러 가지 오해가 있다.

첫째, 대의 민주주의에서는 대표자 선출이나 국민투표에 참여하는 것이 정치 참여의 전부라고 오해할 수 있다. 물론 투표는 기본적이고 중요한 참여 방식이지만 그게 전부는 아니다.

국가 기관이 시민의 자유와 권리를 위해 위임받은 정치권력을 올바르게 사용하고 있는지 끊임없이 감시하는 노력도 중요한 정치 참여다. 국가의 권력을 견제하는 시민의 참여가 있어야만 정치권력이 민주적으로 행사되기 때문이다. 그렇게 보면 선거나 투표 이외에도 시민이 나서야 할 영역이 매우 넓어진다.

둘째, 정치 참여를 몇몇 개인이나 특정 집단의 이익 추구 수단으로 오해하는 경우도 있다. 물론 민주주의 사회는 다양한 이해관계와 가치가 공존하는 곳이기 때문에 누구라도 자신의 이익을 주장할 수 있다. 그런데 그것이 단지 부나 명예, 권력에 대한 사사로운 욕구를 채우기 위해서인지, 정치 공동체 속에서 충분히 용인될 수 있는지는 신중하게 검토해야 한다.

시민의 정치 참여는 민주주의의 시작이자 완성이다. 그런 의미에서 선거 같은 일부 영역으로만 축소되지 않고 삶의 전 영역으로 확장되어야 한다. 앞서 소개한 하버드대학교 학생들의 시위는 구성원의 정당한 권리 요구, 공익 실현을 통한 공동체의 발전을 도모했다는 점에서 확장된 정치 참여의 좋은 사례다.

교복을 바꾸고 싶다! 정치로 해결해 볼까?

지금 입는 교복에 만족하는가? 디자인, 색깔, 가격, A/S 등이 모두 마음에 드는가? 혹시 교복을 바꾸고 싶다면 어떻게 하는 게 좋을까? 교복을 아예 입지 않는 것은 어떨까? 교복을 입을지 말지는 누가 결정하는 것일까? 어떤 교복을 입을지는 누가 결정할까?

사회에는 다양한 이해관계가 존재한다. 그리고 그것이 서로 충돌하기도 한다. 그러므로 무언가를 결정할 때는 그 정책에 영향을 받는 여러 사람들의 목소리를 골고루 듣고 반영하려는 노력이 필요하다. 민주주의 사회에서는 이를 정치 과정이라고 한다. 정치 과정이란 다양한 이해관계가 표출되고 집약되어 공식적인 정치권력을 통해 정책으로 결정 및 집행되는 과정을 가리킨다.

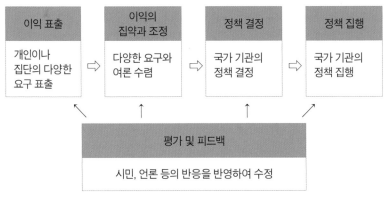

사회의 다양한 목소리를 반영해 정책이 만들어지는 과정

이익 표출	학생, 학부모의 다양한 의견 제시 "교복 디자인이 촌스러워." "지금 교복은 너무 불편해." "교복 색깔이 맘에 안 들어." "지금 교복이 좋아."
이익의 집약과 조정	학생, 학부모, 교사가 참여하는 설문조사와 회의 실시 ⇩ 학교 구성원 다수가 교복 교체에 찬성한다는 의견 확인
정책 결정	학생, 학부모, 교사가 참여하는 '교복선정위원회'를 만들고 거기에서 교복 후보 세 가지를 제안하기로 결정
정책 집행	교복선정위원회에서 제시한 교복 후보들을 놓고 학교 구성원이 투표하여 한 가지 선택
평가 및 피드백	새로운 교복을 입고 생활하면서 나타나는 문제점이나 긍정적 측면에 대한 의견을 수렴하여 개선 가능한 부분은 다음 해에 변경

정치 과정 사례 : 교복 바꾸기

여기에 교복 바꾸는 문제를 대입해 보자. 여기서 한 가지 주목할 점은 어떤 정책이 결정되고 시행된 후라도 구성원의 의견이나 사회 변화 등을 고려하여 보완하고 수정해야 하는 경우도 있다는 것이다.

 정치에 참여하는 구체적인 방법들

정치 과정의 첫 단계는 바로 시민의 이익 표출이다. 그 방법으로는 첫째, 선거와 투표가 있다. 이는 민주주의 사회에서 시민이 정치에 참여할 수 있는 가장 기본적이고 공식적인 방법이다. 이를 통해 대표자를 선출하거나 어떤 정책에 관한 의견을 표현할 수 있다.

둘째, 조직을 만들거나 조직을 활용하여 정치에 참여할 수 있다. 여기서 말하는 조직으로는 정당, 이익 집단, 시민단체 등이 있다. 시민은 자신과 뜻이 맞는 정당이나 시민단체에 가입하여 활동할 수 있다. 자신의 이익을 지켜줄 수 있는 이익단체를 통해 의사를 표현하는 것도 가능하다. 조직에 직접 가입하지 않더라도 이들이 주도하는 집회나 서명 운동에 참여하는 방식도 있다.

셋째, 여론 형성을 통해 정치에 참여할 수 있다. 시민 다수의 의견이 여론으로 형성되면 그것은 국가나 정당의 정책 결정에 영향을 미친다. 시민의 의견은 주로 언론을 통해 전해지는데, 최근에는 시민이 직접 정보를 창출하고 전달하는 역할을 담당하기도 한다. 인터넷을 중심으로 활성화되고 있는 '1인 미디어'가 그 예이다. 정치 관련 블로그나 팟캐스트 방송 등을 통해 기존 매체가 다루지 못하는 사회 구석구석의 정치 문제와 그에 대한 생각을 자유롭게 공유하는 방식이 확산되고 있다.

토론으로 생각 넓히기

문자 테러인가 VS 문자 항의인가

2017년 5월 국회에서 국무총리 후보자에 대한 인사청문회가 열렸다. 일반적으로 야당 의원들은 후보자를 검증하는 과정에서 후보자에게 날카로운 질문을 던지거나 다그치기도 한다. 그런데 이번에는 그러한 야당 의원들에게 수백, 수천 통의 문자가 날아들었다. 주로 대통령과 국무총리 후보자를 지지하는 시민들이 보낸 것으로 일부 야당 의원들의 고압적이고 무례한 태도, 그들의 비리나 부도덕한 행위 등을 비판하는 내용이었다.

야당 의원들은 그것을 정상적인 청문회 활동을 방해하는 '문자 테러', '문자 폭탄', '만행' 등으로 규정했다. 문자가 한꺼번에 많이 오면 일상적인 생활을 할 수가 없다는 불만도 있었다.

하지만 일부 시민들은 그것이 현대 기술을 활용한 직접적이고 정당한 시민의 의사표현이라고 반박했다. 또한 시민의 목소리에 '테러'라는 표현을 쓰는 것은 옳지 않다고 주장했다. 어느 의견이 더 설득력 있어 보이는가?

위협적인 문자 테러이다

- 후보자 검증을 하는 야당 의원에게 '당신은 얼마나 깨끗하길래 그러한 질문을 하느냐'는 문자를 보내는 것은 검증을 하지 말라는 것과 같다.
- 몇 개 정도라면 몰라도 문자를 수백 개 보내면 국회의원으로서 정상적인 업무를 할 수 없으니 멈추어야 한다.
- 욕설이나 비난이 담긴 문자를 보내는 것은 의견 표명이 아니라 범죄이므로 중단해야 한다.

정당한 문자 항의이다

- 국회의원은 시민의 쓴소리에도 귀를 기울일 줄 알아야 한다.
- 국회의원 선거 때 후보자나 정당도 유권자에게 문자를 무차별적으로 보내지 않는가? 시민도 전화, 이메일, 문자 등 여러 가지 방법으로 국회의원에게 자유롭게 의사표현을 할 수 있다.
- 국회의원들이 선거 때 전화번호, 이메일 등이 적힌 명함을 돌렸는데, 그것은 시민의 여러 가지 목소리를 듣겠다는 뜻 아닌가?

2
정치적 무관심을
넘어서야 하는 이유

시민이 적극적으로 정치에 참여해야 한다는 내용의 인터넷 신문 기사에 다음과 같은 댓글이 달렸다고 해보자.

더 많이 투표해야 한다고? 정치에 더 많이 참여하라고? 그러면 뭐가 달라지지? 정치에 열심히 참여하는 사람이 오히려 손해를 보는데…….
관심 가져봐야 나만 피곤한데…….

이런 주장에 대해 어떻게 생각하는가? 무관심을 옹호하는 이런 글에 사람들이 호응한다면 그 까닭은 무엇일까? 위의 밑줄 친 부분 같은 일이 실제로 일어날까?

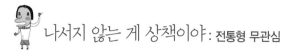

나서지 않는 게 상책이야 : 전통형 무관심

정치적 무관심은 정치 상황에 대해 주체적으로 생각하거나 행동하지 않는 태도를 가리킨다. 말 그대로 정치가 잘 되든 못 되든 아무 관심이 없는 것이다. 이는 정치 참여를 가로막는 큰 장애물이다. 정치적 무관심은 다음과 같이 몇 가지 유형으로 구분할 수 있다.

전통형 무관심	신뢰형	지도자가 알아서 잘 하겠지.
	무정치형	참여하면 오히려 피해를 볼 수 있어.
현대형 무관심	탈정치형	예전엔 기대했는데 이젠 관심을 껐어.
	사생활형	내 일과 가족 문제가 더 중요해.
	생계형	내 코가 석 자라 정신이 없어.
	소비형	정치 말고도 재미있는 게 너무 많아.
	실존형	정치에 관심 없는 척하자.

정치적 무관심의 7가지 유형

전통형 무관심은 전통 사회에서처럼 왕이나 소수 귀족이 정치권력을 행사하고 다수의 피지배자들은 거기에 따르는 사회에서 나타나는 무관심을 가리킨다.

정치학자 로버트 달은 이것을 다시 두 가지로 구분했다. 첫째는 신뢰형 무관심이다. 피지배자들이 지배자의 능력과 정치권력의 정통성을 신뢰하기 때문에 나타나는 무관심이다. 이 경우 사람들은 의무감을 가지고 투표에 잘 참여하는데 그게 전부다. 선거가 끝나면 정치권력을 감시하거나 비판하는 모습을 보기 어렵다.

아무리 능력 있는 지도자라도, 이런 무관심이 지속되면 방심하게 된다.

결국 그 지도자가 무슨 일을 저지르든 방치하는 결과에 이를 수 있다.

둘째는 무정치형 무관심이다. 정치 참여로 얻는 이익보다 피해가 더 크다고 생각할 경우 정치에 무관심해지는 경우다. 정치에 참여하여 목소리를 내면 감시와 탄압을 받거나 생계에 손해를 입는다고 생각될 때 관심을 내려놓는 것이다. 요즘 일부 학교는 학생들이 SNS 등으로 학교를 비판하면 불이익을 주는 경우가 있는데, 이런 조치도 학생들의 무관심을 야기할 수 있다.

 ## 정치는 무슨! 먹고사는 게 먼저지 : 현대형 무관심

근대 이후 선거권이 확대되면서 더 많은 시민이 정치에 참여할 수 있게 되었는데, 그럼에도 불구하고 오히려 정치적 무관심은 늘어난 측면이 있다. 이를 '현대형 무관심'이라 부른다. 데이비드 리스먼, 해럴드 라스웰 등의 논의를 종합하여 현대형 무관심도 몇 가지 양상으로 나눌 수 있다.

첫째, 탈정치형 무관심(굴절적 무관심)이다. 원래는 정치에 관심이 많아서 기대가 높고 투표에도 열심히 참여했는데 자신의 바람이 계속 이루어지지 않아 여러 번 실망한 끝에 관심을 버리는 것을 말한다.

둘째, 사생활형 무관심이다. 사회 전체의 이익이나 공공 정책에 대한 관심보다는 개인의 성공과 발전, 가족의 행복에 관심을 갖는 것을 가리킨다. 예컨대 입시 제도가 바뀐다 하면 결정 과정이나 사회적 파장에는 관심이 없고, 자신에게 유리한가 불리한가만을 따진다.

셋째, 생계형 무관심이다. 이른바 '먹고사니즘'이 여기에 해당한다. 생계에 몰두하다 보니 정치에 관심을 가질 만한 여유가 없는 것이다. 아리

스토텔레스는 "독재자(참주)는 국민을 가난하게 만드는 정책을 좋아한다"라고 했다. 국민들이 생계에 바빠 정치에 관심을 두지 못하는 게 독재자에겐 좋은 상황이기 때문이다.

넷째, 소비형 무관심이다. 스포츠, 오락, 게임, 패션 등 대중문화나 상품에는 관심이 많으나 정치는 멀리하는 경우다. 쉽고 재미있고 가벼운 것을 선호하는 오늘날의 풍조를 반영한 것이기도 하다. 일부 정치인들이 활용하는 우민화 정책도 이와 관계가 있다. 우민화 정책은 국민이 어리석은 대중으로 머물게 하는 정책을 말한다. 세계 여러 나라의 독재자들이 국민에게 스포츠, 영화, TV 프로그램 등 오락성 문화를 제공하면서 정치에서 관심을 돌리게 한 사례가 있었다.

다섯째, 실존적 무관심이다. 이것은 일종의 '의도된 무관심'이라고 할 수 있다. 실제로는 관심이 있지만 표출하지 않다가 일정한 때가 되면 드러낸다. 2016년 미국 대통령 선거에서는 '샤이 트럼프(shy Trump)'라는 말이 있었다. 실제로는 도널드 트럼프 후보를 지지하면서도 의사를 드러내지 않는 사람들을 가리키는 말이다. 당시 트럼프 후보는 말실수나 스캔들이 빈번해서 역대 미국 대통령 후보 가운데 가장 질이 떨어진다는 말이 나올 정도였다.

그러니 속으로는 트럼프를 지지하면서도 누가 지지하는 후보를 물어보면 "나는 정치에 관심 없어", "트럼프에 대해 잘 몰라" 하는 식으로 대응했다. 이런 지지자는 여론 조사에서 잘 포착되지 않다가 실제 선거에 가서야 그 존재가 드러났다.

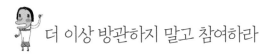 더 이상 방관하지 말고 참여하라

무관심을 버리고 정치에 참여하면 어떤 점이 좋을까?

첫째, 시민의 주권의식이 높아진다. 시민은 참여를 통해 자신이 민주사회의 진정한 주인임을 증명할 수 있다. 이로써 정치 엘리트 중심의 대의 민주주의를 보완하면서, 참여 민주주의의 정신을 발휘하게 된다.

둘째, 시민의 이익을 보호한다. 공공문제에 관한 의사 결정 과정에 참여함으로써 자신의 이익을 적극적으로 보호하고 증진할 수 있다. 정부기관이나 대표자의 잘못된 의사 결정은 곧 시민에게 피해로 돌아오므로, 참여로써 이를 방지하고 감시해야 한다.

셋째, 공동체의 이익을 증진한다. 참여는 궁극적으로 사회를 보다 나은 방향으로 변화시키고자 하는 것이다. 다수 시민들의 자발적인 참여는 사회를 성숙하게 만들고 그로 인한 공적 행복(public happiness)을 구성원에게 제공한다.

234

많은 사람들이 정치적 무관심에 대해 경고하며 정치 참여의 가치를 강조했다. 몇 가지 소개하면 다음과 같다.

정치를 외면한 가장 큰 대가는 저질스러운 자들에게 지배당하는 것이다. —플라톤

자유와 평등은 모든 사람들이 다함께 정부의 일에 최대한 참여할 때 가장 잘 실현될 수 있다. —아리스토텔레스

영국인은 스스로를 자유롭다고 생각하는데 그건 잘못되었다. 그들이 자유로울 때는 단지 의회 선거 기간뿐이다. 의원들이 선출되고 나면 다시 노예가 된다. —루소

정부는 그 나라를 구성하는 개인들을 반영한다. 국민보다 수준이 높은 정부는 국민 수준으로 내려가고, 국민보다 수준이 낮은 정부는 국민 수준으로 올라간다. 고상한 국민은 고상하게 다스려지고, 무지하고 부패한 국민은 무지막지하게 통치받을 것이다.

—새뮤얼 스마일스(스코틀랜드 작가)

(이 나라가) 어쩌다가 이렇게 부정과 탄압이 만연하게 됐죠? 과거에는 자유롭게 비판하고 의사를 표현할 수 있었는데 이젠 감시를 받으며 침묵을 강요 당해요. 누구의 잘못인가요? 가장 큰 책임은 정부에게 있지만, 이 지경이 되도록 방관한 건 바로 여러분(시민)입니다.

—영화 〈브이 포 벤데타〉 중에서

정치적 무관심이 가져온 비극

정치적 무관심은 어제오늘의 일이 아니다. 고대 아테네에서는 시민들의 민회 참여를 독려하기 위해 수당을 지급했다. 그래도 참가자가 늘지 않자 금액을 더 올리기도 했다. 미국의 주민회의인 타운미팅에서는 불참자를 줄이기 위해 불참자에게는 벌금을 내게 하기도 했다. 그럼에도 처음에는 주 1회였던 타운미팅 횟수가 월 1회로 줄더니 그마저도 뜸해졌다가 나중에는 아예 다른 참석자에게 위임하는 사람들도 생겼다.

독재자 히틀러는 시민의 무관심을 활용하여 통치했다. "국민을 다스리는 데는 빵과 서커스만 있으면 된다"는 말을 하기도 했다. 먹을 것과 놀거리만 있으면 대중은 정치같이 머리 아픈 일에 신경 쓰지 않고 살아간다는 것이다.

히틀러의 주장은 고대 로마의 사례에서 나온 것이다. 실제로 로마에서는 시민권을 가진 자에게 매달 한 달치 빵과 콜로세움(원형 경기장)에서 시합을 관람할 수 있는 표를 배급했다. 이것을 복지 정책으로 보는 견해도 있지만, 결과적으로 로마 시민을 '어리석은 백성'으로 만드는 데 일조했음을 부인하기 어렵다. 콜로세움에서 경기를 관람하고 그 이야기를 나누느라 정치를 멀리하게 된 것이다.

이와 비슷하게 포르투갈에는 안토니우 살라자르 독재 정권 당시 3F(Futebol, Fatima, Fado) 정책이 있었다. 이는 축구, 종교(가톨릭), 민속 음악(구슬픈 노래)을 가리킨다. 3F 정책으로 포르투갈 국민들의 정치에 대한 관심이 줄고 문맹률까지 높아져서, 서유럽에서 문맹률이 가장 높은 국가로 꼽히게 되었다. 우리나라에서도 1980년대에 국민의 관심을 정치에서 돌리기 위해 3S(Sports, Screen, Sex) 정책이 실시되었다. 그로 인해 프로 스포츠, 영화,

오락성 프로그램 등이 활발해졌다.

정치적 무관심은 어떤 결과를 가져올까? 독일의 마르틴 니묄러 목사는 한때 나쁜 정치를 못 본 척하고 나치를 지지했다가 나중에 이를 반성하며 다음과 같은 시를 남겼다.

그들이 처음 왔을 때

나치가 공산주의자들에게 왔을 때
나는 침묵하고 있었다
나는 공산주의자가 아니었으니까

그들이 사회주의자들을 가둘 때
나는 잠자코 있었다
나는 사회주의자가 아니었으니까

그들이 노동조합에 왔을 때
나는 항의하지 않았다
나는 노동조합원이 아니었으니까

그들이 유대인에게 왔을 때
나는 침묵을 지켰다
나는 유대인이 아니었으니까

그들이 내게 왔을 때
항의해 줄 이가 아무도 남아 있지 않았다

이런 무관심을 '방관자 효과(bystander effect)'로 설명할 수 있다. 방관자 효과는 사람이 많이 모여 있는데도 어려움에 처한 사람을 아무도 돕지 않는 현상을 가리킨다. 꼭 내가 아니더라도 다른 누군가가 도와줄 거라고 생각하기 때문이다.

선거에서도 '유권자가 나 말고도 수천만 명인데 굳이 내가 투표하지 않아도 누군가는 하겠지'라고 생각할 수 있을 것이다. 어떤 정치 스캔들이 터졌을 때 '내가 아니더라도 다른 사람들이 문제 제기를 하겠지'라고 생각할 수 있다. 그런데 사람들이 전부 그렇게 생각한다면 어떻게 될까? 니묄러 목사의 시에 답이 있다.

3 정치 참여 주체들은 어떤 일을 할까?

우리나라 대부분의 초등학교와 상당수 중학교에서 전면 무상급식을 실시하고 있다. 이를 고등학교까지 확대하자는 목소리가 여러 지역에서 제기되고 있는데, 과연 고등학교에도 무상급식이 도입될 수 있을까? 예산이 부족하다며 반대하는 목소리도 만만치 않다.

강원도는 2018년부터 전국 최초로 고등학교에서도 모든 학년, 모든 학생에게 무상급식을 실시하겠다고 발표했다. 이 결정은 누가, 어떻게 내린 걸까? 여기에는 어떤 목소리들이 담겨 있을까? 전면 무상급식이 실시되어 온 과정을 살펴보면서 다양한 정치 참여 주체들의 역할을 알아보자.

개인 : 무상급식에 대해 뜻이 같은 후보에게 투표하고 글을 올리기

전면 무상급식은 경상남도 거창군에서 처음 실시한 이후, 2009년 경기도교육감 보궐 선거에서 한 후보자가 공약으로 제시하면서 널리 알려지기 시작했다. 2010년 지방 선거에서는 무상급식을 공약으로 내건 후보가 전국적으로 늘었다. 곧 무상급식 문제는 뜨거운 관심사가 되었고 찬반도 팽팽했다.

이런 쟁점을 앞에 두고 개인은 어떻게 참여할 수 있을까? 가장 기본적인 방법은 투표다. 무상급식을 지지하면 이를 공약으로 제시한 후보를 찍고, 반대하면 그 후보에게 표를 주지 않는 것이다. 자신의 의견을 인터넷 게시판이나 휴대폰 메시지 등을 통해 다른 사람에게 알리기도 한다.

전면 무상급식을 지지하는 사람은 이를 공약으로 내세운 후보에게는 격려 전화를, 반대하는 후보에게는 항의 전화를 할 수도 있다. 전면 무상급식 대신 일부 저소득층에게만 급식을 지원하는 데 찬성하는 사람도 후보자에게 자신의 뜻을 알림으로써 의사를 표출할 수 있다.

 시민단체 : 찬성/반대 집회, 서명 활동, 대안 제시

전면 무상급식을 도입하려면 상당한 예산이 필요하다. 그러므로 이는 어느 개인의 문제가 아니라 사회 전체의 문제다. 시민단체는 이와 같이 공적인 문제를 해결하여 공익을 추구하기 위해 시민이 주축이 되어 만든 단체다. 정치, 경제, 사회, 교육, 환경, 인권, 정의, 평화, 복지 등 다양한 문제에 관심을 가지고 있으며 정부나 정당, 기업으로부터 독립되

어 자발적으로 활동한다.

많은 시민단체들은 무상급식이 우리 사회의 교육과 복지 수준을 한 단계 높여줄 수 있다고 보았다. 그래서 이를 찬성하는 집회도 열고 지지하는 시민들의 서명도 받았다. 예산 부족으로 무상급식이 어렵다고 말하는 정부나 정당에게는, 다른 분야에서 낭비하는 세금을 아껴 급식비를 확보하는 방안을 제시하기도 했다. 한편, 무상급식은 공짜가 아니라 세금으로 운영하는 것인데 '무상'이라는 표현이 오해를 불러일으킨다고 보았다. 그래서 '보편급식', '의무급식' 같은 용어를 대안으로 제시하기도 했다.

 이익 집단
: 이익에 따라 무상급식 찬성/반대, 정당이나 정부를 압박하기

전면 무상급식을 실시하면 이익을 보는 사람도, 손해를 보는 사람도 있을 것이다. 예를 들어 학교 주변에 자리 잡은 김밥 전문점이나 도시락 업체들은 매출이 다소 줄 수도 있다. 그 경우 식품업체들이 소속된 요식업 단체는 전면 무상급식에 반대하는 주장을 펼칠 수 있다. 더 나아가 전면 무상급식을 지지하는 정치인이나 정당에 항의 의사를 전하며 선거에서 표를 주지 않겠다고 압박하기도 한다.

요식업 단체는 음식업에 종사하며 이해관계를 같이하는 사람들이 만든 것이다. 이처럼 특정한 이익을 보호하기 위해 만든 단체를 이익 집단이라고 한다. 학원을 운영하는 사람들은 학원연합회, 의사들은 의사협회, 노동자들은 노동조합, 기업인들은 경영자 단체를 만들어서 집단의 이익을 추구한다. 그 과정에서 다른 집단의 이익이나 사회 전체의 이익

과 충돌하기도 한다.

이익 집단은 자신들의 주장이 반영될 수 있도록 국회, 정부, 정당에 압력을 가하는 경우가 많다. 특히 선거철에 그러한 경향이 많이 나타난다. 이러한 특성 때문에 이익 집단을 압력 단체라고 부르기도 한다.

정당

: 무상급식 찬성/반대 지지자 확보, 선거나 투표에서 찬성/반대 홍보

전면 무상급식 문제에 정당들도 큰 관심을 가졌다. 그래서 다양한 사람들의 의견을 듣고 그것을 토대로 구체적인 정책을 개발하여 지지를 호소했다. 한 정당은 전면 무상급식은 돈이 너무 많이 들어가니, 소득이 상대적으로 낮은 가정의 학생(전체의 50%)에게만 무상급식을 실시하는 방안을 제시했다.

다른 정당은 그런 정책은 학생이 눈칫밥을 먹게 되어 상처를 받을 수 있다며 전면 무상급식에 필요한 구체적인 예산 확보 방안을 제시했다. 이 문제를 두고 선거와 주민 투표에서는 전면 무상급식이 좀 더 높은 지지를 받았다. 그래서 현재 많은 지역에서 전면 무상급식을 실시하고 있는 것이다.

정당은 대체로 비슷한 정치적 입장을 가진 사람들이 모여서 정책을 만들고 선거를 통해 정권을 획득하고자 하는 집단이다. 정당은 선거에서 이기기 위해 각종 정책을 개발하고 다른 정당과 경쟁한다. 시민들은 자신이 지향하는 신념과 가치를 가장 잘 구현해 줄 수 있다고 생각하는 정당을 선거에서 지지함으로써 정치적 의사를 표현한다.

언론
: 무상급식 관련 뉴스 보도, 무상급식에 관한 여론 전달 및 조성

전면 무상급식이 왜 문제가 되고 어떤 장단점이 있는지, 시민들은 어디서 정보를 얻을까? 주로 언론을 통해서이다. 전면 무상급식과 관련하여 당시 언론들은 정당 관계자, 시민단체, 이익 집단 등의 주장을 상세하게 보도했다. 또한 많은 토론회를 개최하여 각각의 주장이 널리 공유될 수 있도록 했다. 언론사 자체적으로 전면 무상급식에 대한 찬성과 반대 주장을 분석하여 어떤 문제점이 있는지, 그리고 어떤 대안이 있는지 등을 제시하기도 했다.

방송, 신문, 잡지, 인터넷 같은 언론은 사회 현상에 관한 시민의 다양한 목소리를 담아내고 전달한다. 언론은 시민 다수의 의견인 여론을 전달하는 데 그치지 않고, 그것을 형성하는 데도 많은 영향을 끼친다.

국가 기관 : 무상급식 관련 법과 정책을 결정하고 집행

우리나라에서 전면 무상급식은 각 지방 차원에서 실시된다. 경기도에서는 실시하는데 경상남도에서는 하지 않을 수도 있는 것이다. 무상급식을 실시할지 말지는 중앙정부가 아니라 각 지방정부가 결정하기 때문이다. 각 지방에는 지방의회, 지방자치단체장, 지역 교육감 등이 있는데 이들은 여러 정치 참여 주체들의 의견을 반영하여 전면 무상급식실시 여부, 시기, 범위, 예산 확보 방안 등을 최종 결정한다.

지금까지 소개한 다양한 정치 참여 주체들의 목소리는 궁극적으로

국가 기관(국회, 정부, 지방의회, 지방자치단체장 등)을 향해 표출된다. 어떤 정책을 최종적으로 결정하고 집행하는 공식적인 권한은 오직 국가 기관만이 가지고 있기 때문이다. 국가 기관은 정치 참여 주체들의 요구를 공정하게 수렴하여 보다 올바르고 합리적인 정책을 만들고 집행해야 하는 책임이 있다.

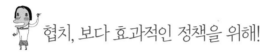

협치, 보다 효과적인 정책을 위해!

정치 참여 주체들은 독자적으로 기능하기도 하지만, 다른 주체들과 상호작용을 하기도 한다. 예를 들어 정당은 선거에서 이기기 위해 다른 정당과 경쟁하며 대립하다가도 국가 안보나 자연재해 같은 문제 앞에서는 적극적으로 협력하기도 한다. 이익 집단에 속하는 사용자 단체와 노동자 단체는 임금이나 근무 조건 등이 맞지 않을 때 갈등을 겪지만, 회사가 위기에 닥치면 타협하는 모습을 보이기도 한다.

최근에는 시민단체와 정부 간의 협력 사례도 늘고 있다. 시민단체는 정부가 정책을 잘 만들고 집행하는지 감시하고 비판하는 역할을 수행하기 때문에 둘은 기본적으로 견제하고 대립한다. 그러나 전문적인 지식과 역량을 모아 정책을 추진해야 할 경우에 정부는 전문성을 갖춘 시민단체가 정책 결정 및 집행 과정에 참여하도록 한다.

이런 방식을 거버넌스(governance)라고 하는데, 다양한 주체가 협력하여 통치에 참여한다고 해서 협치(協治)라고 번역하기도 한다. 거버넌스는 보다 효과적인 정책을 만들어내는 데 기여한다.

교육 분야에서도 거버넌스를 주장하는 목소리가 높다. '(사)사교육걱정없는세상'이라는 시민단체에 따르면, 우리나라 교육부 장관의 평균 임기가 1년 3개월도 채 되지 않고, 입시 제도는 3년 9개월에 한 번 꼴로 바뀌었다고 한다. 그런 데다 교육 정책을 일부 교육 관료가 중심이 되어 폐쇄적인 방식으로 결정 및 집행했고, 이로 인한 피해는 고스란히 청소년과 학부모가 짊어져야 했다.

이러한 문제를 해소하기 위해 교육 관료는 정책 집행만 담당하고 결정은 전문성과 대표성을 지닌 사람들에게 맡겨야 한다는 것이 이 단체의 주장이다. 이를 통해 학부모, 시민단체, 교사단체 등의 목소리를 보다 많이 반영할 수 있다고 본다.

뉴스에 자주 등장하는 정당 관련 용어들

방송이나 신문에는 정당에 관한 용어가 자주 등장한다. 이 용어들의 뜻을 알게 되면 뉴스가 쏙쏙 귀에 들어올 것이다.

여당(與黨, leading party)

정권을 잡고 있는 정당을 가리킨다. '여'는 '함께'라는 의미로 행정부와 함께 활동하는 정당이라는 의미다. 반드시 다수당이 여당이 되는 것은 아니다. 대통령 중심제에서는 대통령이 소속되어 있는 정당이 여당이고, 의원내각제에서는 총리와 내각을 배출한 정당이 여당이다. 의원내각제에서는 일반적으로 의회의 과반을 차지한 정당이 여당이지만, 과반을 획득한 정당이 없을 경우에는 여러 개의 정당이 연합하여 공동 여당이 만들어지기도 한다.

야당(野黨, opposition party)

여당의 반대말로 정권을 잡고 있지 않은 정당을 가리킨다. 여당을 견제하고 다음 선거에서 정권을 얻기 위해 노력한다. 제1야당은 야당 중에서 의회 의석수가 가장 많은 정당을, 제2야당은 야당 중에서 의회 의석수가 두 번째로 많은 정당을 가리킨다.

여소야대(與小野大)

대통령 중심제에서 여당 의원 수보다 야당 의원 수가 더 많은 상황을 가리킨다. 의원내각제에서는 의석수의 과반을 넘겨야 총리를 배출할 수 있으므로 여소야대 상황이 발생하기 어렵다.

제1당, 제2당

제1당은 정당 중에서 의회 의석수가 가장 많은 정당이다. 제1당이 반드시 의석수의 과반 이상을 차지하는 것은 아니다. 제2당은 두 번째로 많은 의석수를 가진 정당을 가리킨다.

원내(院內) 정당, 원외(院外) 정당
원내 정당은 1명 이상의 의원을 가지고 있는 정당을, 원외 정당은 의원이 1명도 없는 정당을 가리킨다.

교섭단체
의회에서 중요한 안건을 협의하기 위해 일정한 수 이상의 의원들로 구성한 단체를 가리킨다. 우리나라에서는 20명 이상의 국회의원을 가진 정당을 교섭단체라고 부른다. 교섭단체인 정당은 국회에서 주요 의사 결정과 관련한 협의에 참여할 수 있다.

군소(群小) 정당
의석이 적거나 아예 없는 작은 정당을 통틀어 가리키는 말이다. 교섭단체를 구성하지 못할 경우 일반적으로 군소 정당으로 분류된다.

보수 정당·진보 정당·중도 정당
보수 정당은 급격한 변화를 추구하기보다는 보수적인 가치를 지키고 유지하는 것을 강조하는 정당이다. 권위와 전통 존중, 안정과 질서, 의무와 책임, 효율성 등을 중시하는 경향이 있다.
진보 정당은 현상 유지보다는 변화를 강조한다. 개혁과 변화, 보편적 인권, 사회적 약자 보호, 차별 금지, 형평성 등을 중시하는 경향이 있다.
중도 정당은 보수와 진보 어느 한쪽에 치우지지 않고 중간적인 입장을 취한다. 보수 정당, 진보 정당, 중도 정당의 구분은 절대적인 것이 아니라 시대와 장소에 따라 달라질 수 있다.

우파 정당, 좌파 정당

우파와 좌파라는 명칭은 프랑스 혁명기의 국민공회에 기원을 두고 있다. 당시 의장석에서 볼 때 오른쪽에는 온건하면서 기득권층의 이해관계를 대변했던 지롱드 파가, 왼쪽에는 대중적이면서 급진적인 성향을 보였던 자코뱅 파가 앉았던 것과 관련이 있다.

우파 정당은 상대적으로 개인의 자율과 책임, 최소한의 국가 개입(작은 정부), 대의 민주주의, 성장과 개발 등을 강조하며 사회적 불평등을 용인하는 편이다.

그에 비해 좌파 정당은 사회 제도의 책임, 제도적 평등, 사회 문제 해결을 위한 국가의 적극적 개입, 참여 민주주의, 분배와 친환경 등을 강조하며 사회적 불평등을 완화해야 한다고 보는 편이다.

일당제, 다당제

일당제는 한 개의 정당이 국정을 이끌어가는 형태를 가리킨다. 형식적으로 정당이 여럿 있어도 한 정당에 권력이 집중되어 있다면 일당제 국가로 분류한다. 중국이나 쿠바가 여기에 해당한다.

다당제는 여러 개의 정당이 서로 경쟁하는 것을 가리킨다. 대부분의 민주주의 국가가 해당하며 한국, 독일, 프랑스, 일본 등이 그러하다. 2017년 5월 기준으로 한국에는 35개의 정당이 중앙선거관리위원회에 등록되어 있다. 한편 여러 정당 중에서 실질적으로 두 개의 큰 정당이 서로 경쟁하는 경우를 가리켜 양당제라고 한다. 미국, 영국이 여기에 해당한다.

여러 나라의 다양한 정당들

세계적으로 대의 민주주의를 채택하고 있는 상황에서 정당이 현대 민주정치에서 차지하는 역할은 매우 크다. 우리나라, 미국, 영국, 일본의 주요 정당을 살펴보자.

대한민국

우리나라의 정당은 해체와 결합, 창당, 재창당 등이 반복되어 이름도 자주 바뀌는 편이다. 크게 보수 정당, 중도보수 정당, 진보 정당 계열로 구분할 수 있는데 이러한 구분은 상대적이다. 대표적인 정당은 다음과 같다. 색깔이 표시된 정당은 당시의 여당이다.

우리나라에서는 1960년 4·19 혁명 이후 민주당이 1년 정도 정권을 잡은

시기	보수 정당 계열	중도보수 정당 계열	진보 정당 계열
1940년대	대한국민당	한국민주당	사회당
1950년대	자유당	민주국민당 민주당	진보당
1960년대	민주공화당	민주당 신민당	대중당
1970년대	민주공화당	신민당	통일사회당
1980년대	민주정의당	신한민주당 통일민주당 평화민주당	한겨레민주당 민중당
1990년대	민주자유당 신한국당 한나라당	민주당 새정치국민회의	국민승리 21
2000년대	한나라당	새천년민주당 대통합민주신당	민주노동당
2010년대	새누리당 자유한국당	민주당 더불어민주당	통합진보당 정의당
2020년대	미래통합당	더불어민주당	정의당

것을 제외하면 정부 수립 이후 약 50년 가까이 보수 정당이 정권을 잡았다. 그러다가 1997년에 최초로 선거를 통한 정권 교체가 이루어져 한나라당에서 새정치국민회의로 정권이 넘어갔다. 2007년에는 다시 한나라당이 정권을 가져왔고 2017년 더불어민주당에서 대통령을 배출하면서 정권이 교체되었다. 짧은 민주주의 역사에도 불구하고 여당과 야당의 이름과 수가 매우 많다.

미국

미국은 대표적인 양당제 국가로 공화당과 민주당이라는 두 개의 거대 정당이 정치를 주도하고 있다. 공화당은 보수 정당, 민주당은 중도 정당으로 알려져 있다. 두 정당 말고도 정당이 수십 개나 더 있지만 공화당과 민주당 외에 다른 정당은 인지도와 지지도가 매우 낮다.

공화당은 1854년에 만들어진 정당으로 GOP(Grand Old Party)라는 별명을 가지고 있다. 2017년 기준으로 당원이 약 3,200만 명이다. 배출한 대통령으로는 링컨, 아이젠하워, 닉슨, 레이건, 부시, 트럼프 등이 있다.

민주당은 1828년에 창당했고 2017년 기준으로 당원이 약 4,400만 명이다. 프랭클린 루스벨트, 케네디, 카터, 클린턴, 오바마 등이 민주당 출신 대통령이다.

영국

영국 역시 오랜 양당제 전통을 가지고 있다. 중도우파 정당인 보수당은 1834년에 창당했다. 보수당이 배출한 대표적인 총리로는 처칠, 대처 등이 있다. 중도좌파 정당인 노동당은 1900년에 만들어졌으며 1920년대부터 자유당을 제치고 보수당과 경쟁하는 양당 체제를 구축했다. 노동당이 배출한 대표적인 총리로는 윌슨, 블레어 등이 있다.

일본

일본은 다당제 국가지만 정권 교체가 거의 일어나지 않는 편이다. 1955년 이후 2017년까지 중간에 5년 정도를 제외하면 보수 정당인 자유민주당에서 줄곧 총리를 배출했다. 야당으로는 과거에는 사회당, 민주당 등이 있었고 최근에는 새롭게 창당한 입헌민주당, 희망의당 등이 있다. 그러나 여당인 자유민주당에 비해 세력이 매우 약하다.

4

정치에도
문화가 있다

　　학교에서 휴대폰을 사용하지 못하게 하면 인권침해일까? 2016년 국가인권위원회는 중·고등학교에서 학생들이 휴대폰을 사용하지 못하도록 하는 것은 학생의 행복추구권과 통신의 자유를 침해할 수 있다고 보고 휴대폰 관련 규정을 완화할 것을 권고했다.

　　그 이후 학교에서는 어떤 변화가 나타났을까? 국가인권위원회의 권고에 대응한 방식은 학교마다 달랐다. 교장 선생님이 중심이 되어 규정을 바꾼 학교도 있고, 학생과 교사, 학부모 대표 등이 의논하여 휴대폰 사용을 계속 규제하기로 한 학교도 있다. 사회마다 문화가 다른 것처럼, 학교마다 처한 상황이 다르고 의사 결정을 하는 방식이 다르기 때문에 나타난 결과다. 이를 정치 문화와 관련지어 생각해 보자.

정치 문화란 무엇일까?

정치 문화란 사람들이 정치 현상에 대해 가지고 있는 태도와 행동 양식을 가리킨다. 문화가 시대와 장소에 따라 다르듯, 정치 문화도 각 사회의 상황에 따라 다르게 나타난다. 정치 문화는 사회의 역사와 경험 등을 토대로 오랜 시간에 걸쳐 축적되어 구성원의 정치적 사고와 행동에 큰 영향을 미친다.

정치가 발전하기 위해서는 민주적인 정치 제도와 함께 성숙한 정치 문화가 필요하다. 제도는 다른 나라 것을 짧은 시간에 모방할 수 있지만 문화는 아니다. 바람직한 정치 문화는 단기간에 쉽게 이식할 수 있는 것이 아니라서 스스로 만들어가야 한다.

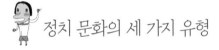

정치 문화의 세 가지 유형

정치 문화의 고전적 구분으로는 미국의 정치학자 가브리엘 알몬드(Gabriel Almond)와 시드니 버바(Sidney Verba)의 지방형·신민형·참여형 정치 문화를 들 수 있다. 이 세 유형은 정치에 대한 개인의 인식과 태도를 기준으로 구분한다. 실제 현실에는 이 세 가지 유형이 섞여 있다.

지방형 정치 문화는 구성원이 정책 결정과 집행에 관심을 많이 보이지 않는 유형이다. 주로 전통적인 부족 국가에서 나타난다. 사람들은 정치에 대한 지식이 많지 않고 자신의 정치적 영향력을 제대로 인식하지 못한 채 지도자의 결정을 수동적으로 받아들인다.

신민형 정치 문화는 정책 결정에는 소극적이지만 집행에는 관심을 보이는 유형이다. 중앙집권적인 왕정 국가, 권위주의적 독재 국가에서 많이 나타난다. 지도자가 집행하는 정책에 관심을 보이고 결정에도 잘 따르는 편이지만, 지도자의 결정에 영향을 줄 만한 의사표현은 잘 하지 않는다.

참여형 정치 문화는 정책 결정과 집행의 모든 과정에 관심을 갖고 참여하는 유형이다. 민주적인 국가에 적합한 형태로, 다양한 정치 참여 주체들이 적극적으로 자기 의사를 표출함으로써 정책 결정에 영향을 미친다. 결정 이후의 집행에도 계속 관심과 반응을 보이며, 정치에 대한 기대, 신뢰감 등이 대체로 높다.

세 가지 유형을 각 학교의 휴대폰 사용 규정 개정에 적용해 보자. 아마 다음과 같은 양상을 보일 것이다. 더불어 우리 학교는 어떤지 생각해 보자.

유형	지방형	신민형	참여형
양상	– 교장 선생님이나 생활지도부장 교사가 휴대폰 사용 규정을 일부 완화하여 제시함. – 학생들은 규정이 바뀌는 이유 혹은 규정이 바뀐다는 사실 자체를 잘 모르며, 별다른 기대도 불만도 없음.	– 교장 선생님이나 생활지도부장 교사의 주도로 휴대폰 사용 규정을 일부 완화하여 제시함. – 학생들은 규정 개정에 대해 알고는 있으나 요구 사항은 거의 없음. 바뀐 규정을 잘 준수함.	– 교사, 학생, 학부모 등의 다양한 관심과 의견을 반영하여 휴대폰 사용 규정을 개정함. – 바뀐 규정을 적용하면서 나타나는 새로운 문제점을 두고 또 다른 다양한 요구가 발생하며 그것을 반영함.

학교가 휴대폰 사용 규정을 개정하는 방식을 통해 살펴본 정치 문화

현대 민주 사회에서는 참여형 정치 문화를 확대하는 것이 바람직하다. 정부가 시민 참여를 활성화하기 위한 정치 제도를 도입하더라도 지방형이나 신민형 문화가 굳어진 사회에서는 제대로 효과를 내기 어렵다. 참여형 정치 문화가 사회를 지배하고 있으면 정부가 시민 참여를 제한하는 정책을 만들려고 하더라도 시민의 거부로 막아낼 수 있다.

다극적 VS 합의적 정치 문화

개인들의 정치적 의견이 동질적인가 아닌가에 따라서도 정치 문화를 구분할 수 있다.

먼저 다극적 정치 문화는 구성원의 정치적 태도와 의견이 뚜렷하게 나뉘어 있는 경우를 가리킨다. 서로 다른 의견을 가진 사람들이 반대편에 서 있어서 집단 간에 이질성이 높고 대립이 일어날 가능성이 높다.

합의적 정치 문화는 사회 구성원이 대체로 비슷한 정치적 태도와 의견을 공유하고 있는 경우다. 전반적으로 동질성이 높아 사회 통합에 유리한 편이다.

두 가지 중 어느 하나가 더 좋다고 말하기는 어렵다. 합의적 정치 문화가 사회의 안정과 통합에 유리할 수는 있지만, 한편으로는 소수 의견이 무시될 가능성이 있다. 또한 사회의 여론이 전반적으로 정체되고 보수적인 경향을 띨 수도 있다. 다극적 정치 문화는 심각한 갈등이나 대립으로 이어질 수 있지만, 서로 다른 편에 있는 사람들이 차이를 인정하고 건전한 경쟁을 한다면 더 큰 발전을 이룰 수 있다.

국가 주도형 VS 시민 참여형 정치 문화

시민 참여의 정도를 기준으로 시민 참여형 정치 문화와 국가 주도형 정치 문화로 구분하는 방식도 있다.

국가 주도형 정치 문화에서 시민은 자신을 정치 참여 주체로 인식하는 정도는 낮지만, 국가 정책에 대한 반응 정도는 높다. 이 경우 시민의 요구보다는 정치권력을 가진 사람들의 의사에 따라 정책이 결정되고 집행되는 편이다. 대체로 민주주의 역사가 짧고 권위주의 정부가 있는 국가에서 나타난다.

시민 참여형 정치 문화에서는 시민이 자신을 정치 참여자로 인식하는 정도가 높고 시민의 요구가 정치 과정에 적극적으로 투입된다. 결정된 정책에 대해서도 시민이 무조건 수용하지 않고 지속적으로 수정과 보완을 요구한다. 정치 과정에서 정부와 시민의 비중이 어느 정도 균형을 이루고 있다고 할 수 있다. 대체로 민주주의 경험이 일정 부분 축적된 국가에서 찾아볼 수 있다.

국가 주도형 정치 문화도 단기적으로는 정부의 주도적인 통치와 시민의 협조를 통해 어느 정도 잘 작동할 수 있다. 그러나 궁극적으로는 정부와 시민이 쌍방향적 협력 및 소통 관계를 유지하며 의사 결정 과정과 결과를 공유할 수 있는 시민 참여형 정치 문화를 지향해야 한다. 그것이 진정으로 민주적인 정치 발전을 이루는 길이다.

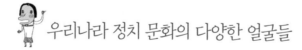 우리나라 정치 문화의 다양한 얼굴들

우리보다 민주주의 선진국이라고 불리는 나라의 정치를 보면서 부러워한 적이 있는가? 합리적인 법과 제도, 정치인들끼리 정책으로 경쟁하는 모습, 시민의 높은 관심 등 닮고 싶은 모습이 많다. 그런데 그 모습을 부러워하거나 당장 우리나라에 적용하기 전에, 먼저 우리 자신의 정치 문화가 가진 약점과 강점을 돌아볼 필요가 있다.

지역주의

지역주의는 같은 지역 출신 인물이나, 자신의 지역을 기반으로 하는 정당을 밀어주는 태도를 가리킨다. 같은 지역 출신끼리 유대감이나 공동체 의식을 갖는 것은 자연스럽지만 우리나라는 정도가 너무 심해 일부 지역에서 특정 정당이나 후보의 지지율이 압도적인 경향이 수십 년 동안 계속되었다. 후보의 능력이나 도덕성 대신 후보자의 출신 지역이나 소속 정당이 절대적인 기준이 되어 자질이 떨어지는 후보가 당선되는 경우도 많았다.

엘리트 간의 유착

정경 유착, 권언 유착이라는 말이 있다. 권력을 가진 정치 지도자와 대기업 경영인이 결탁하여 서로 이익을 보는 것을 정경 유착이라고 한다. 정치인은 특정 기업의 이익을 위해 법을 바꾸고, 그 기업은 정치인에게 정치 자금을 대주는 방식이 대표적이다.

권언 유착은 정치인과 언론사가 결탁하는 것을 가리킨다. 예를 들어 언론사가 특정 정당의 정책이나 소속 정치인의 발언 등을 지지하는 보도를 계속하고, 그 정당은 언론사 소속 언론인에게 국회의원이나 장관 자리를 제의하는 것이다.

정당보다는 인물 중심

우리나라에서는 영국, 미국처럼 100년, 150년이 넘는 오랜 역사를 가진 정당은커녕 5년, 10년 이상 지속된 정당을 찾기도 쉽지 않다. 그것은 정당보다는 인물 중심으로 정치를 하는 경향이 있기 때문이기도 하다. 우리나라 정당에서는 정치인이 입당했다가 탈당하거나, 창당하고 통합하는 일이 자주 일어난다. 실제로 정당에 소속된 대부분의 구성원이나 정당의 이념은 바뀌지 않았는데도, 일부 사람들이 입당하거나 탈당하면서 새로운 정당 이름을 내걸고 지지를 호소하는 경우가 많다. 특히 선거 전후로 크고 작은 정당이 생겼다가 사라지고, 합쳤다가 갈라지는 일이 반복된다.

파벌을 기반으로 한 권위주의

정당 구성원은 대체로 동일한 이념과 가치를 공유하지만 세부적으로는 그 안에 여러 파벌이 존재한다. 영향력이 큰 몇몇 정치인을 중심으로 세력이 갈리고, 심지어 같은 정당 소속 정치인끼리도 단순 경쟁을 넘어 서로 비방하고 갈등을 겪는 경우도 적지 않다. 친이계, 친박계, 친노, 반노 같은 표현이 바로 그러한 사례다.

파벌주의는 권위주의로 이어지는 경우가 많다. 특정 파벌(계파)에 속하는 사람들이 정치적으로 높은 지위와 권력을 차지하면 그 지위와 권력을 앞세워 의사 결정에서 과도한 영향력을 행사하기도 한다. 이는 가부장제 문화의 유산이기도 하다.

저항적 시민의식

주권자로서 도저히 받아들이기 어려운 상황, 예컨대 정치 체계나 정부가 정당성을 잃었을 때는 시민들이 정치권에 적극적으로 문제 제기를 하고 저항한다. 의회나 정당, 정부를 신뢰하지 못할 경우 집회 등을 통해 시민의 주장을 전달하고 결국 정책 변경이나 정권 교체를 이루어내기도 한다.

1960년 4·19 혁명이나 2016~2017년 촛불집회처럼 시민들의 힘으로 잘못을 저지른 대통령에게 물러나라고 요구한 사건은 저항적 시민의식을 기반으로 한 우리나라 민주주의의 역동성을 보여주는 사례로 기억된다.

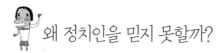

왜 정치인을 믿지 못할까?

한국언론진흥재단이 2006년과 2016년에 실시한 7대 직업군의 신뢰도 조사 결과를 살펴보자. 전국 19세 이상 5,128명을 대상으로 한 2016년 조사에서 정치인은 1.89점으로 7대 직업군 가운데 가장 낮은 신뢰도를 나타냈다(5점 만점). 2006년 조사에 비해 0.6점 높아졌지만 여전히 유일하게 2점 미만인 데다 순위에도 변함이 없다.

정치인에 대한 신뢰가 낮은 것은 우리나라만의 문제는 아니다. 2016년 호주국립대가 자국민 2,818명을 대상으로 한 조사에서 응답자들의 52%

순위	2016년		2006년	
	직업군	점수	직업군	점수
1	교육자	3.06	교육자	3.31
2	종교인	2.77	종교인	3.20
3	언론인	2.70	법조인	3.02
4	법조인	2.63	언론인	3.00
5	경제인	2.55	경제인	2.78
6	고위공직자	2.22	고위공직자	2.18
7	정치인	1.89	정치인	1.83

7대 직업군 신뢰도 조사

가 "정치인은 국민이 원하는 것을 모른다"라고 답했다. 정치인이 국민의 바람을 알고 있다고 응답한 비율은 14%에 불과했다. 정부에 대한 신뢰도도 26%에 그쳤다.

정치인은 보통 사람들이 부러워하는 학벌에, 학계, 법조계, 언론계, 경제계 등에서 이룬 화려한 경력을 자랑한다. 이른바 엘리트 코스를 밟았고 역량도 있는데 왜 '정치인'으로서는 신뢰를 얻지 못할까?

대부분의 나라에서 정치는 비판과 불신의 대상이다. 영국의 정치학자 제리 스토커(Jerry Stalker) 교수는 그것이 정치의 본질이라고 본다. 다양한 의견과 이해관계를 조정하는 것이 정치인데 모든 개인과 집단을 만족시킬 방법은 없다. 언제라도, 누구에게서라도 불만이 터져 나올 수 있는 것이 곧 정치다. 그러한 불만이 곧 불신과 비판으로 이어지는 것이다.

하지만 이런 불신이 단순히 정치의 속성 때문만은 아니다. 정치인의 낮은 수준에서 비롯된 경우도 있다. 예를 들어 정치인은 흔히 거짓말과 말 바꾸기를 한다. 정치인이 어느 기업인으로부터 뇌물을 받은 혐의로 검찰 조사를 받으러 가는데 "죄송하다"라고 사과하는 경우는 극히 드물다. 대신 "억울하다", "나는 그런 적 없다"라고 말한다. 그러나 시간이 지나면 혐의가 사실로 드러나는 경우가 대부분이다. 상황이 바뀌면 말을 바꾸는 정치인도 많다. 선거 때 내세운 공약을 당선된 후에 어기는 일도 허다하다.

정치에 대한 불신은 지나치게 당파적이고 경쟁적인 측면 때문에 생기기도 한다. 정당 간, 후보자 간에는 물론이고 당내에서도 세력 다툼과 갈등이 흔하다. 과도하게 상대를 몰아붙이는 과정에서 근거없는 폭로, 비방, 막말이 난무하기도 한다. 정치인으로서 능력이 부족한 사람일수록 이런 방식에 많이 의존한다. 이런 행동은 몹시 자극적이어서 사람들의 눈과 귀에 쉽게 들어갈 수는 있을 것이다. 그러나 이 역시 정치에 대한 시민의 신뢰를 떨어뜨리는 요인이다.

마지막으로 정치 불신을 부추기는 문화가 있다. 정치인이나 정치에 대한 과도한 혐오 및 비판은 결국 정치는 아예 쓸모가 없다는 생각에까지 이르게 한다. 일부 언론의 양비론적 비판, 일상생활에서 정치권 전체에 대한 맹목적인 비판 등이 원인이 될 때가 있다. 이는 정치 불신을 일시적이고 유동적인 현상이 아니라 하나의 고정적인 문화처럼 만들 소지가 있다.

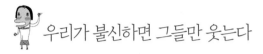 우리가 불신하면 그들만 웃는다

정치를 불신하면 누가 이익을 얻고 누가 피해를 볼까? 대통령이 불신받고 국회의원이 불신받고 시장, 구청장, 군수가 불신받으면 그들이 슬퍼할까? 낙선했다면 그럴지도 모른다. 하지만 이미 당선된 정치인이라면 시민들의 정치 불신을 오히려 반길 수도 있다. 정치에 대한 관심과 신뢰가 낮으면 정치인이 무슨 일을 하건, 무슨 법을 만들건 시민들이 크게 상관하지 않을 테니 말이다.

시민을 두려워하지 않는 정치인이 걷게 될 길은 크게 두 가지다. 하나는 무능함이고 나머지 하나는 부패다. 시민의 감시와 견제가 없으니 좋은 정책을 개발하고 실현할 역량을 키우는 데 소홀해진다. 또한 기업이나 언론과 결탁하여 이득을 챙겨도 별다른 지적을 받지 않는다. 결국 피해는 고스란히 시민에게 돌아온다.

미우나 고우나 시민은 정치에서 관심을 떼서는 안 된다. 정치 혹은 정치인이나 정당이 예뻐서가 아니다. 나 자신을 위해서 정치에 대한 기대와 희망을 버리지 말아야 한다.

우리 학교, 우리 학급에는 어떤 정치 문화가 있을까?

학교와 학급에서도 다양한 구성원들이 모여 의사 결정을 이루어내는 정치 체계를 볼 수 있다. 내가 속한 학교와 학급의 정치 문화는 어떠한지 다음 사안에 적용하여 평가해 보자.

- 우리 학교(학급)는 교과서, 교복, 체육복 등을 어떻게 선정하는가?
- 우리 학교는 휴대폰 사용 규칙을 어떻게 만들었는가?
- 우리 학교는 급식 문제를 어떻게 해결하는가?

아래의 표에 위의 질문에 대한 답을 표시해 보자. '아니다'가 많을수록 지방형에, '그렇다'가 많을수록 참여형에 가깝다고 할 수 있다.

기준	아니다	보통이다	그렇다
학생은 학교의 공식적인 의사 결정 체계에 대해 잘 알고 있는가?			
학생의 의견이 학교에 잘 반영되는가?			
학교의 의견이 학생에게 잘 전달되는가?			
학생은 학교 구성원으로서 학교의 일에 잘 참여하고 있는가?			

5

우리는 시민다운 시민인가

　'시민(市民)'이라는 단어의 뜻을 모르는 사람은 거의 없을 것이다. 그런데 '시민'이라고 해서 다 같은 시민일까? 다음 퀴즈를 풀어보자.

퀴즈 밑줄 친 시민의 의미 중 나머지와 다른 하나는?
① 민주 시민 　② 시민혁명 　③ 시민단체 　④ 인천 시민

　정답은 ④이다. ①②③과 달리 ④의 시민은 인천이라는 행정구역을 경계로 한다. 반면 ①②③에서의 시민은 특정한 행정구역으로 한정되지 않는다. 그렇다면 ①②③에서의 시민은 어떤 특징을 띠는 것일까?

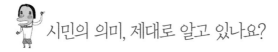

시민의 의미, 제대로 알고 있나요?

시민은 원래 고대 그리스의 도시(폴리스)에서 참정권을 가진 사람들을 가리켰다. 당시 시민은 폴리스에 거주하면서 토지 등 재산을 가지고 있었고(경제적 측면), 폴리스의 의사 결정에 참여하는 권리를 행사했다(정치적 측면).

오늘날 시민이라는 말은 여러 가지 의미로 사용되고 있다. 하나는 공간적 측면, 특히 행정구역을 기준으로 하여 도시에 사는 사람을 가리킨다. 우리나라 인구의 90% 이상이 행정구역상 도시에서 살고 있으니 거의 대부분이 이러한 의미에서 시민이라고 할 수 있다.

또한 특정 국적을 가진 국민과 거의 동의어로 쓰인다. 예컨대 '미국 시민권'을 가진 사람은 미국 국적을 가진 사람, 미국 국민을 가리킨다. 여기에서의 시민은 법적인 지위와 자격에 초점을 맞춘다.

마지막으로 행정구역(도시)이나 국적과 상관없이 다양한 공동체의 구성원으로서 자유와 권리를 누리며, 함께 책임과 의무를 부담하는 사람을 의미하기도 한다. 민주주의 사회에서 지향하는 시민의 모습은 이 세 번째 의미와 관련이 깊다.

한편, '시민'이라는 용어는 시대적 상황에 따라 그 의미가 바뀌었다. '시민'과 비슷해 보여 우리를 헷갈리게 하는 용어로 어떤 것이 있을까?

신민과 시민 : 글자는 비슷한데 의미는 너무 달라

신민(臣民)과 시민(市民)은 얼핏 비슷하게 들리지만 의미는 크게 다르다. 신민은 쉽게 말해 '백성(百姓)'이라고 할 수 있다. 과거에 백성이라고 불리던 사람들의 모습은 어땠을지 상상해 보자.

신민(백성)은 거의 무제한적이고 일방적인 의무를 부담했다. 세금을 내고 나라 지키는 일에 참여하는 것은 기본이었고 각종 건축, 공사 등에도 불려나갔다. 귀한 것을 왕에게 바쳐야 하는 경우도 있었다. 그렇지만 권리는 극도로 제한되어 있었다. 이에 비해 시민은 의무만 지는 것이 아니라 권리도 행사하는 존재라는 점에서 크게 다르다.

국민과 시민 : 쓰임새는 비슷한데 의미는?

신민과 시민을 섞어 쓰는 사례는 거의 없지만, 국민과 시민은 굳이 구분하지 않고 사용하는 경우가 많다. 그만큼 둘의 차이가 크지 않기 때문이다. 특히 국민도 권리와 의무를 모두 가지고 있다는 점에서 시민과 공통점이 있다. 우리나라 헌법 제2장 제목이 '국민의 권리와 의무'라고 되어 있는 데서도 알 수 있듯이, 시민뿐 아니라 국민도 권리와 의무의 주체임이 분명하다.

한편 국민과 시민의 차이점도 몇 가지 있다. 여기서의 비교는 어느 정도 단순화된 비교라는 점을 잊지 말자.

첫째, 국민과 시민은 어디에 소속되어 있느냐에 차이가 있다. 국가의 3요소가 영토, 주권, 국민이라는 점을 떠올려보자. 그러면 아주 자연스럽게 국민은 국가의 구성원임을 알 수 있다. 그렇다면 시민은? 시민은 공동체의 구성원이라고 표현한다.

여기서 말하는 공동체는 국가처럼 명확한 경계를 가지고 있지 않다. 국가보다 큰 것도 있고 작은 것도 있으며 여러 국가를 넘나드는 것도 있다. 크게는 세계 공동체, 유럽연합부터, 작게는 마을 공동체, 학교 공동체가 있다. 또는 가톨릭 공동체, 이슬람 공동체같이 여러 국가와 지역을 아우르는 공동체도 존재한다. 이렇게 본다면, 국민에 비해 시민의 범주가 훨씬 다양하고 유동적임을 알 수 있다.

둘째, 국민과 시민은 관심사가 다르다. 국민은 기본적으로 국익에 관심이 있다. 국가 구성원으로서 국민이 국가의 이익을 추구하는 게 당연하다. 따라서 국민은 국익에 도움이 되는 일은 지지하고 그렇지 않은 것은 반대하는 경향이 있다.

시민은 어떨까? 시민이 다양한 공동체의 구성원이라는 점을 상기해 보자. 공동체에는 국가보다 큰 범주의 세계 공동체도 포함된다고 했다. 그래서 주로 국가의 이익에 충실한 국민에 비해, 시민은 국익을 넘어서 보다 보편적인 이익에도 관심이 있다. 환경, 인권 등이 그런 예다. 그래서 국익에 보탬이 되는 경제 개발 사업이나 전쟁에 대해서도 시민은 인류의 보편적 가치인 환경이나 인권을 이유로 반대하기도 한다.

셋째, 능동성의 정도가 다르다. 국민과 시민은 모두 권리와 의무를 가진 존재다. 그런데 권리 행사와 의무 수행 방식에는 차이가 있다. 국민은 상대적으로 법에 충실하다. 헌법과 법률에 보장된 권리와 의무를 성실하게 따르는 것이다. 이에 비해 시민은 보다 능동적이고 적극적으로 권리와 의무에 접근한다. 법적으로 주어진 권리와 의무 그 이상의 것을 추구하기도 한다는 뜻이다.

투표권 연령을 예로 들어보자. 2019년까지 우리나라 선거법에 따르면 만 19세가 되어야 투표에 참여할 수 있다. 그런데 청소년을 비롯한 많은 이들이 만 18세면 충분히 정치적 판단을 할 수 있는 능력을 갖추고 있으니 투표권 연령을 낮춰야 한다고 오랫동안 요구하였다. 선거법 규정 때문에 안 된다면 그 법을 고쳐서 만 18세에게도 투표권을 보장하자고 주장하였다. 이것이 바로 주어진 권리를 그대로 받아들이기만 하는 것이 아니라, 그 이상을 적극적으로 요구하기도 하는 모습이다.

이러한 능동성·적극성은 권리뿐 아니라 의무에서도 찾아볼 수 있다. 우리나라 헌법은 납세, 국방, 교육, 근로 등의 의무를 규정하고 있다. 어딘가에 큰 자연재해가 발생했다고 그곳으로 가서 도울 의무는 없다. 그런데 그런 일이 생기면 많은 사람들이 자원봉사자로 나서서 재해복구를 돕는다. 이것은 법적으로 주어진 의무 이상을 부담하는 것이다.

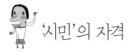

'시민'의 자격

'시민답다'라는 말은 어떨 때 쓸 수 있을까?

시민성(市民性, citizenship)이라는 말부터 살펴보자. 시민성은 '시민의 자질(資質)', 즉 시민으로서의 자격과 품질을 가리키는 말이다. 이것을 '시민다움'이라는 말로도 표현할 수 있다. 영어에서는 citizen과 ship을 결합했는데 '-ship'이 들어가는 다른 단어를 보면 이 말의 의미를 구체적으로 느낄 수 있다.

friendship과 leadership은 각각 '우정', '지도력'으로 번역한다. 이것을 '친구다움', '지도자다움'이라고 옮겨보자. 우리는 어떤 상황에서 '친구답다'는 말을 할까? A와 B가 친구라면 A와 B는 서로 편한 마음으로 부탁도 하고 요구도 할 수 있어야 한다. 예를 들어 "오늘 내가 몸이 너무 안 좋으니 가방 좀 들어줄래?", "너무 힘든 일이 있었는데 내 이야기 좀 들어줘" 같은 부탁을 친구가 아닌 모르는 사람한테 할 수는 없다. 이는 친구니까 할 수 있는 일종의 특권이다.

또한 A와 B가 친구라면 서로의 부탁이나 요구에 성실하게 반응해 주어야 한다. 불가피한 상황이 아니라면 거기에 응답을 해야 할 책임이 서로에게 있다. 친구이기 때문에 누릴 수 있는 어떤 '권리'와 함께, 친구이기 때문에 짊어져야 하는 '의무'도 있다. 리더십도 마찬가지다. 어떤 지도자가 권리만 행사하려 하고 의무를 제대로 수행하지 않는다면 '리더십이 있다', '지도자답다'라는 말을 듣기 어렵다.

'시민다움'도 같은 맥락에서 이해할 수 있다. 시민은 공동체 구성원으로서 능동적이고 적극적으로 자신의 권리를 인식하고 행사해야 한다. 그러는 한편 다른 구성원과 공동체 전체에 대한 자신의 의무를 인식하고 수행할 수 있어야 한다.

 ## 시민 불복종도 허용되나요?

'시민 불복종(civil disobedience)'이란 법이나 정책을 바람직한 방향으로 바꾸기 위해 현행법에 맞서 벌이는 비폭력적인 저항이다. 『사회정의론』을 쓴 존 롤스(John Rawls)는 민주 사회의 구성원 다수가 어떤 법이 정의롭지 못하다고 판단한 경우 그것을 고치기 위해 시민이 불복종할 권리가 있다고 주장했다.

국내의 대표적인 시민 불복종 사례로 총선시민연대의 낙천·낙선 운동을 꼽을 수 있다. 2000년 국회의원 총선거를 앞두고 총선시민연대라는 연합 시민단체가 우리나라 최초로 낙천·낙선 운동을 벌였다. 당시 국회의원 후보들 중에는 뇌물 수수, 선거법 위반, 지역감정 조장, 불성실한 의정 활동으로 문제가 있는 이들이 꽤 있었다. 그런 후보가 당선되면 정치 발전에 걸림돌이 될 것으로 본 시민단체가 그들을 떨어뜨리기 위해 나선 것이다.

총선시민연대는 우선 정당이 부적격 후보를 공천하지 못하도록 낙천 대상자 명단과 사유를 공개했다. 그럼에도 불구하고 문제 있는 후보 중 상당수가 공천을 받았다. 그러자 총선시민연대는 부적격 후보들에 대한 낙선 운동을 벌였다. 당시 법에 따르면 시민단체는 특정 후보를 지지하거나 반대하는 행위를 할 수 없었다. 그렇기 때문에 총선시민연대의 낙천·낙선 운동은 선거법 위반으로 수백만 원의 벌금형을 받았다.

그러나 시민들은 총선시민연대의 낙천·낙선 운동에 환호했다. 이 운동에 찬성한다는 여론은 약 80%에 이르렀다. 시민들도 부정부패와 비리로 얼룩진 정치인 대신 도덕성과 성실함을 갖춘 사람을 대표로 뽑고 싶었던 것이다. 이러한 열망은 투표 결과에도 반영되었다. 낙선 운동 대상자 86명 중 59명이 낙선했고 특히 수도권에서는 20명 중 19명이 떨어졌다. 시민들이 투표로 낙천·낙선 운동에 대한 지지를 보여준 것이다.

총선시민연대의 활동은 비록 선거법 위반이긴 했지만, 시민의 지지를 통해 정당성을 확보했다고 볼 수 있다. 외국의 시민 불복종 사례로는 앞에서 소개한 간디의 비폭력 저항 운동, 미국 흑인의 민권 운동 등을 꼽을 수 있다.

시민 불복종은 정부가 시민의 정당한 의사에 반하여 시민의 자유와 권리를 훼손할 경우 시민이 정부에 저항할 수 있음을 보여준다. 시민 불복종이 없다면 정부가 법적인 절차를 거쳐 시민의 의사를 거스르는 정책을 실시하더라도 그것을 막기 어렵다. 그런 의미에서 시민 불복종을 '시민다운' 삶을 위한 권리로 인정할 필요가 있다.

시민 불복종은 아무 때나 해도 될까?

시민 불복종은 조건 없이 남용되어서는 안 된다. 단지 법을 따르기 싫어서 혹은 누군가의 이익을 지키기 위해 쓰인다면 이는 민주주의에 위협이 될 것이다.

시민 불복종은 다음과 같은 조건을 모두 갖추었을 때만 인정될 수 있다. 첫째, 현재의 법이나 제도가 시민의 자유와 권리를 보장하지 못하여 정당성을 잃은 경우다. 2000년 당시 선거법은 정당에 소속되지 않은 시민단체가 특정 후보의 낙선이나 당선을 위한 선거 운동을 할 수 없다고 규정했다. 그래서 A 후보가 부정부패를 저지른 사람이라는 것을 알면서도 시민단체는 그 사실을 유권자에게 알릴 수 없었다. '나쁜 후보'를 '나쁜 후보'라고 말할 권리가 충분히 보장되지 못한 것이다.

둘째, 정당성이 부족한 법과 제도를 바꾸기 위한 요구와 합법적인 노력이 충분히 있었는데도 고쳐지지 않은 경우다. 2000년 당시 선거를 앞두고 시민단체는 물론 정치권마저, 후보나 정당에 대한 지지나 반대 의사를 미국, 영국처럼 자유롭게 표현하게 해달라고 계속해서 요구했다. 그러나 그것이 법에 반영되지는 못했다.

셋째, 시민 불복종으로 대응할 때 기존의 잘못된 법이나 제도가 개선될 가능성이 있다고 판단되는 경우다. 충분한 논의와 준비 없이 시작된 시민 불복종 행위가 여론의 지지를 받지 못하거나 정부의 강경한 대응을 불러일으키면 실패로 끝나기 쉽다. 2000년 당시 총선시민연대는 수백여 개의 시민단체들이 오랫동안 논의하여 구체적이고 단계적인 계획을 세웠기 때문에 성공적인 결과를 거둘 수 있었다.

한 가지 주의할 점이 있다. 시민 불복종은 시민이 현행법이나 정부의 제도에 무조건 불복종해도 된다는 것을 의미하지는 않는다. 다른 수단으로는 도저히 불가능할 때, 불복종으로 대응할 수밖에 없을 만큼 타당한 명분과 근거가 있을 때만 시민 불복종이 정당화될 수 있다.

이와 관련하여 사회심리학자 에리히 프롬이 전하는 메시지를 기억하자.

종교적 신앙과 자유, 과학을 위해 죽어간 모든 순교자들은 그들 자신의 양심과 이성에 복종하기 위해 그들로 하여금 진실을 말하지 못하게 억압하는 자들에게는 불복종할 수밖에 없었다. 인간이 복종할 줄만 알고 불복종하지 못한다면 그는 노예다. 반면에 불복종할 줄만 알고 복종할 줄 모른다면 그는 혁명가가 아니라 반역자에 불과하다.

—에리히 프롬, 『불복종에 관하여』

한 걸음 더 나아가기

시민 불복종 사례 : 버스 보이콧과 싯 인(Sit in) 운동

1865년 미국 헌법은 공식적으로 노예 제도를 폐지했다. 하지만 그 후에도 흑인 차별은 사라지지 않았다. 노예제 폐지 후 약 100년 가까이 지난 1950~60년대에도 이러한 경향은 여전했다. 예를 들어 버스, 기차, 교회, 병원, 식당, 학교, 영화관, 극장, 이발소 등 수많은 공공장소, 상업 시설, 교통수단에서 흑인과 백인은 엄격하게 분리되었다. 이러한 차별은 특히 노예가 많았던 남부에서 더욱 심했다.

1900년 앨라배마주 몽고메리의 법에 따르면 몽고메리에서는 오직 백인만 버스 운전사가 될 수 있었다. 그리고 버스 앞쪽 좌석에는 백인이, 뒤쪽 좌석에는 흑인이 앉도록 했다. 만약 백인이 버스에 탔는데 빈자리가 없으면 흑인은 백인에게 자리를 양보해야 했다. 이런 차별이 있었는데도 버스 승객의 75% 정도는 흑인이었다. 백인은 대부분 자가용을 가지고 있었지만, 경제적으로 부유하지 못한 흑인은 대중교통을 이용해야 했기 때문이다.

그러던 중 유명한 '로자 파크스(Rosa Parks) 사건'이 일어난다. 1955년 12월 1일, 흑인 여성 로자 파크스가 직장에서 일을 마치고 버스에 탔다. 흑인이 앉는 자리에 앉았는데 점차 승객이 늘어나 버스가 꽉 찼다. 이후 백인들이 더 버스에 타자 운전사가 흑인들에게 자리를 양보하라고 명령했다.

당시 로자 파크스 등 흑인 네 명이 앉아 있었는데 명령과 협박이 거듭되자 로자 파크스를 제외한 세 명은 결국 자리를 양보했다. 그러나 로자 파크스는 끝까지 양보를 거부했다. 결국 그녀는 감옥에 갇혔고 벌금 14달러를 내야 했다. 요즘 물가로 치면 100달러 정도로 당시 흑인에게는 매우 큰돈이었다.

그러자 몽고메리의 민권 운동 단체들이 집단적인 움직임에 나섰다. 이들이 택한 방법은 버스를 타지 않는 것이었다. 다소 불편하더라도 걷거나 택시를 타자고, 꼭 필요한 경우가 아니면 이동을 미루어달라고 흑인들에게 호소했다. 흑인들은 이 운동에 적극적으로 동참했다. 자동차를 가지고 있는 흑인은 카풀을 해서 여러 사람을 태워주었고 노새나 마차를 타고 이동하는 사람도 있었다. 7~8킬로미터의 길을 걸어 다니는 사람도 적지 않았다. 이 운동에 참가했던 마더

폴라드라는 시민은 "내 발은 피곤해도 내 영혼은 편안하다"라는 말을 남기기도 했다.

많은 흑인들이 피로를 견뎌내며 버스 거부 운동에 참여했고 이 운동은 무려 300일 넘게 이어졌다. 이로 인해 버스 회사의 수입이 약 65% 정도 감소하면서 큰 타격을 입었다. 이러한 노력이 밑거름이 되어 마틴 루터 킹 목사를 중심으로 흑인 민권 운동이 이어졌고 약 1년 후 미국 연방대법원은 마침내 버스에서 흑인과 백인을 분리하는 정책이 헌법을 위반한다는 결정을 내렸다.

그러나 여전히 다른 공공장소에서, 심지어 음식점이나 아이스크림 가게에서도 흑인과 백인은 분리되었다. 백인 자리에 흑인이 앉으면 자리를 옮기라는 명령을 받았다. 흑인들은 이에 대항하여 '싯 인(Sit in, 앉아 있기)' 운동을 벌이기도 했다. 흑인 자리로 옮겨 앉으라는 가게 주인의 명령을 거부하고 계속 백인 자리에 앉아 있는 흑인을 향해, 주위에 있던 백인들이 욕설을 퍼붓고 음식을 머리나 옷에 쏟기도 했다. 경찰에 체포되는 흑인도 많았다.

이 운동에는 흑인의 인권 신장을 지지하는 백인도 일부 참여했는데, 이들도 흑인 못지않게 모욕과 비난을 감수해야 했다.

이러한 운동은 1960년대 중반 무렵에 이르러 비로소 결실을 맺었다. 1964년 존슨 대통령 시기에 「시민권법(Civil rights Act)」이 만들어지면서 미국 남부의 짐 크로 법이 폐지되었다. 마침내 흑백 분리 정책이 마침표를 찍은 것이다.

1960년 2월 10일 노스캐롤라이나주의 더럼에 있는 울워스에서 싯 인 운동 중인 학생
©Courtesy of the State Archives of North Carolina

6

시민운동,
더 좋은 사회를
꿈꾸다

　　우리나라 청소년은 대부분 학교에 갈 때 교복을
입는다. 교복 값에 대하여 생각해 본 적이 있는가? 과연 교복 값은 적당
할까? 교복 값에는 그동안 어떤 변화가 있었으며 거기에 영향을 끼친
것은 무엇일까? 이와 관련된 시민운동 사례를 소개한다.

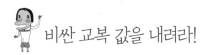

비싼 교복 값을 내려라!

　　교복 값은 1990년대 중반 무렵까지만 해도 가계에 큰 부담이 되는 수
준은 아니었다. 한 번 사면 특별한 일이 없는 한 3년 내내 입으니 길게

보면 경제적인 면도 있었다. 그런데 1990년대 후반부터 대기업들이 교복 시장에 진출하면서 작은 교복점들 상당수가 문을 닫아야 했다. 대기업이 아이돌 그룹을 모델로 내세우면서 광고비가 올랐고, 이것이 교복 값을 올리는 요인 중 하나가 되었다.

교복 값은 점점 올라가 2000년대 초반에는 동복 한 벌이 30만 원을 넘는 경우까지 생겼다. 웬만한 성인 양복보다 비싼 가격이었다. 여기에 바지나 치마를 한두 개 추가하고 하복까지 구입하면 50~60만 원에 이르러 경제적 면에서도 사복을 입는 것만 못했다.

그러자 시민들이 나섰다. 지역별로 '교복값 제자리 찾기 공동구매 ○○ 시민연대' 같은 시민단체를 만들어 대기업 교복 업체의 가격 부풀리기에 맞선 것이다. 여기서 제안한 방법은 공동구매다. 공동구매를 하면 개별로 구매할 때보다 20~30% 정도 싸게 살 수 있었다. 시민단체들은 그래도 여전히 교복 값이 비싸다고 보고 교육청 등 지역 사회에 계속 교복 값 인하를 위한 대책을 요구했다.

그 결과 2015년부터는 학교 주관 구매 제도가 도입되었다. 학교가 교복 업체를 선정하여 계약을 맺는 방식인데 이를 통해 공동구매보다도 20% 정도 더 싸게 교복을 구입할 수 있게 되었다. 교육부가 2014년 전국 국공립 중·고등학교를 대상으로 동복 1벌의 평균 가격을 조사한 결과, 개별 구매 25만 6,000원, 공동구매 20만 원 정도였는데 학교 주관 구매로는 16만 8,000원 정도에 구입 가능한 것으로 나타났다.

이렇게 2000년대 초반 무렵부터 지금에 이르기까지 여러 시민단체들의 활약으로 이제는 많은 사람들이 교복 값에 거품이 끼어 있다는 문제를 인식하게 되었다. 또한 대략 3분의 2 정도의 학생, 학부모가 공동구매나 학교 주관 구매에 참여하는 성과도 얻었다.

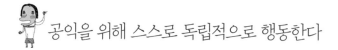

공익을 위해 스스로 독립적으로 행동한다

더 좋은 품질의 교복을 최대한 합리적인 가격에 구입하기 위해 애쓴 시민단체들의 이러한 활동을 시민운동이라고 한다. 시민운동은 우리 사회를 바람직한 방향으로 바꾸기 위해 시민이 자발적, 조직적으로 참여하는 활동이다. 정치적 자유, 인권, 복지, 경제적 평등, 평화, 환경, 반핵, 사교육 반대, 청소년 문제, 학교폭력 등 시민운동의 분야는 매우 다양하다.

시민운동의 주체는 두말할 것도 없이 시민이다. 그런데 운동을 조직적으로 전개해야 하기 때문에 개별 시민보다는 단체가 중심이 되어 시민운동을 이끌고 개인은 여기에 동참하는 방식이 일반적이다. 시민운동은 '혁명'이 아니라 '개혁'을 추구한다. 그래서 단기간에 급격한 변화를 기대하기보다는 점진적인 제도 개혁을 추구하는 경우가 많다.

시민단체는 다음과 같은 특징을 가지고 있다.

첫째, 공익성이다. 교복 값 인하를 위한 시민단체의 목표는 자신의 자녀가 당장 입을 교복 값을 낮춰서 돈을 아끼겠다는 게 아니었다. 중고등학생 자녀를 두지 않은 많은 사람들도 그 운동을 지지하며 참여했다. 자기 일은 아니지만 서민들이 비싼 교복 값 때문에 고통을 겪고 있다고 보았기 때문이다. 거품 낀 교복 값을 낮추는 일은 사익이 아니라 공익을 실현하는 것이었다. 이처럼 시민단체는 특정 개인이나 집단의 이익이 아니라 사회 전체의 이익 증진을 목표로 한다. 이 점이 특정 집단의 이익을 추구하는 이익 집단과의 가장 큰 차이점이다.

둘째, 독립성이다. 교복 값 인하를 위한 시민단체는 어디에 소속된 단체일까? 교육청이나 양복점 연합회일까? 그렇지 않다. 시민단체는 국가기관이나 기업 어디에도 속하지 않고 독립되어 있다. 시민단체의 주요 역할 중 하나가 권력과 자본을 견제하고 감시하는 것이기 때문에 정부나 정당, 기업의 간섭을 받아서는 안 된다. 그래서 정부나 기업에서 지원을 받지 않고 회원들의 회비나 순수한 기부를 통해서만 운영한다. 이 때문에 시민단체를 NGO◆(Non-Governmental Organization, 비정부기구)라고 부르기도 한다.

셋째, 자발성이다. 교복 값 인하를 위한 시민단체에서 활동한 시민은 스스로 선택하여 운동한 것이고, 만일 더 이상 그 뜻에 동의하지 않으면 언제라도 그만둘 수 있다. 시민단체는 누군가의 압박에 의해 움직이거나, 다른 이해관계나 부담감으로 움직이지 않는다.

넷째, 비영리성이다. 교복 값 인하를 위한 시민단체는 이를 통해 금전적인 이익을 남겼을까? 아니다. 오히려 자신들의 돈을 써가면서 시민운동을 벌였다. 시민단체는 기본적으로 영리를 추구하지 않는다. 물론 수익 사업을 벌이는 경우가 있긴 하다. 그러나 단체를 유지하기 위한 경비를 벌기 위해서가 아니라 자선 사업이나 구호 활동 등을 위한 기금 마련을 위해서인 경우가 대부분이다. 이러한 점 때문에 시민단체를 NPO◆(Non-Profit Organization, 비영리기구 혹은 비영리단체)라고 부르기도 한다.

우리나라에는 어떤 시민단체들이 있을까?

① 경실련(경제정의실천시민운동연합) ccej.or.kr

1989년 결성되어 우리나라에서 시민운동이라는 개념을 최초로 인식하게 한 시민단체다. 시민들이 일한 만큼 대우받는 경제정의, 사회적 약자가 보호받는 사회정의를 추구하되, 과격하고 급진적인 방식 대신 온건하고 점진적인 개혁을 강조한다. 참여연대, 환경운동연합과 함께 우리나라 3대 시민단체 중 하나로 불린다.

경실련이 적극적으로 참여하여 도입되었거나 개선이 논의되고 있는 주요 제도를 몇 가지 소개하면 다음과 같다.

- 금융거래를 할 때 다른 사람의 이름을 빌리거나 가짜 이름을 쓸 수 없고 오직 자기 이름으로만 사용할 수 있도록 하는 금융실명제(1993)
- 지역 주민이 투표를 통해 지방자치단체장이나 지방의원을 물러나게 할 수 있도록 하는 주민소환제(2007)
- GMO(유전자 변형 생물) 원료를 사용했다면 그 사실을 식품에 반드시 표기하도록 하는 GMO 완전표시제 주장(2017)

② 환경운동연합 kfem.or.kr

1993년에 결성된 우리나라 및 아시아 최대의 환경운동 단체다. 2002년부터는 세계 3대 환경운동 단체 중 하나인 '지구의벗'에서 대한민국을 대표하는 회원으로 활동하고 있다. 원자력 발전 반대, 기후 변화 대비, 물 보호, 생태계 보호, GMO 반대, 지구 사막화 방지, 국가의 환경 정책 감시 등과 관련된 일을 하고 있다.

환경운동연합의 활동을 몇 가지 소개하면 다음과 같다.

- 대만이 원자력 발전소에서 나온 핵폐기물을 북한에 수출하는 것을 저지(1997)

- 경부운하, 경인운하, 호남운하, 금강운하 등을 연결하는 한반도 대운하 건설 계획 중단(2008)
- 원자력 발전소 가동을 축소·중지·폐지하고 태양광, 전지 등 신재생 에너지로 대체할 것을 주장(2017)

③ 참여연대 peoplepower21.org

1994년 참여와 인권이 보장되는 민주 사회 건설이라는 목표를 내걸고 창립되었다. 국가 권력 남용 감시, 대기업의 횡포 감시, 인권 보호 활동 등을 주로 펼치고 있다. 2004년부터는 UN 경제사회이사회 특별협의 지위를 얻어 UN 회의에 참가하여 발언할 수 있는 자격을 가지고 있다.

참여연대의 활동을 몇 가지 소개하면 다음과 같다.

- 국회의원 총선거 과정에서 부패하고 불성실한 후보들의 명단과 그 사유를 공개하는 방식으로 낙천·낙선 운동 실시(2000)
- 전파 사용료 폐지, 발신자 표시 요금 폐지, 기본요금 인하 등을 통한 휴대폰 요금 인하(2001)
- 가습기 살균제 사태의 책임자 처벌 및 예방을 위한 법 제정 촉구, 해당 기업 제품에 대한 불매 운동 전개(2016)

 해외에는 어떤 시민단체들이 있을까?

① 국제 앰네스티(Amnesty International, 국제사면위원회)

1961년 5월 28일 'Amnesty 61'이라는 이름으로 인권 운동을 시작했다. 당시 독재 정권하에 있던 포르투갈 젊은이들이 카페에서 "자유를 위하여"라고 건배했다는 이유로 체포되어 7년 형을 선고받았다는 소식을 들은 영국의 변호사 피터 베넨슨(Peter Benenson)이 그들의 석방을 위해 처음 이 단체를 만들었다. 본부는 영국 런던에 있고 정부나 기업의 지원 없이 회원들의 자발적 후원으로 운영하고 있다. 전 세계적으로 700만 명이 넘는 회원과 자원봉사자들이 활동하고 있다.

국제 앰네스티의 상징은 철조망으로 둘러싸인 촛불이다. 이것은 외부의 어떤 억압(철조망) 속에서도 꺼지지 않고 유지되는 희망(촛불)을 상징한다.

주요 활동은 양심수* 탄압 중지와 석방 요구, 독재 정권의 인권침해 비판, 고문 반대, 인종차별 반대, 난민 지원 등이다. 국제 앰네스티가 양심수로 규정하고 석방 운동을 벌였던 사람들 중 후에 노벨 평화상을 받은 사람도 여럿 있다. 우리나라의 김대중 대통령, 미얀마의 아웅 산 수 치, 중국의 류샤오보 등이 그 예이다.

1974년 UN 고문방지협약이 만들어지는 데에도 크게 기여했고 이러한 노력을 인정받아 1977년 노벨 평화상을 받았다.

앰네스티는 우리나라의 일본군 위안부 문제에 대해서도 적극적으로 의견을 내놓았다. 2015년 12월에 한국과 일본 정부 사이에 있었던 '위안부 합의'가 미흡하다고 판단하면서 단순히 정부 간 합의로 인해 수많은 성노예 피해자들의 고통이 외면당해서는 안 되며, 정의가 회복되어야 한다고 주장했다.

■ 앰네스티 한국지부 amnesty.or.kr

양심수
정치적·종교적·도덕적 신념으로 인해 감옥에 갇힌 사람을 가리킨다. 양심수는 일반적으로 폭력이나 물리적인 피해를 끼치지 않는다.

② 그린피스(Green Peace)

1972년 자연이 잘 보존되어 있는 알래스카의 한 화산섬에서 미국이 지하 핵실험을 시도했다. 근처의 캐나다에서 이에 반대하는 시위가 열렸는데 점차 규모가 커지면서 세계인의 관심이 높아졌다. 결국 미국은 이 섬에서 핵실험을 하려던 계획을 포기했다. 섬은 나중에 조류 보호지역으로 지정되었다.

이러한 성과에 힘을 얻어 1979년 그린피스라는 국제적인 환경보호 및 평화수호 단체가 조직되었다. 본부는 네덜란드 암스테르담에 있고 전 세계적으로 300만 명이 넘는 회원과 자원봉사자를 확보하고 있다.

1985년에는 그린피스를 세상에 널리 알린 계기가 된 레인보우 워리어(Rainbow Warrior) 호 폭파 사건이 일어났다. 그린피스는 그 배를 타고 남태평양에 있는 프랑스의 핵실험 기지 주변을 돌며 시위를 할 예정이었는데 프랑스 정보 기관의 공작으로 레인보우 워리어 호가 폭파되어 희생자까지 발생했다. 이 같은 위협에도 불구하고 그린피스는 다른 배두 척을 보내서 핵실험 반대 시위를 계속했다. 이 사건을 통해 그린피스의 존재가 크게 부각되었고 많은 지지를 얻게 되었다.

그린피스는 우리나라와의 인연이 깊다. 러시아가 과거 소련 시절인 1966년부터 1992년까지 많은 양의 핵폐기물을 동해에 버려왔는데 1993년 러시아 정부가 이를 발표하기 전까지 우리나라에서는 그 사실을 모르고 있었다. 이후 그린피스가 러시아를 적극적으로 감시했는데, 러시아가 또 다시 핵폐기물을 동해에 버리려던 현장을 덮쳐 이를 저지했다. 이후 러시아는 동해에 핵폐기물을 더 이상 투기하지 않았다. 이 사건으로 그린피스는 우리나라 국민들에게도 익숙한 이름이 되었다.

■ 그린피스 한국지부 greenpeace.org/korea

③ 옥스팜(OxFam International)

1942년 영국 옥스퍼드에서 시작한 구호 단체다. 세계 여러 지역의 빈곤과 불공정 무역을 해결하고자 노력한다. 기아로 고통받는 사람들에게 식량과 의료용품 등을 공급하는 일부터 시작하여, 근본적으로 빈곤의 원인을 해결하는 쪽에 비중을 두고 활동하고 있다. 특히 가난한 나라에서 만든 공예품이나 생산물이 적정한 가격에 거래될 수 있도록 하는 공정 무역*에 많은 노력을 기울이고 있다.

> **공정 무역**
> 낮은 임금을 받으며 지나치게 싼 값에 물건을 공급할 수밖에 없는 생산자나 노동자를 보호하기 위해 생산자(노동자)에게 정당한 값을 지불하고 거래하는 방식이다. 1946년 미국의 한 시민단체가 푸에르토리코의 수공예품을 살 때 제작자의 노동에 대한 정상적인 대가를 지불한 것이 공정 무역의 시초로 알려져 있다.

옥스팜에는 '트레일워커(Trail walker)'라는 프로젝트가 있다. 동료나 친구 넷이 한 팀이 되어 100킬로미터를 38시간 내에 완주하는 도전 형식의 기부 프로젝트다. 1981년 홍콩에서 처음 시작되어 옥스팜의 대표적인 기부 프로젝트가 되었고, 지금까지 20만 명 넘게 참여하여 모금액만도 2,000억이 넘는다. 한국에서도 2017년 5월 지리산 일대에서 이 프로젝트를 처음 실시했다.

1948년부터는 세계 곳곳에 옥스팜 상점을 열어서 옷, 책, 음반, 생활용품 등을 팔아 그 수입을 구호에 활용하고 있다. 영국 750개 등 전 세계적으로 1만 5,000개 정도 옥스팜 상점이 있다. 우리나라에도 옥스팜 상점을 모델로 만든 '아름다운가게'가 있다.

■ 옥스팜 코리아 oxfam.or.kr

④ 국경 없는 기자회(Reporters Without Borders) en.rsf.org

언론의 자유, 표현의 자유를 목적으로 만든 단체로 1985년 프랑스의 기자 로베르 메나르(Robert Menard)가 조직했다. 이 단체는 2002년부터 세계 언론 자유 지수를 측정하여 매년 발표한다. 2018년 우리나라의 언론 자유 정도는 '좋음' 수준으로 평가되었고 세계 순위는 43위를 기록하였다.

국경 없는 기자회는 이 조사에서 최하위권을 차지한 중국, 이란, 시리아, 바레인, 베트남 등에 보다 적극적으로 언론 자유를 보장하라고 요구하고 있다. 2006년 중국 정부가 세계 최대의 검색 엔진 구글에 민주주의, 개혁, 대만 독립, 천안문 사태 같은 단어를 검색 기능에서 제외해 달라고 요청하고 그 단어를 검색한 사람들을 검열한 일이 있었다. 국경 없는 기자회는 이 방식이 표현의 자유를 침해했다고 보고 항의의 표시로 2008년 베이징올림픽 성화 릴레이를 저지하기도 했다. 그 외에도 세계 각국의 언론 보도 통제, 기자 체포 등을 중지하라고 호소한다.

⑤ 에브리 타운 포 건 세이프티(Everytown for Gun Safety) everytown.org

미국은 총기 판매와 보유가 허용되는 나라로 매년 크고 작은 총기 사고가 끊이지 않는다. 미국 질병통제예방센터의 2013년 통계에 따르면 미국에서만 총기 사고로 인한 사망자 수(자살자 포함)가 연간 3만 명 정도다. 테러로 인한 희생자 수가 연간 20명 정도인 데 비하면 총기 사고로 얼마나 많은 사람이 숨지는지 알 수 있다. 이 같은 총기 사고 피해자 수는 캐나다의 6배, 독일의 16배 정도에 이른다. 2014년 기준으로 미국인들이 보유하고 있는 총기 개수도 3억~3억 5천만 정에 이르는 것으로 추정된다.

최근에는 미국에서도 총기 규제를 해야 한다는 목소리가 높다. 2006년 미국 뉴욕에서 만들어진 에브리타운 포 건 세이프티라는 시민단체는 민간인이 총기를 보유하지 못하게 함으로써 시민의 안전을 보장하기 위한 목적으로 만들어졌다. 이 단체는 누구라도 총기 사고의 피해자가 될 수 있다는 점을 강조하면서, 일반 시민과 정치인을 대상으로 안전한 삶을 위해 총기 보유를 금지해야 한다고 호소하고 있다.

토론으로 생각 넓히기

시민단체의 오랜 요구, 청소년의 투표권!

우리나라의 투표권 연령은 1948년 만 21세로 시작하여 계속 낮아져 왔다. 1960년에는 20세, 2005년에는 19세, 2020년에는 18세로 변경되었다. 특히 18세로 낮춰지는 과정에서 청소년 시민단체를 비롯한 많은 시민단체들이 커다란 영향을 미쳤다. 정치권 일부에서는 청소년의 선거 참여는 아직 이르다고 보고 투표권 연령 인하에 반대했지만, 시민단체들은 다른 나라의 투표권 연령과 비교하며 우리나라만 19세에 머물러 있는 것은 부당하다고 주장하였다. 이러한 요구를 토대로 하여 결국 선거법이 개정되었고 투표권 연령이 만 18세로 인하되었다. 참고로 2020년 기준으로 세계 각국의 투표권 부여 연령은 다음과 같다.

연령	국가
16세	오스트리아, 아르헨티나, 브라질, 쿠바 등
17세	북한, 수단, 인도네시아 등
18세	인도, 필리핀, 중국, 일본, 이란, 이라크, 나이지리아, 케냐, 영국, 프랑스, 독일, 스페인, 미국, 캐나다, 멕시코, 우루과이, 베네수엘라, 호주, 뉴질랜드, 대한민국(2020년부터) 등
19세	대한민국(2019년까지)
20세	나우루, 대만(18세로 인하 추진 중)
21세	말레이시아, 싱가포르, 쿠웨이트, 사우디아라비아 등

청소년은 민주 사회의 주권자로서, 정치 주체
로서 스스로를 어떻게 인식하고 있을까? 기성세대가 생각하는 것만큼
자신을 어리고 미숙한 존재로 보고 있을까? 아니면 미래 민주 사회를 이
끌고 갈 주역으로서 준비가 어느 정도 되어 있다고 생각할까?

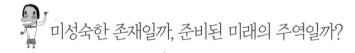 미성숙한 존재일까, 준비된 미래의 주역일까?

청소년의 정치 참여에 대한 인식은 어떨까? 한국청소년정책연구원이
2013년 중고생 6,697명을 대상으로 아동·청소년 인권 실태를 조사한

286

결과에 따르면, 우리 사회에서 청소년의 사회·정치 참여가 어려운 이유에 대해 청소년을 미성숙한 존재로 보는 편견을 가장 많이 지적했다.

요인	응답 비율(%)
청소년을 미성숙한 존재로 보는 사회의 편견	35.7
참여에 필요한 시간을 내기가 어려움	31.5
참여 기회나 방법이 없음	14.3
참여 활동에 대한 정보 부족	13.3
부모나 학교가 참여를 못 하게 함	5.2

청소년이 생각하는 청소년의 정치 참여가 어려운 이유

그러나 한국청소년재단이 2017년 청소년 256명을 대상으로 실시한 조사에 따르면, 청소년이 스스로 생각하는 정치적 의식과 역량의 수준은 결코 낮지 않음을 알 수 있다. 또한 참여에 대한 관심도 높은 편이다. 이러한 청소년의 요구에 우리 사회의 응답이 필요하다. 그와 동시에 참여 주체로서 청소년 스스로도 활발한 정치 참여를 실천해야 할 것이다.

항목	동의 비율(%)
선거권 부여 연령을 18세로 인하해야 한다.	85.5
청소년은 정치적 의사표현을 잘할 수 있다.	82.8
정치권이 청소년의 입장을 대변하지 못한다.	92.2
학교에서 투표 및 선거 교육이 제대로 이루어지지 않는다.	61.3
다양한 청소년 참여 활동에 관심이 있다.	79.3

청소년이 생각하는 정치 참여에 대한 청소년의 의식 수준

청소년의 정치 참여, 제대로 하려면?

정치 발전을 보장하는 최선의 정치 참여 방법이 따로 있는 건 아니다. 청소년의 경우에도 상황과 필요에 따라 가능한 방법을 활용하면 된다. 그러나 그 전에 다음과 같은 자세를 가질 필요가 있다.

첫째, 자발적이고 능동적으로 참여해야 한다. 청소년은 특히 지시나 분위기에 휩쓸릴 가능성이 높은 편이다. 아무리 적극적으로 행동하더라도 강제 혹은 지시에 의한 것이거나 보상을 얻기 위한 것이라면 그것은 진정한 참여가 아니다. 청소년 '자신'의 의사를 표현하기도 어렵다.

둘째, 참여를 통해 궁극적으로 공익을 증진시킬 수 있어야 한다. 청소년이 속한 또래 집단이나 특정 집단의 이익만을 지나치게 내세울 경우 공적인 의사 결정이 이루어지기는커녕 공익을 해칠 우려가 있다. 따라서 주장이 공익에 부합하는지, 공익에 기여하는지 신중하게 판단해야 한다.

셋째, 참여 과정과 방법이 민주적이고 합리적이어야 한다. 주장과 목적이 바람직하다고 해서 모든 방법이 정당화될 수 있는 것은 아니다. 또래 청소년은 물론, 사회 구성원 다수의 동의와 지지를 받을 수 있는 방식으로 참여할 때 그 영향력은 더욱 커질 것이다.

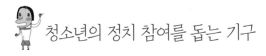

청소년의 정치 참여를 돕는 기구

① 청소년인권행동 아수나로 cafe.naver.com/asunaro

2004년 청소년인권연구포럼 아수나로에서 시작된 청소년인권 시민단체다. 아수나로라는 이름은 소설『엑소더스』에 나오는 가상의 청소년 조직 이름으로 '불사', '불멸'의 뜻을 가지고 있는 나무다. 청소년의 인권이 보장받는 사회를 만들기 위해 청소년이 중심이 되어 직접 행동에 나서고 잘못을 바꿔나가는 것을 목표로 한다.

이 단체는《요즘것들》이라는 청소년 신문도 발간하고 있다. 청소년의 일상을 인권 측면에서 비판적으로 바라보며 기존 언론이 사소하게 다루던 청소년의 경험을 비중 있게 다룬다. 이를 통해 청소년에 대한 고정관념을 깨고 청소년을 주체로 묘사하며 참여를 독려한다. 이 단체에서 진행한 주요 활동은 다음과 같다.

- 청소년 두발 자유화를 위한 길거리 캠페인, 집회, 자전거 시위, 1인 시위
- 청소년 대상 온라인 게임 셧다운제의 불합리성 공론화 및 반대 운동
- 청소년 인권을 소재로 한 책『머리에 피도 안 마른 것들 인권을 넘보다 ㅋㅋ』(메이데이, 2009) 출간
- 현직 국회의원과 함께 '학습 시간 줄이기' 입법 청원(9시 등교, 3시 하교, 하루 6시간 학습, 방학 일수 늘리고 수업 일수 줄이기, 보충수업이나 야간자율학습 같은 강제 학습 폐지 등)
- 청소년 신문《요즘것들》(yosm.asunaro.or.kr) 발행

② 인권친화적학교 + 너머 운동본부

2012년 학교폭력과 학생 인권침해가 큰 쟁점이 되던 시기에 만들어진 청소년인권 시민단체다. 학교를 인권친화적인 곳으로 바꾸겠다는 목적으로, 어린이와 청소년 인권법 제정, 학교폭력 방지를 위한 법 개정, 학교운영위원회에 학생 대표 참여 보장 등을 위해 노력하고 있다.

이 단체는 2015년에 '불량학칙 공모전'이라는 것을 실시한 적이 있다. 인권침해적이고 시대착오적인 학칙을 수집하여 개선하려는 목적에서 추진했는데, 전국에서 많은 청소년들이 참여했다. '불량학칙'의 황당한 내용이 EBS 지식채널 등 언론에 보도되면서 논란이 되자, 일부 교육청은 단위 학교에 불합리한 학칙을 개정하도록 요청했다. 공모전에 수집된 107건의 불량학칙 중 일부 사례를 소개하면 다음과 같다.

- 손톱의 길이는 1mm 이하로 한다.
- 고3은 점심시간에 운동과 독서를 금지한다. 학교 도서관에서 3학년이 대출을 했을 경우 체벌을 가한다.
- 기숙사 독서실 자리 배정은 성적순으로 한다. 성적 우수자들은 집과 학교 거리에 상관없이 우선적으로 기숙사에 선발된다.
- 정치에 관여한 행위 혹은 학생 신분에 어긋난 행동을 한 학생은 퇴학 처분을 받는다.
- 자습 중 도난 및 안전사고 예방과 타인의 공부 방해 행위를 근절하고 면학 분위기를 조성하기 위해 동영상을 촬영한다.

③ 대한민국청소년의회 youthassembly.or.kr

대한민국청소년의회는 2003년에 의원 정원 100명으로 시작하여 2017년 현재 제9대 의회가 구성되어 있다. 대한민국 국민 중 만 13~18세 청소년이라면 누구나 참여할 수 있다. 2017년 기준으로 청소년 의원 200여 명이 활동 중이며 전자 민주주의를 도입하여 온라인 투표로 의원을 선출한다.

청소년 의회는 기본적으로 입법 활동을 한다. 청소년 의원들이 법을 만들기 전에 먼저 일반 청소년이나 청소년 의원들로부터 다양한 제안을 받는다. 청소년이라면 누구나 인터넷을 통해 어떤 법이 만들어졌으면 하는지 자유롭게 제안할 수 있다. 그 제안이 청소년 의원 20명 이상과 일반 청소년 20명 이상의 동의를 얻으면 발의가 되어 청소년 의회 내에서 논의를 시작한다. 청소년 의회의 '제안하기' 코너에 올라왔던 안건을 소개하면 다음과 같다.

■ 부모님에 대한 욕 처벌법 제정
현재 청소년들 사이에서 제일 유행인 말이 "니 엄마, 니 아빠"인데 이 말은 부모님에 대한 욕을 담고 있어서 신고 건수도 많고 학교폭력대책자치위원회도 자주 열립니다. 저는 부모를 욕하는 사람에 대해서 용서할 수 없다고 보아 부모님에 대한 욕 처벌법 제정을 부탁드립니다. 청소년들은 지금 '패드립'이라는 이 나쁜 악질성 욕 때문에 사회가 더러워지고 있는 현실이 참 안타깝고 수치스럽습니다. 반드시 대한민국청소년의회에서라도 부모님에 대한 욕 처벌법을 제정하여 주시길 부탁드립니다. (2016. 8. 28)

■ 자전거에 전조등(헤드라이트) 필수 장착
도로교통법상 자전거도 '차'에 해당하며, 신호 위반, 중앙선 침범, 인도

주행 등 6개 항목 위반 시에는 범칙금을 부과합니다. 자동차는 전조등(헤드라이트) 장착이 필수인데 자전거는 그것이 법으로 정해져 있지 않습니다. 전조등은 자전거를 탈 때 자전거 핸들 또는 헬멧에 부착하여 야간 주행 시 전방의 시야를 확보하기 위한 라이트입니다. 특히 골목길 등 어두운 길을 주행할 때는 필수입니다. 자전거 전조등이라는 것이 있다는 것조차도 모르는 사람들이 많고, 알고 있더라도 전조등을 장착하지 않아 사고가 많이 납니다. 법으로 정해진다면 많은 사람들이 안전한 자전거 주행을 할 수 있다고 생각합니다. (2016. 9. 19)

청소년 의회는 단순히 청소년들끼리 토론이나 선거, 입법 활동을 경험해 보는 데 그치지 않는다. 청소년 의회에서 만든 법안은 대한민국 국회의원 1명 이상의 동의를 얻어 정식으로 입법 청원할 수 있다. 입법 청원이란 국회에 법률의 제정이나 개정을 요구하는 것을 의미한다. 실제로 청소년 의회를 통과한 법안 중 일부가 국회에서 만든 법안에 반영되기도 했다.

그 예로는 성년의 나이를 만 20세에서 19세로 낮추는 민법 개정안, 투표권 연령을 18세로 낮추는 선거법 개정안을 들 수 있다. 그 외에 청소년 의회에서 입법 청원한 야간자율학습과 0교시를 학생의 선택에 따라 실시하게 하는 법률안 등도 정치권의 논의를 거치고 있다.

④ 청소년특별회의 youth.go.kr/ywith

청소년특별회의는 청소년기본법 제12조에 따라 2005년 설치된 여성가족부 소속의 청소년 회의체이다. 청소년과 청소년 전문가가 함께 참여하여 청소년 관련 정책을 만들고 그것이 제대로 추진되는지 점검한다. 청소년의 참여 확대를 권장하는 UN 등 국제기구의 권고와 청소년의 사회 참여가 확대되는 흐름을 반영하여 만들어졌다. 청소년의 시각에서 청소년이 바라는 정책을 정부에 건의하는 공식 조직이다.

청소년특별회의는 이렇게 운영한다. 매년 초에 일반 청소년을 대상으로 온라인 투표를 실시하여 시급한 청소년 관련 정책 영역을 선정한다. 그것을 토대로 각 지역별 대표 청소년들이 정책 과제를 개발한 후 정부 부처와 협의를 거친다. 이를 통해 정책을 더욱 실효성 있게 다듬은 후에 최종적으로 정책 과제를 제안한다. 2005년부터 2015년까지 제안한 총 411개 청소년 관련 과제 중 364개가 직간접적으로 수용되어 정부 정책에 반영되었다. 주요 사례는 다음과 같다.

- 2011년에 제안한 '청소년 대상 성범죄자 신상정보를 청소년들이 열람할 수 있도록 하자'라는 정책 과제가 실제 법률 개정으로 이어져, 2012년 3월부터 청소년 대상 성범죄자 신상정보를 청소년들도 볼 수 있게 되었다.
- 2014년에 제안한 '정부 차원에서 청소년 활동 안전 기구를 설치해 달라'라는 정책 과제가 수용되어 2015년에 청소년 활동 안전사고 예방과 체험활동 관리를 전담하는 전문기구인 '청소년활동안전센터'가 만들어졌다.

⑤ 대한민국청소년기자단 youthpress.net

2014년에 만들어진 국내 최대 규모의 청소년 기자단으로 정치, 경제, 사회, 문화, IT·과학, 국제 분야에서 청소년 관점으로 취재한 다양한 이슈를 온라인으로 공유한다. 이를 통해 청소년이 '표현의 자유', '알 권리'

같은 헌법의 가치를 이해하고 체험하며 공공의 이익에 이바지하는 것을 목적으로 한다. 전국에서 공모를 거쳐 기자단으로 선발된 청소년들이 다양한 분야의 뉴스 콘텐츠를 제작하여 홈페이지에 공급하고 있다. 특히 언론 분야에 관심이 있는 청소년이라면 관심을 가져볼 만하다.

청소년 기자들이 우리 사회 곳곳을 취재하여 올린 기사를 몇 가지 소개하면 다음과 같다.

- 청소년이 말하는 여성차별과 페미니즘
- 연예인의 사생활까지 파고드는 사생팬의 위태로운 경계
- 청소년, 권리를 외쳐라! 아동 청소년 정책 박람회 'Be 정상회담' 성황리에 마쳐
- 할리우드 성추행 사건, 다시는 이런 일이 반복되지 않기를
- (인터뷰) 지하철 안 장애인의 생활은 어떠할까?

 해외의 청소년은 어떻게 정치에 참여하고 있을까?

프랑스 : 어린이 의원이 만든 법안 검토

프랑스에서는 1994년부터 매년 전국 지역구에서 뽑힌 어린이 의원 500여 명이 모여 법률안을 만들고 그중 가장 시의적절하고 현실성이 높은 최우수 법안을 선정한다. 성인으로 구성된 '진짜' 지역구 의원들은 어린이 의원들이 선정한 최우수 법안을 공식 법률로 만들지 여부를 반드시 검토해야 한다. 어린이 의원들의 법률안으로부터 시작하여 실제 법률로 만들어진 법도 있다. 대표적으로 '어린이의 권리를 존중하지 않

는 나라에서 어린이 노동을 통해 만들어진 학용품을 구매하는 것을 금지하는 법'이 있다.

독일 : 청소년 의회를 법제화

1985년 처음으로 시작된 독일의 청소년 의회는 공식 기구다. 청소년 의회의 선거권과 피선거권은 해당 지역에 3개월 이상 거주한 14세에서 18세 청소년에게 주어진다. 청소년 의회 의원의 임기는 2년이다. 각 시의 청소년 의회 의원 정수는 보통 10~40명 정도이고 대도시는 60명이 넘기도 한다.

독일청소년의회는 '청소년의 이익과 관련된 모든 문제'에 대해 스스로 논의하고 결정한다. 가장 많이 다루는 문제는 청소년의 놀이 공간, 청소년 시설 개선, 공공장소의 안전, 대중교통, 아르바이트 등이다. 청소년 의회는 사회의 구성원인 청소년에게 자기 이익을 표출하고, 지역 문제에 대해 함께 결정할 수 있도록 했다는 점, 일상적으로 작동하고 있는 민주주의를 청소년이 직접 경험하도록 했다는 점, 그리고 의회와 같은 민주주의 제도에 대한 신뢰를 높이고 정치에 대한 불신을 줄이는 데 이바지했다는 점에서 높은 평가를 받는다.

한 걸음 더 나아가기

청소년으로서 나의 정치적 효능감은 얼마나 될까?

정치적 효능감이란 시민이 정치에 참여했을 때 자신의 의견이나 활동이 반영되어 실제로 변화가 일어나는 것을 보고 나서 얻는 성취감, 자신감 등을 가리킨다. 효능감이 낮으면 무력감을 느끼고 냉소주의나 무관심에 빠질 수 있다. 그런 점에서 효능감은 정치 참여에 매우 중요하다. 나의 사고와 행동은 정치 과정에 어떤 영향을 줄 수 있다고 생각하는지 아래 표에 표시해 보자.

번호	문항	O	△	×
1	정치인은 청소년이 바라는 것에 대해 신경 쓰지 않는다.			
2	내가 성인이 되어 투표를 한다고 해서 우리 사회가 달라지지는 않는다.			
3	투표 외에도 청소년의 의견을 알리기 위해 활용할 수 있는 방법이 많다.			
4	정치, 경제 문제는 복잡해서 청소년이 알기 어렵다.			
5	청소년이 노력하면 정치인의 부패를 없앨 수 있다.			
6	세상이 어떻게 돌아가는지 다른 사람들에 비해 내가 좀 더 잘 알고 있다고 생각한다.			
7	사회적 약자가 자신의 이익을 스스로 지킬 수 있는 방법은 거의 없다.			
8	내가 옳다고 믿는 것에 사람들이 공감하게 만들 수 있다.			
9	힘세고 거대한 집단으로부터 피해를 입었을 때 거기에 대응할 적절한 방법이 있다.			
10	평범한 청소년이라도 정부 정책에 영향을 줄 수 있다.			

출처 : 안형기·신범순(2006)

문항 1, 2, 4, 7   O 0점, △ 1점, × 2점   문항 3, 5, 6, 8, 9, 10   O 2점, △ 1점, × 0점

16점 이상 : 자신감을 유지하며 정치 참여를 계속하세요.
11~15점 : 효능감을 더 끌어올리기 위한 경험이 필요해요.
6~10점 : 효능감은 낮은 편이지만 포기하면 안 돼요.
5점 이하 : 경고! 정치적 무관심에 빠질 가능성이 높아요!

296

기호 0번 후보가 있다고?

기호 1번, 기호 2번 같은 후보 번호가 무슨 의미인지는 앞에서 설명했다. 그런데 기호 0번 후보도 있다니?

2008년 서울시 교육감 보궐 선거에서 최초로 기호 0번 후보가 등장했다. 당시 청소년인권행동 아수나로 등 여러 청소년 관련 시민단체들이 협력해서 청소년을 기호 0번 후보로 내세운 것이다. 물론 기호 0번 후보는 정식 후보가 아니다. 기성세대끼리만 출마하고 투표해서 교육 정책을 결정하고 집행하는데, 그것이 청소년의 마음에 도무지 들지 않고 답답하니 청소년이 직접 가상의 후보를 낸 것이다. 교육감 선거로 가장 많은 영향을 받는 사람이 바로 청소년 아닌가?

비록 가상의 후보지만 기호 0번 청소년 후보는 선거 포스터를 만들어 곳곳에 붙이고 청소년의 관점에서 공약도 만들었다. 시민들을 대상으로 유세도 했다. 이것은 그동안 청소년 시민단체들이 주장해 온 선거권 연령 인하 운동과는 별도로, 직접 가상 후보를 낸 신선한 시도였다는 평가를 받았다.

2010년 지방 선거에서 청소년 단체들은 또다시 기호 0번 청소년 후보를 냈다. 이때는 서울뿐 아니라 전국에서 시도했다. 이를 통해 청소년이 교육 관련 공약에 관심이 많고, 직접 만들어 제안할 능력도 있으며 정치 의식이 높다는 점을 널리 알리고자 했다.

만약 기호 0번 청소년 후보가 교육감 후보로, 나아가 대통령 후보로 다시 나온다면 어떨까? 비록 투표권은 없지만 청소년의 높은 지지를 받을 수 있을까?

세계의 정치인들

여성 리더들,
현대 정치사를 다시 쓰다

주부에서 민주화 운동가로 변신하다
아웅 산 수 치
Aung San Suu Kyi, 1945~

　우리가 흔히 미얀마라고 부르는 나라의 원래 이름은 버마다. 버마는 과거에 영국의 식민지였는데 아웅 산 장군이라는 사람이 버마의 독립과 건국을 위해 헌신하다가 독립을 눈앞에 두고 암살당했다. 이 아웅 산 장군의 딸이 바로 아웅 산 수 치다. 1960년 수 치는 어머니가 인도 대사로 임명받자 미얀마를 떠나 인도, 영국 등지에서 생활했다. 영국인과 결혼한 후에는 영국에서 교수인 남편과 두 아들을 뒷바라지하며 평범한 전업주부로 살았다. 그러다 1988년 미얀마에 있는 어머니가 위독하다는 연락을 받고 고향에 귀국했다. 이때부터 그녀의 인생이 완전히 달라졌다.

　당시 군인들의 독재 정치로 고통 받던 미얀마 인들은 아웅 산 수 치 여사가 민주주의를 되찾아줄 거라고 기대했다. 이에 화답하여 아웅 산 수 치는 영국으로 돌아가지 않고 조국에 남아 비폭력 저항 운동을 펼쳤다. 그리고 민족민주동맹이라는 조직을 만들어 선거에도 참여했다.

　군부는 그녀를 독재 정권에 위협이 될 존재로 판단하여, 체포해서 가택연금(외부 출입을 금지하고 집에서만 머물게 하는 것)을 시켰다. 그녀가 만든 민족민주동맹이 선거에서 82%의 높은 지지를 얻어 승리했지만 당시 미얀마 군부는 아웅 산 수 치가 여자인 데다가 영국인과 결혼했기 때문에 국가 지도자 자격이 없다며 선거를 무효로 해버렸다.

　수 치는 그 이후로도 가택연금을 당하다가 2010년에야 겨우 풀려났고 2012년에 국회의원으로 당선되었다. 그리고 2015년 미얀마 총선에서 그녀가 이끄는 민족민주동맹이 다시 압도적으로 승리하여 마침내 미얀마의 정권이 교체되었다. 배우자가 외국인이면 대통령이 될 수 없다는 미얀마 헌법 때문에 수치는 2017년 현재 외무부 장관을 맡고 있긴 하지만, 실질적으로 미얀마를 이끄는 리더 역할을 하고 있다.

　2012년 6월에는 수상한 지 무려 21년 만에 노르웨이 오슬로에서 노벨 평화상 수락 연설을 했다. 실제 노벨 평화상을 받은 시점은 1991년인데 군부에 의해 가택연금을 당하고 있던 터라 직접 상을 받지 못한 것이다. 다음은 아웅 산 수 치의 연설 중 일부다.

　"세계가 아직 미얀마를 잊지 않고 있다는 사실에 우리는 큰 용기를 얻었다. 세계 곳곳에서 박해받고 고통받는 사람들을 향해 우리의 목소리를 높여야 하는 이유가 바로 거기에 있다 (…) 부패한 권력은 권력이 아니라 공포다. 권력을 잃을지도 모른다는 공포는 권력을 휘두르는 자를 부패시키고, 권력이 휘두르는 채찍에 대한 공포는 그 권력에 복종하는 사람을 타락시킨다."

　미얀마 군부 독재 정권하에서 어쩔 수 없이 아웅 산 수 치를 감시해야 했던 사람들조차 가택연금 중이던 그녀를 존경했다고 한다. 수 치가 집 밖으로 나갈 수 없었기 때문에 외국 언론 기자들이 그녀의 집을 방문해서 인터뷰를 하곤 했는데, 그때 밖에서 감시하던 사람들이 기자에게 아웅 산 수 치의 안부를 물을 정도였다.

　그런데 최근에 아웅 산 수 치는 2016~2017년 미얀마 서부 지역에 거주하는 소수 민족 로힝야 족에 대한 탄압을 방치했다는 비판을 받았다. 미얀마 국민은 대부분 불교도인 반면, 로힝야 족은 이슬람교를 믿고 있는데 과거에 미얀마의 독립을 방해했다는 이유로 미얀마 사람들의 미움을 샀다. 미얀마의 억압에 저항하여 로힝야 족이 반란을 일으키자 미얀마 군이 반인권적인 진압을 했는데 미얀마의 실질적인 최고 지도자인 아웅 산 수 치가 이를 방관했다는 점 때문에 비판을 받고 있다.

동독 출신의 여성, 최초로 독일 총리가 되다
앙겔라 메르켈
Angela Merkel, 1954~

　메르켈은 동독 출신, 그것도 여성으로서는 처음으로 독일 총리가 되어 2005년부터 2018년 현재까지 재임 중이다. 2017년 6월 기준으로, 영국 최초의 여성 총리였던 마거릿 대처의 재임 기간인 11년 7개월보다 더 오래 총리직을 지키고 있다. 마거릿 대처가 원칙을 고수하는 성향이 강해 '철의 여인'이라 불린 데 비해 메르켈은 다른 정당이나 정파의 정책도 가급적 포용하려고 하는 리더십이 있다는 점에서 두 사람이 종종 비교되기도 한다.

　독일은 유럽연합에서 가장 경제 규모가 커서 사실상 메르켈이 유럽연합의 지도자 역할을 담당하고 있다고 보는 시각도 있다. 2016년 5월 영국이 유럽연합을 탈퇴하기로 결정함에 따라 유럽 연합 내에서 메르켈의 입지는 더욱 강해지고 있다. 2006년부터 2015년까지 10년 동안, 2010년을 제외하고 줄곧 세계에서 가장 영향력 있는 여성 1위 자리를 차지했을 정도다.

메르켈은 이민 정책에도 남다른 행보를 보였다. 시리아, 이라크 등에서 내전이 일어나자 2015년 무렵 많은 난민이 유럽으로 몰려왔다. 대다수 유럽 국가들은 난민 수용에 난색을 표했는데, 이때 메르켈이 인권 보호 차원에서 시리아 난민을 모두 수용하겠다고 했다. 이후에 난민의 폭력 문제가 발생하여 수용 인원을 축소하는 방향으로 바꾸었지만 기본적으로는 포용 정책의 기조를 유지하고 있다. 메르켈의 이런 정책은 과거 나치 독일이 인류에 저지른 전쟁 범죄와 만행에 대한 부분적인 속죄라고 보는 시각도 있다.

메르켈은 세계에서 가장 오랫동안 여성 총리로 일해 오면서 따뜻하면서도 강인한 지도자로서의 새로운 리더십을 보여주었다는 평가를 받고 있다.

1장 알고 보면 재미있는 정치

『국가』, 플라톤 저, 천병희 역, 숲, 2013
바람직한 정치와 이상 국가의 의미, 정의로운 국가 건설에 필요한 요건 등을 서술

『군주론(개정4판)』, 니콜로 마키아벨리 저, 김경희·강정인 역, 까치, 2015
정치를 종교와 도덕으로부터 분리하고 권력의 속성을 실용적으로 묘사하며 근대 정치 철학의 방향을 제시

『데모크라티아 : 정치를 발명한 그리스에 묻다』, 유재원, 한겨레출판, 2017
고대 그리스 여러 지역을 중심으로 그리스의 정치와 민주주의가 걸어온 역사를 정리

『사회계약론 : 쉽게 읽고 되새기는 고전』, 장 자크 루소 원저, 김성은 저, 생각정거장, 2016
시민이 스스로 표현하는 의지를 통해 권력을 구성함으로써 자유와 평등을 회복할 수 있다고 보는 사회계약론 사상을 정리

『아리스토텔레스의 정치학 입문』, J. A. 스완슨·C. D. 코빈 저, 김영균 역, 서광사, 2014
아리스토텔레스 정치학의 주요 내용에 대한 해설을 제시

『정치학』, 아리스토텔레스 저, 천병희 역, 숲, 2009
현실 속 여러 정치 체제의 발생과 소멸, 바람직한 국가 형태, 통치 기술 등을 서술

『정치학 : 인간과 사회 그리고 정치』, 한국정치학회 편, 박영사, 2015
정치의 의미와 작동 원리 및 현대의 주요 정치적 쟁점을 제시

『정치학으로의 산책(개정3판)』, 21세기정치연구회 편, 한울아카데미, 2014
정치의 주요 개념에 대한 해설과 정치학이 다루는 영역이 확장되어 가는 모습을 제시

『논쟁하는 정치 교과서 1, 2』, 옹진환 외, 신인문사, 2015~2016

정치 현상과 관련된 다양한 개념과 이슈를 대화와 논쟁의 형태로 탐구

『마틴 루터 킹 : 인권 운동의 희망』, 정지아, 자음과모음, 2012

흑인 민권 운동을 위해 비폭력 저항으로 헌신한 마틴 루터 킹의 일생을 다룬 평전

『민주주의 이야기 : 세상을 바꾸는 힘』, 제임스 렉서 저, 김영희 역, 행성B온다, 2016

여러 나라의 상황을 사례로 하여 민주주의가 과연 인간의 평등한 삶에 기여할 수 있는지 탐색

『민주주의의 삶과 죽음 : 대의 민주주의에서 파수꾼 민주주의로』, 존 킨 저, 양현수 역, 교양인, 2017

고대 그리스부터 현대 사회에 이르기까지 다양한 민주정치 제도의 탄생과 소멸 모습을 제시

『민주화 이후의 민주주의 : 한국 민주주의의 보수적 기원과 위기(개정판)』, 최장집 저, 박상훈 편, 후

마니타스, 2010

대한민국 민주주의의 뿌리와 변화, 문제점 등에 대한 깊이 있는 분석과 대안을 제시

『우리는 더 많은 민주주의를 원한다』, 유시주·이희영, 창비, 2007

대한민국의 일상생활 속에서 민주주의가 얼마나 구현되고 있는지를 9개 주제로 나누어 탐색

『싸우는 여자가 이긴다 : 우리 시대 여성을 만든 에멀린 팽크허스트 자서전』, 에멀린 팽크허스트 저,

김진아·권승혁 역, 현실문화, 2016

수많은 억압 속에서도 '서프러제트'라 불리는 여성참정권 운동을 성공적으로 이끌어낸 에

멀린 팽크허스트의 자서전

『하얀 폭력 검은 저항 : KKK의 탄생과 흑인 민권 이야기』, 수전 캠벨 바톨레티 저, 김충선 역, 오찬

호 해제, 돌베개, 2016

1960년대 미국 남부에서 흑인을 상대로 일어난 증오 범죄와 그에 대한 흑인들의 저항을

증언, 일기, 신문기사, 화보 등과 같은 사료를 토대로 재구성

『EBS 다큐프라임 민주주의 : 세계적인 석학들의 민주주의 강의』, EBS 다큐프라임 〈민주주의〉 제작팀

·유규오, 후마니타스, 2016

세계적인 학자들과의 인터뷰를 통해 민주주의의 과거와 오늘의 문제를 탐색

『미디어 정치의 이해와 활용』, 구교태, 북랜드, 2017

정치와 미디어, 선거와 미디어의 밀접한 관계를 제시함으로써 정치에서 차지하는 미디어의 비중과 역할을 강조

『반드시 알아야 할 50 위대한 정치』, 벤 뒤프레 저, 이경희 외 역, 지식갤러리, 2012

정치의 주요 개념 50가지를 여러 정치 사상가들의 명언과 함께 정리

『소셜 미디어와 한국의 미디어 정치』, 탁진영, 계명대학교출판부, 2016

소셜 미디어가 정치 발전에 미치는 영향을 탐색하고 소셜 미디어를 통한 정치 참여 활성화 방안을 제시

『소셜로 정치하라 : 소셜네트워크가 만드는 새로운 정치혁명』, 공훈의·김행, 한스미디어, 2012

소셜 네트워크, 소셜 미디어가 만들어내는 새로운 정치 혁명의 현실과 미래를 제시

『우리들의 선거(개정판)』, 보리스 르 루아 저, 김지현 역, 큰북작은북, 2017

학급 선거를 통해 민주적인 선거와 참정권 등 민주주의의 본질을 고찰해 보는 소설

『이것이 선거다 : 토미 더글러스의 마우스랜드 이야기』, 토미 더글러스 저, 한주리 그림, 루아크, 2017

'마우스랜드'라는 연설 속에 등장한 고양이와 쥐의 이야기를 활용하여 투표를 통해서도 변하지 않는 정치 시스템의 한계를 풍자한 우화

『정치가 밥 먹여준다 : 딴지일보 정치부장의 천만 정치 덕후 양성 프로젝트』, 박성호, 한스미디어, 2012

대한민국 정치의 구석구석을 살펴보면서 정치를 즐기는 시민이 되는 방법을 단계별로 제시

『10대와 통하는 선거로 읽는 한국 현대사』, 이임하, 철수와영희, 2017

1948년부터 2012년까지 18번의 대통령 선거 역사를 통해 우리나라 현대사와 민주주의의 역사를 해설

중앙선거관리위원회 nec.go.kr

우리나라 각종 선거에 대한 정보, 선거의 역사, 정당 관련 정보 등을 제공

열려라 국회 watch.peoplepower21.org

국회의원 이름을 검색해서 얼마나 성실하고 정직하게 국회 활동을 하는지 확인

『도시생활자의 정치백서』, 하승우·유해정, 북하우스, 2010

도시에 사는 평범한 사람이 일상생활에서 정치에 참여할 수 있는 방법과 사례를 제시

『듣도 보도 못한 정치 : 더 나은 민주주의를 위한 유쾌한 실험』, 이진순 외, 문학동네, 2016

온라인 사이트를 기반으로 한 시민의 다양한 정치 참여 실험과 사례를 소개

『정치는 뉴스가 아니라 삶이다 : 내 삶을 바꾸는 정치 공부』, 스기타 아쓰시 저, 임경택 역, 사계절, 2016

시민 모두가 정치의 당사자라는 점을 강조하며 8개의 키워드로 정치 현상을 분석

『직접 행동 : 21세기 민주주의, 거인과 싸우다』, 에이프릴 카터 저, 조효제 역, 교양인, 2007

거대 기업의 지배로 위기에 처한 민주주의를 구할 대안으로 '직접 행동 민주주의' 제안

『참여하는 시민 즐거운 정치 : 청소년을 위한 정치 교과서』, 이남석, 책세상, 2005

일상생활 속 사례와 정치 현상을 접목한 정치 이야기를 통해 참여의 중요성을 제시

『청소년, 정치의 주인이 되어 볼까? : 청소년을 위한 살아 있는 정치 이야기』, 이효건, 사계절, 2013

민주주의와 정치의 기본 개념과 지식을 설명하고 청소년의 정치 참여를 독려

『청소년을 위한 이야기 정치학』, 페르난도 사바테르 저, 안성찬 역, 웅진지식하우스, 2006

공동체 속에서 자유로운 시민으로 살기 위해 필요한 비판적 사고의 기술 제시

『행동하는 양심 : 세상을 바꾸는 작은 힘, 비폭력 직접행동』, 박현주, 검둥소, 2009

양심에 따라 민주주의와 평화를 지키기 위해 행동했던 사람과 단체의 이야기를 소개

(사)시민운동정보센터 www.kngo.or.kr

한국 시민단체의 현황, 한국 시민운동의 역사, 한국 시민사회 소식 등을 제공

시민사회단체연대회의 civilnet.net

함께 해결해야 할 사회문제에 대해 공동으로 협력하여 대응하는 시민단체들의 연합체

참고문헌

강순후(2016). 그림으로 보는 역사 속의 선거이야기 : 영국. 선거연수원.

경향신문(2015. 11. 24). "사례로 보는, 여전히 남아있는 '불량학칙'".

구교태(2017). 『미디어 정치의 이해와 활용』. 북랜드.

구정화, 설규주 외(2010). 『고등학교 사회』. 천재교육.

김영인, 설규주(2016). 『시민교육론』. 한국방송대학교출판문화원.

박현주(2009). 『행동하는 양심 : 세상을 바꾸는 작은 힘, 비폭력 직접행동』. 김둥소.

벤 뒤프레 저, 이경희 외 역(2012). 『반드시 알아야 할 50 위대한 정치』. 지식갤러리.

사교육걱정없는세상(2017). 교육 거버넌스 개혁을 위한 「국가교육위원회 설립」 청사진을 제
    안하는 보도자료.

수전 캠벨 바톨레티 외 저, 김충선 역, 오찬호 해제, (2016). 『하얀 폭력 검은 저항 : KKK의 탄
    생과 흑인 민권 이야기』. 돌베개.

안형기, 신범순(2006). 정치참여 결정요인으로서의 인지적 효능감. 《한국정책과학회보》. 10(1).
    한국정책과학학회.

에리히 프롬 저, 문국주 역(1996). 『불복종에 관하여』. 범우사.

에멀린 팽크허스트 저, 김진아 외 역(2016). 『싸우는 여자가 이긴다 : 우리 시대 여성을 만든
    에멀린 팽크허스트 자서전』. 현실문화.

옹진환 외(2015). 『논쟁하는 정치교과서 1』. 신인문사.

유시민(2011). 『국가란 무엇인가』. 돌베개.

유시민(2014). 『나의 한국 현대사』. 돌베개.

정문성, 설규주 외(2014). 『초등사회과교육』. 교육과학사.

조영달 편(1997). 『한국 시민사회의 전개와 공동체 시민의식』. 교육과학사.

청소년인권행동 아수나로(2016). 『10주년 기념 자료집』.

하승우 외(2010). 『도시생활자의 정치백서』. 북하우스.

한국언론학회 미디어교육위원회(2007a). 『미디어의 이해』. 서울: 방송위원회.

한국언론학회 미디어교육위원회(2007b). 『미디어의 활용』. 서울: 방송위원회.

한국일보(2014. 10. 5). "미국 흑인 투표권 확대의 역사".

한국정치학회(2015). 『정치학 : 인간과 사회 그리고 정치』. 박영사.

헨리 하디 저, 박동천 역(2014). 『이사야 벌린의 자유론』. 아카넷.

21세기정치연구회 편(2014). 『정치학으로의 산책(개정3판)』. 한울아카데미.

JTBC(2016. 4. 27). "워치독, 랩독, 가드독… 그리고".

KBS(2016. 12. 24). "마이클 샌델 '촛불은 세계에 귀감될 새로운 민주주의'".

Tichenor, Phillip et al.(1995). A Guard Dog Perspective on the Role of Media. *Jounral of Communication. Volume 45*, Issue 2. 115~132.

위키피디아 ko.wikipedia.org

중앙선거관리위원회 nec.go.kr

청소년을 위한 정치학 에세이

초판 1쇄 2017년 12월 27일
초판 8쇄 2024년 9월 5일

지은이 | 설규주
펴낸이 | 송영석

주간 | 이혜진
편집장 | 박신애 **기획편집** | 최예은 · 조아혜 · 정엄지
디자인 | 박윤정 · 유보람
마케팅 | 김유종 · 한승민
관리 | 송우석 · 전지연 · 채경민

펴낸곳 | (株)해냄출판사
등록번호 | 제10-229호
등록일자 | 1988년 5월 11일(설립일자 | 1983년 6월 24일)

04042 서울시 마포구 잔다리로 30 해냄빌딩 5 · 6층
대표전화 | 326-1600 **팩스** | 326-1624
홈페이지 | www.hainaim.com

ISBN 978-89-6574-641-6